기독교 교리사
The History of Christian Doctrines

루이스 벌코프

박문재 옮김

크리스찬
다이제스트

서문

 본서는 원래 『개혁 교의학』(Reformed Dogmatics)으로 출간된 것을 이제 『기독교 교리사』(History of Christian Doctrines)라는 제목으로 다시 선보인 것이다. 역사적으로 볼 때, 예수 그리스도의 교회 속에서 신학적 진리가 점진적으로 발전해온 과정을 쓴 저작들은 통상적으로 그 진리를 체계적으로 설명한 저작들과 더불어서 별개의 저작으로 등장한다. 따라서 저자는 이러한 관행을 따르는 것이 최선이라고 생각했는데, 그 이유는 그렇게 하는 것이 교회 속에서 기독교 사상의 발전과정에 관한 역사를 연구하는 것이 별개의 학문분과라는 사실을 부각시킬 수 있기 때문이다.
 그러나 그러한 연구는 별개의 학문분과이기는 하지만, 신학도들이 소홀히해도 되는 그런 학문분과는 아니다. 교리상의 진리를 그 역사적 배경과는 무관하게 연구하면, 그것은 사지(四肢)가 잘려나간 신학이 되고 만다. 과거에는 그런 일이 너무도 많았고, 심지어 오늘날에도 그런 일이 다반사로 일어난다. 그것은 진리에 대한 건전한 이해와 적절한 평가가 결여되는 결과를 가져왔다. 교회가 하나님의 말씀 속에 계시된 진리를 해석하고 발전시켜 나갈 때에 성령이 교회를 인도하였다는 사실에 대한 인식도 사라졌다. 성령이 과거에 교회에 주었던 인도하심들과 이정표들은 사람들의 뇌리 속에서 사라졌기 때문에, 오래 전에 교회에 의해서 단죄되었던 이단들이 새로운 발견들로 위장되어 끊임없이 반복적으로 등장한다. 과거의 교훈들은 대체로 무시되고 있고, 많은 사람들은 마치 과거에 이루어진 성과들이 거의 없다는 듯이 온전히 스스로의 힘으로 뭔가를 만들어내고 헤쳐 나가야 한다고 느끼는 것 같다. 물론, 신학자라면 종교계의 현재의 상황을 살펴야 하고, 진리를 항상 새롭게 연구하여야 하지만, 과거의 교훈들을 쳐다볼 생각도 하지 않은 채로 무시해서는 안 된다. 교리들의 역사에 관한 이 간략한 연구가 그러한 역사적 연구에 대한 더 큰 관심을 불러일으키는 데에 도움이 되고 진리에 대한 더 나은 이해를 가져다 줄 수 있기를 기원한다.

벌코프(L. BERKHOF)
미시간 주 , 그랜드 래피즈
1949년 8월 1일

차례

서문 ·· 5

제1장 서론

1. 교리사의 주제 ··· 13
    1) "교의"라는 용어의 의미/13
    2) 교리의 기원과 성격/15

2. 교리사의 과제 ··· 18
    1) 교리사의 전제들/18
    2) 교리사의 내용/22

3. 교리사의 방법론과 내용 구분 ···························· 24
    1) 교리사의 내용 구분/24
    2) 서술 방법론/25

4. 교리사의 역사 ··· 28
    1) 독립적인 분과학문으로서의 교리사를 탄생시킨 요인들/28
    2) 교리사에 관한 초기 저작들/31
    3) 교리사에 관한 후기 저작들/33

제2장 교리의 예비적 발전

1. 사도 교부들과 그 교리적 견해 ·· 36
   1) 사도 교부들이 썼다고 하는 저작들/36
   2) 사도 교부들의 가르침들이 보여주는 형식상의 특징들/38
   3) 사도 교부들의 가르침의 실질적 내용/40

2. 복음의 왜곡들 ··· 42
   1) 유대 그리스도인들에 의한 왜곡들/43
   2) 이방 그리스도인들에 의한 왜곡들: 영지주의/45

3. 교회의 개혁운동들 ··· 52
   1) 마르키온과 그의 개혁운동/52
   2) 몬타누스주의자들의 개혁/54

4. 변증가들과 교회 신학의 출현 ··· 56
   1) 변증가들의 과제/56
   2) 진리를 적극적으로 구성함/58
   3) 교리사에 있어서 변증가들의 의의/61

5. 반(反)영지주의적 교부들 ··· 63
   1) 반(反)영지주의적 교부들/63
   2) 하나님, 인간, 구속사에 관한 가르침들/64
   3) 그리스도의 인격과 사역에 관한 가르침/66
   4) 구원론, 교회론, 종말론/69

6. 알렉산드리아 교부들 ·· 72
   1) 알렉산드리아 교부들/72
   2) 신론과 인간론/74
   3) 그리스도의 인격과 사역에 관한 가르침/76

    4) 구원론, 교회론, 종말론/77

7. 군주신론 ·· 80

    1) 역동적 군주신론/81

    2) 양태적 군주신론/82

제3장 삼위일체론

1. 삼위일체 논쟁 ·· 85

    1) 배경/85

    2) 논쟁의 성격/87

    3) 니케아 공의회/89

    4) 니케아 공의회의 결정이 가져온 결과/90

2. 후대의 신학에 나타난 삼위일체론 ························ 98

    1) 라틴 신학에 나타난 삼위일체론/98

    2) 종교개혁 시대의 삼위일체론/99

    3) 종교개혁 시대 이후의 삼위일체론/101

제4장 기독론

1. 기독론 논쟁들 ·· 104

    1) 논쟁의 제1단계/105

    2) 논쟁의 제2단계/113

2. 후기의 기독론적 논의들 ······································ 119

    1) 중세 시대/119

    2) 종교개혁 시대/120

    3) 19세기/123

제5장 죄론과 은혜론, 그리고 관련된 교리들

1. 교부 시대의 인간론 ················· 132

　1) 인간론적 문제들의 중요성/132
　2) 헬라 교부들의 인간론/133
　3) 서방 교회에서 또 다른 견해의 점진적인 출현/135

2. 펠라기우스와 아우구스티누스의 죄론과 은혜론 ············· 137

　1) 아우구스티누스와 펠라기우스/137
　2) 펠라기우스의 죄론과 은혜론/138
　3) 아우구스티누스의 죄론과 은혜론/140
　4) 펠라기우스 논쟁과 반(半)펠라기우스 논쟁/144

3. 중세 시대의 인간론 ················· 148

　1) 대(大) 그레고리우스의 견해/148
　2) 고트샬크 논쟁/149
　3) 안셀무스의 기여/151
　4) 로마 가톨릭의 인간론이 지닌 특징들/154

4. 종교개혁 시대의 인간론 ················· 156

　1) 종교개혁자들의 인간론/156
　2) 소키누스주의의 입장/159
　3) 아르미니우스주의의 인간론/160
　4) 도르트 교회회의의 입장/162
　5) 소뮈르(Saumur) 학파의 입장/164

5. 종교개혁 이후 시대의 인간론적 견해들 ············· 166

　1) 종교개혁의 가르침과 다른 견해들/166
　2) 오늘날의 죄론들/169

제6장 속죄론 또는 그리스도의 사역론

1. 안셀무스 이전의 속죄론 ·· 174
   1) 헬라 교부들의 신학/174
   2) 라틴 교부들의 신학/178

2. 안셀무스에서 종교개혁까지의 속죄론 ······································ 182
   1) 안셀무스의 속죄론/182
   2) 아벨라르의 속죄론/185
   3) 아벨라르에 대한 베르나르의 반발/187
   4) 혼합주의적인 속죄론들/188
   5) 둔스 스코투스의 속죄론/192

3. 종교개혁 시대의 속죄론 ·· 194
   1) 안셀무스의 견해를 개선한 종교개혁자들의 속죄론/195
   2) 소키누스의 속죄론/197
   3) 그로티우스의 속죄론/199
   4) 아르미니우스주의의 속죄론/202
   5) 소뮈르 학파의 타협/204

4. 종교개혁 이후의 속죄론 ·· 206
   1) 스코틀랜드에서 벌어진 매로우 논쟁/206
   2) 슐라이어마허와 리츨의 속죄론/208
   3) 최근의 주요한 속죄론들/210

제7장 하나님의 은혜의 적용론 (구원론)

1. 교부 시대의 구원론 ·· 216

　1) 첫 삼 세기 동안의 구원론/216
　2) 교부 시대의 나머지 기간 동안의 구원론/219

2. 스콜라 시대의 구원론 ·· 226

　1) 스콜라 신학의 은혜론/226
　2) 스콜라 신학의 신앙론/227
　3) 스콜라 신학의 칭의론과 공로론/228

3. 종교개혁과 그 이후의 구원론 ·· 233

　1) 루터의 구원의 순서/233
　2) 칼빈과 개혁파의 구원의 순서/236
　3) 아르미니우스파의 구원의 순서/237

4. 구원의 순서에 관한 그 밖의 다른 견해들 ·· 239

제8장 교회론과 성례론

1. 교회론 ·· 242

　1) 교부 시대/242
　2) 중세 시대/248
　3) 종교개혁 시대와 그 이후/253

2. 성례론 ·· 258

　1) 성례 일반/258
　2) 세례/265
　3) 성찬/270

제9장 종말론

1. 중간 상태 ·· 276
   1) 중간 상태에 관한 사상의 발전/276
   2) 연옥 사상의 발전/278
   3) 연옥설에 대한 반대/279

2. 재림과 천년왕국 ·· 279
   1) 초기 교회의 천년왕국설/279
   2) 중세 시대의 천년왕국설/280
   3) 종교개혁 시대의 천년왕국설/281
   4) 17세기의 천년왕국설: 후천년설/281
   5) 18-19세기의 천년왕국설/281

3. 부활 ··· 282
   1) 교부 시대의 부활론/282
   2) 스콜라 신학자들의 부활론/283

4. 최후의 심판과 최종적인 상벌 ·· 284
   1) 교부들의 최후의 심판론/284
   2) 스콜라 신학자들의 천국과 지옥론/285
   3) 종교개혁 이후 시대의 심판론/286

제 1 장
서론

1. 교리사의 주제

교리사는 신학 일반에 관한 것이 아니다. 교리사는 주로 엄밀한 의미에서의 교의들(dogmas)을 다루고, 아직 교회의 인정을 받지 못한 교리들(doctrines)은 단지 부차적으로만 다룬다.[1]

1) "교의"라는 용어의 의미

(1) 교의라는 용어의 유래.
"교의"라는 용어는 헬라어 '도케인'에서 유래하였는데, '도케인 모이'라는 표현은 단지 "내게는 그렇게 보인다" 또는 "그것이 내게는 좋아 보인다"를 의미할 뿐만 아니라, "나는 그렇게 명확히 정했기 때문에 그것은 내게 기정사실이다"를 의미하기도 한다. 최종적으로, "교의"라는 용어는 확고한 결의(決意)나 포고(布告) — 특히, 공적인 것 — 를 지칭하는 것이 되었다. 이 용어는 학문의 자명한 진리들, 잘 정립되고 두루 유효한 철학

---

1) 저자는 dogma를 교리와 거의 같은 뜻으로 사용하고, doctrine은 가르침으로 사용하고 있다. 따라서 본 역서에서는 이해를 위하여 dogma를 때로는 '교의'로, 때로는 '교리'로 번역한다. – 역자주

적 확신들, 정부의 포고들, 공식적으로 만들어진 종교적 교조(敎條)들을 가리키는 데에 사용되었다.

(2) 성경에서의 용법

성경은 정부의 포고(칠십인역에서, 에 3:9; 단 2:13; 6:8; 눅 2:1; 행 17:7), 구약의 규례들(엡 2:15; 골 2:14), 예루살렘 공의회의 결정 사항들(행 16:4)을 지칭하는 데에 이 용어를 사용한다. 후대에 신학에서 이 용어가 지닌 의미를 낳은 것은 이 용어의 성경적 용법이 아니라 철학적 용법이긴 하였지만, 사도행전 16:4에서 이 용어의 용법은 후대에 신학에서 사용된 이 용어의 용법과 여러 면에서 유사성을 지닌다. 예루살렘 공의회는 교회의 윤리적 삶을 위한 교리가 아니라 규율을 공식적으로 제정한 것이기는 하지만, 이 공의회의 결정은 교리 논쟁에 의해서 촉발되어서 교리와 연관이 있었고, 단순한 권면 사항이 아니라 교회의 승인을 얻은 적극적인 명령이었다.

(3) 신학에서의 용법

신앙과 신학 속에서는 종종 "교의"(dogma)라는 용어가 "교리"(doctrine)와 실제적인 동의어로 아주 광범위하게 사용되지만, 교의는 일반적으로 좀 더 제한된 의미를 지닌다. 가르침(doctrine)은 종교적 진리에 대한 직접적인, 그리고 흔히 소박한 표현이다. 가르침은 반드시 학문적인 정확성을 기해서 표현되지도 않고, 설령 그렇게 표현되었더라도 그것은 단지 한 사람이 만들어낸 표현일 뿐이다. 반면에, 종교적 교의(교리)는 권위에 토대를 두고서 공적으로 어떤 교회회의에서 제정된 종교적 진리이다. 교의라는 용어의 이러한 의미는 항상 포고, 명령, 또는 실생활의 준칙을 가리키는 성경적인 용법이 아니라, 어떤 명제 또는 원리를 가리키는 철학적 용법과 더 잘 부합한다. 고대 교회의 몇몇 교부들은 교리의 실질적인 내용을 가리키는 데에 이 용어(교의)를 사용하였다.

2) 교리의 기원과 성격

성경에서는 완성된 형태는 아니더라도 종교적 가르침들은 발견되지만, 오늘날의 의미에 있어서의 교리들은 발견되지 않는다. 교리들은 인간적인 성찰의 산물, 흔히 신학 논쟁으로 촉발되거나 강호된 교회의 성찰의 산물이다.

(1) 가톨릭의 교리 개념

로마 가톨릭과 개신교는 교리의 기원에 관한 설명에서 서로 약간 다르다. 가톨릭은 신자들의 무리로서의 교회의 성찰을 배제하지는 않지만 최소화하고, 가르치는 교회 또는 성직자들의 연구로 그런 성찰을 대신한다. 새로운 형태의 오류가 생겨날 때마다, 가르치는 교회, 즉 지금은 교황을 무오한 대변인으로 두고 있는 성직자단(clerus)이 주의 깊은 검토를 거쳐, 성경 또는 전승에 의해서 가르쳐진 교리를 만들어서, 그것을 계시된 진리라고 선포하고, 모든 믿는 자들에게 그 교리를 받아들일 것을 강제한다. 윌머스(Wilmers)는 그의 『기독교 편람』(*Handbook of the Christian Religion*), p. 151에서 "그러므로 교리는 하나님에 의해서 계시됨과 동시에 우리의 신앙을 위해서 교회에 의해서 제안된 진리이다"라고 말한다. 마찬가지로, 스피래고-클라크(Spirago-Clarke)는 『요리문답 강해』(*The Catechism Explained*)에서 "교회가 하나님에 의해서 계시된 것으로 우리 앞에 제시하는 진리는 신앙의 진리 또는 교리라 불린다"(p. 84)고 말한다. 교회는 교리와 관련된 문제에 있어서 무오하기 때문에, 그렇게 제시된 진리는 권위를 지닐 뿐만 아니라 취소할 수도, 변경할 수도 없다. "어떤 사람이 학문의 진보에 따라 교회가 제시한 교리들에 고회가 이해한 것과 다른 의미를 부여하는 것이 가능하다고 단언한다면, 그는 저주받아야 한다"(*Dogmatic Decrees of the First Vatican Council, Canons* IV 3).

(2) 개신교의 교리 개념

종교개혁자들은 로마 가톨릭의 교리 개념을 그것과 유사함에도 불구하고 몇 가지 중요한 점에서 그것과는 다른 교리 개념으로 대체하였다. 그들에 의하면, 모든 진정으로 신앙적인 교리들은 그 실질적인 내용을 성경에서, 오직 성경에서 끌어오는 것들이다. 그들은 기록되지 않은 말씀이나 전승을 교리의 출처로 인정하지 않는다. 아울러, 그들은 교리를 성경에서 직접적으로 가져온 진술들로 여기지 않고, 신자들의 무리인 교회가 계시의 진리들을 성찰한 결과물, 서로 다른 여러 교단들이 공식적으로 만들어낸 것들로 본다. 교회의 성찰은 흔히 교리 논쟁을 통해서 결정되고 깊어지기 때문에, 교회의 공의회들이나 교회회의들(Synods)이 성령의 인도하심 아래에서 최종적으로 만들어낸 교리들은 흔히 과거의 치열한 교리 논쟁의 흔적들을 지닌다. 그러한 교리들은 무오하지는 않지만, 고도의 안정성을 지닌다. 그 교리들이 권위가 있는 것은 단지 그것들이 교회에 의해서 제시되었기 때문만이 아니라, 형식적으로는 교회에 의해서 정의되었고, 내용적으로는 하나님의 말씀에 토대를 두고 있기 때문이다.

(3) 오늘날의 교리 개념

슐라이어마허(Schleiermacher), 리츨(Ritschl), 비네(Vinet) 등의 영향 아래에서 교리의 기원에 관한 근본적으로 다른 개념이 발전되었고, 이 개념은 개신교의 많은 진영들에서 기꺼이 받아들여졌다. 그것은 기독교적인 의식(意識), 기독교적 경험, 기독교적 신앙, 기독교적 삶을 교리의 실질적 내용의 원천으로 보고, 이것이 종교개혁의 원리들과 더 잘 부합한다고 생각한다. 교회의 교리들은 단지 교회가 객관적 요인에 의해서 자극받아서 하나님의 계시라고 인식된 자신의 경험, 정서, 신앙들을 지적으로 표현한 것들일 뿐이다. 슐라이어마허(Schleiermacher)는 이러한 신앙적 경험들의 직접성을 주장하는 반면에, 리츨(Ritschl)과 그의 학파는 하나님의 계시라고 인식된 그 신앙적 경험들이 어떤 객관적 요인에 의해서 매개된다고 주장한다. 신앙 공동체는 이러한 경험들을 성찰하고, 최종적으로 자격을 갖춘 집단에 의해서 그러한 경험들에 공식적으로 지적 표현을 부여해서 교리들로 변화시킨다. 다른 견해들과 마찬가지로 이 견해에 의하더라도, 교리들에 공식적으로 형태를 부여하는 것은 한 개별 신학자가 아니라 공동체, 즉 교회(슐라이어마허) 또는 교회와 손을 잡은 국가(롭슈타인)의 행위이다. 교리의 기원에 관한 이러한 견해는 슐라이어마허(Schleiermacher), 리츨(Ritschl), 카프탄(Kaftan), 롭슈타인(Lobstein), 티네(Vinet), 사바티에(Sabatier), 반다이크(Is. Van Dijk) 등에 의해서 주장된다. 하지만, 주의할 것은 이 견해는 기존의 교리들이 실제로 개신교회에서 생겨난 방식이 아니라 단지 교리들이 생겨날 때에 마땅히 취해야 할 방식만을 설명하고 있다는 것이다. 그들은 옛 교리들을 낡은 것으로 여긴다. 왜냐하면, 그것들은 지나치게 지적인 것들이어서 교회의 생명력을 제대로 표현해내고 있지 못해서, 신앙 공동체의 생명력으로 충만한 새로운 교리가 요구되기 때문이다.

(4) 하르낙의 교리 개념

여기에서 특별히 언급할 필요가 있는 것은 하르낙(Harnack)의 견해이다. 그는 그의 기념비적인 저작인 『교리사』(*The History of Dogma*)에서 고대 교회의 교리 전체는 헬라 철학과 기독교 진리가 부자연스럽게 혼합된 것이고, 그 속에서도 이질적인 철학적 요소가 지배적인 요소로 되어 있다고 보고, 그 교리들 전부를 불신한다. 그는 "교리는 그 잉태와 발전과정에 있어서 복음의 토양 위에서 헬라 정신이 만들어낸 작품"이라고 말한다. 고대 교회는 자신의 메시지를 어리석은 것이 아니라 지혜로운 것으로 보이게 해줄 그런 형태로 표현함으로써 교육받은 자들로부터 존중을 받고자 하는 유혹에 굴복하고 말았다. 그렇게 해서 교회의 실천적 신앙은 지적 개념, 즉 교리로 탈바꿈되었고, 교리는 교회사의 진정한 중추(中樞)가 되었다. 이것은 큰 잘못이었고, 후대에 교리들을 만들어낼 때에도 계속된 잘못이었기 때문에, 교리사 전체는 사실 거대한 오류의 역사이다. 하르낙이 속해 있던 리츨 학파의 큰 야심은 신학으로부터 모든 형이상학을 제거하는 것이었다.

(5) 교리의 정의

교리(교의: dogma)는 성경에서 유래되어서 교회에 의해 공식적으로 정의되고 하나님의 권위에 의거하고 있는 것으로 선언된 가르침(doctrine)이라고 정의될 수 있다. 이러한 정의는 교리의 특성들을 부분적으로는 실질적으로 보여주고, 부분적으로는 암시해 준다. 교리의 내용은 하나님의 말씀으로부터 유래한 것이기 때문에 권위를 지닌다. 교리는 성경에서 발견되는 것의 단순한 반복이 아니라 교리적 성찰의 산물이다. 교리는 자격 있는 교단에 의해서 공식적으로 정의되고, 하나님의 권위에 의거하고 있는 것으로 선언된다. 교리는 한 개인이 아니라 공동체의 표현이기 때문에 사회적 의미를 지닌다. 교리는 교회의 보배로운 자산들을 미래의 세대들에게 전해주는 것이기 때문에 전승으로서의 가치를 지닌다. 교리사를 통해서 우리는 교회가 성령의 인도하심 아래에서 하나님의 부요한 진리를 점점 더 많이 인식해가고, 진리의 기둥이자 터로서의 자신의 고귀한 특권을 점점 더 깨달아가며, 성도들에게 전해진 신앙을 옹호하는 데에 점점 더 열심을 내어가는 모습을 본다.

2. 교리사의 과제

교리사의 과제는 간단히 말해서 교회의 교리의 역사적 기원을 서술하고, 그 이후의 변화들과 발전들을 추적하는 것, 또는, 제베르크(Seeberg)의 말을 빌리면, "교리 전체와 각각의 교리가 어떻게 생겨났고, 어떤 발전 과정을 거쳐서 어느 특정한 시대의 교회들에서 통용된 형태와 해석을 부여받게 되었는지를 보여주는 것"이다. 교리사의 전제들, 전체적인 내용, 교리사를 기록할 때의 관점에 대하여 다음과 같은 일반적인 설명이 가능하다.

1) 교리사의 전제들

(1) 교리는 변할 수 있다는 것

교리사의 대전제는 교회의 교리는 변할 수 있고, 실제로 역사적 발전과정을 거치면서 많은 변화를 겪었다는 것이다. 변하지 않는 것은 발전이 있을 수 없기 때문에 역사도 없다. 개신교 신학이 한결같이 지켜온 입장은 교회의 교리는 고도의 안정성을 특징으로 하지만 변화될 수 있고, 실제로 역사 과정 속에서 새로운 요소들을 통하여 풍부해져 왔으며, 좀 더 세심한 표현을 부여받았고, 어느 정도 실질적인 변형조차도 겪어 왔다는 것이다. 그러므로 개신교에서는 교리사를 얘기하는 데에 전혀 어려움이 없다.

(2) 가톨릭은 교리가 변할 수 없다고 봄

로마 가톨릭 신학에서는 사정이 좀 다르다. 로마 가톨릭교도들은 그들에게는 변할 수 없는 교리가 존재한다는 사실을 자랑하며, 기본스(Gibbons) 추기경의 말을 빌리면 "변하지 않는 성경을 근거로 제시하여 항상 변하는 교리들을 밑받침하기 위해 애쓰는" 개신교에 대하여 월등한 우월감을 느낀다. 그는 교회의 신조는 "과거 시대들에 존재하였던 것과 지금도 동일하다"(*Faith of our Fathers*, pp. 11, 37)고 말한다. 윌머스(Wilmers)는 이와 비슷한 맥락에서 이렇게 말한다: "기독교 신앙은 그 모든 계시된 가르침들에 있어서, 즉 모든 사람을 위하여 의도된 온갖 명령들과 제도들에 있어서 변할 수 없다. 그 어떤 신조(주로 교리의 문제이기 때문에)도 더해지거나 뺄 수 없다. 어떤 교리도 그리스도에 의해서 거기에 부여된 것과 다른 의미를 부여받을 수 없다"(*Handbook of the Christian Religion*, p. 67). 우리는 로마 가톨릭에 속한 저술가들로부터 교회는 새로운 교리를 만들 수 없고, 단지 교회에 거룩하게 맡겨진 것만을 전할 수 있을 뿐이라는 말을 반복해서 듣는다.

(3) 성경 속에 있는 가톨릭의 교리

교회가 새로운 교리를 만들 수 없다는 반복적인 단언들이 참이라면, 교리들은 교회에 원래 맡겨진 것, 즉 성도들에게 이전에 전해졌고 성경과 사도적 전승에 담겨져 있는 신앙 속에 이미 주어져 있었다는 결론이 도출된다. 교회에 맡겨진 이 거룩한 것에 그 어떤 교리도 더해진 적이 없었으며, 거기에 담겨져 있던 그 어떤 교리도 변화된 적이 없었다. 교회는 오직 어떤 진리가 하나님에 의해서 계시되었다는 것을 선언하고, 그 진리에 무오한 해석을 부여해서 불확실성을 제거하여 믿는 자들에게 선한 지식을 더해 주는 권한만을 지닌다. 역사적 상황이 요구할 때마다, 교회는 과거에도 그렇게 하였고 앞으로도 계속해서 그렇게 할 것이다. 교리 자체는 발전하지 않고, 따라서 교리사도 존재하지 않는다. 오직 교리에 대한 주관적인 파악에 있어서만 발전이 존재한다. 이것은 교리사에 관한 로마 가톨릭의 인식을 결정하고 있다. 로마 가톨릭교도로서 『교리사 편람』(*A Manual of the History of Dogmas*, 제3판)의 저자인 오텐(B. J. Otten)은 이렇게 말한다: "교리사는 계시된 진리들은 객관적으로 영속적이고 불변하지만, 그 진리들에 대한 주관적 파악과 외적 표현에 있어서는 발전이 인정된다는 것을 전제한다"(Vol I, p. 2).

(4) 교리사에 관한 가톨릭의 견해

로마 가톨릭교도들은 오랫동안 교리사를 못마땅하다는 듯이 흘겨보았다. 네안더(Neander)는 "오늘날의 신학자인 본의 헤르메스(Hermes of Bonn)는 교리사를 특수한 학문분과로 취급하는 것은 교리의 변화와 발전을 전제하는 것이기 때문에 가톨릭 교회에 도전하는 것이라고 단정하고서, 바로 그런 이유 때문에 교리사에 대하여 강의하는 것을 꺼려하였다"(*The History of Christian Dogmas*, I, p 28)고 말한다. 페타비우스(Petavius)는 로마 가톨릭교도들 중에서 교리의 발전론 비슷한 것을 주장한 최초의 인물이었지만, 그의 저작은 곱지 않은 시선으로 보아졌기 때문에, 그는 자신의 발언의 수위를 낮추어야 하였다.

나중에 묄러(Moehler), 특히 뉴먼(Newman)은 발전론을 주창하여서, 보편적이라고까지는 할 수 없어도 상당한 지지를 얻어냈다. 뉴먼의 발전론은 교회의 교리들 중 다수는 원래 교회에 맡겨진 것에는 단지 배아(胚芽) 상태로만 존재하였다는 취지의 견해였다. 그 교리들은 교회의 심령 속에

심겨진 씨앗들, 확실한 가능성들로 충만하여서 시간이 흐르면서 만개(滿開)한 교리들로 꽃피게 될 바로 그런 씨앗들 같은 것들이었다. 새로운 교리적 표현들은 흔히 등장할 때마다 배척을 받았지만 점차 세력을 얻어 널리 통용되었고, 최종적으로 가르치는 교회, 즉 교회의 성직자단이 개입하여 이 새로운 교리적 발전의 결과들을 시험하여, 그것들이 하나님이 계시하신 진리들이라는 것을 선포함으로써, 그 중 몇몇에 대하여 교회의 무오한 승인의 도장을 찍어 주었다. 이 교설은 많은 로마 가톨릭 학자들의 지지를 얻었지만, 모든 학자들에게 인정을 받지는 못했고, 결국 공식적인 승인을 얻지 못하였다.

(5) 유기적 교리의 발전

교리사의 두 번째 전제는 교회의 교리의 발전은 유기적인 계통을 따라 움직여 왔고, 따라서 교회의 지도자들이 진리를 파악하고자 노력하다가 흔히 사람을 홀리는 도깨비 불을 좇으며 이질적인 요소들을 가지고 유희하는 등 잘못된 길들로 빠져서 헤맸고, 교회 자체도 전체적으로 또는 부분적으로 종종 진리를 정형화함에 있어서 오류를 범하였음에도 불구하고, 주된 흐름에 있어서는 중단 없는 성장을 계속해 왔다는 것이다. 하나님의 특별 계시는 하나님을 아는 모형적인(ectypal) 지식과 그리스도 예수 안에서의 구속이라는 사상을 점진적으로 펼쳐 보이는 것이다. 그것은 모든 부분들이 서로 연결되어 있는 유기적 전체이고, 하나님의 생각에 대한 포괄적 표현이다. 진리를 파악하고자 하는 교회의 시도는 단지 하나님에 관한 생각들을 하나님이 하시는 그대로 생각하고자 하는 것이다. 교회는 성령의 인도하심 아래에서 그 일을 행하는데, 성령은 진리의 영이기 때문에 진리를 내적으로 서로 연결된 유기체로 점점 더 분명하게 볼 수 있게 해준다. 교리사는 교회의 여러 교리들의 외적인 역사를 기록한 단순한 연대기에 불과한 것이 되어서는 안 된다. 교리사는 교회의 사고(mind)의 유기적 성장과 내적 활동들에 관한 역사이기 때문에 교회의 교리가 어느 정도 연속적으로 발전해 왔다는 것을 전제한다.

(6) 점진적으로 발전되어 온 교리

만약 오늘날의 많은 학자들이 주장하듯이 과거의 교회가 신앙 생활의 조건들이 변화될 때마다 곧 새로운 교리가 필요하게 되었기 때문에 각각의 세대는 옛 교리를 폐기하고 나름대로 그들 자신의 교리를 만들어내어 시대의 영적인 상황과 더 잘 어울리는 교리로 옛 교리를 대신하였다는 전제 위에서 행하여 왔다면, 유기적으로 연결된 교리사를 쓰는 일은 사실상 불가능하였을 것이다. 우리는 교회는 진리를 추구하다가 암울한 탈선들을 겪어서 잘못된 길들로 빠진 적이 한두 번이 아니었음에도 불구하고 진리에 대한 이해와 정형화에 있어서 점진적인 진보를 이루어왔다는 전제 위에서 이 작업을 진행하여야 할 것이다. 우리는 종교개혁 같은 엄청난 종교적 격변조차도 과거의 교리적 발전과 완전한 단절을 가져오지는 않았다는 것을 전제하여야 한다. 많은 오류들이 드러나서 수정되긴 하였지만, 종교개혁자들은 그들의 견해들을 밑받침해 줄 증거들을 고대 교회의 교부들 속에서 찾았고, 심지어 중세 시대에 발전된 몇몇 견해들을 채택하는 것도 주저하지 않았다. 여기에서조차도 사상의 연속성이 존재하였다.

2) 교리사의 내용

(1) 교리만이 역사의 유일한 자료는 아니다

교리사가 주로 교회의 교리들을 다룬다고 해서, 공식적인 신조들에 아직 편입되지 못하였거나 아마도 영원히 편입되지 못할 수도 있는 교리적 발전들에 관심을 가질 필요가 없다는 것은 아니다. 교리사는 그 서술을 니케아 공의회에서 시작해서 역사적으로 마지막 신조를 채택한 시점에서 끝내면 된다고 생각하는 것은 잘못이다. 교회의 가장 초기의 교리들의 기원을 서술하기 위해서 교리사는 특별 계시 시대가 끝나가는 무렵에 등장한 사도 교부들에 대한 연구를 그 출발점으로 삼지 않으면 안 된다. 교리사는, 교회가 당시의 신학적 논의들의 결과로써 교회의 공식적인 도장을 받지는 않았지만 어느 정도 전체적인 승인을 받은 잠정적인 형태의 교리들, 중심적이고 지배적인 교리로부터 필연적으로 도출되었지만 교회의 특별한 승인을 받지는 않은 주변적인 진리들, 신학적 교리들의 추가적인 형성의 토대를 준비한 교리적 진리의 추가적인 발전들을 검토하고 살펴야 한다. 교회의 교리는 기계적으로 짜맞춰서 생겨난 것이 아니라 유기적 성장의 산물이기 때문에, 교리사에 대한 연구는 그 대상을 제한하여 여러 시대에 얻어진 분명하게 정의된 결과들에만 주목해서는 안 되고, 반드시 장차 한층 더 좋고 풍성한 열매들을 맺을 가능성을 내포한 그 중간 단계들도 고찰하여야 한다.

(2) 교리 논쟁에 대한 고찰

이것으로부터 도출되는 결론은 외적인 역사에 관한 한 교리사는 새로운 교리들이 겪는 산고(産苦)이자 흔히 새로운 교리들의 형성에 결정적인 영향을 끼쳤던 교회의 큰 교리 논쟁들에 대한 연구를 게을리할 수 없다는 것이다. 이러한 연구가 언제나 신자들의 덕을 세우는 데에 유익한 것은 아닐지라도, 그것은 교회의 교리들의 기원을 제대로 이해하기 위해서는 절대적으로 필요하다. 이러한 교리 논쟁들을 통해서 견해의 차이들이 분명하게 드러났고, 어떤 경우에는 서로 다른 노선의 발전들이 생겨나서, 교회 전체의 인식 또는 어느 특정한 교단의 인식과는 차이가 있는 교리들이 생성되기도 하였다. 이렇게 주류적인 사상으로부터 이탈한 교리들조차도 교리사에 있어서는 중요하다. 왜냐하면, 그러한 것들은 흔히 진리를 좀 더 분명하고 예리하게 형성하는 결과를 가져다 주었기 때문이다.

(3) 사상의 내적 발전

교리사는 교리의 발전에 영향을 미친 그 어떤 외적인 사실들도 무시해서는 안 되지만, 그 주된 대상은 교회의 의식 속에서의 신학적 사상의 발전이라는 사실을 결코 놓쳐서는 안 되기 때문에 하나님이 계시한 계시 자체 속에 내재된 사상의 발전을 추적하여야 한다. 헤겔(Hegel)과 바우어(Baur)는 교리의 발전이 내적 법칙에 의해서 주관된다는 사실에 주목함으로써 교리사에 큰 공헌을 하였다 — 물론, 그들의 해석 원리는 기독교 사상에 부합하지 않지만. 우리는 각각의 교리가 걸어온 연속적인 발전 단계들과 여러 교리적인 문제들이 등장한 순서에 있어서 모종의 논리적 필연성을 찾아낼 수 있다. 일반적으로 말해서, 교의학(Dogmatics)에서 통상적으로 따르고 있는 논리적 순서가 교리사 속에 어느 정도 반영되어 있다고 할 수 있다.

3. 교리사의 방법론과 내용 구분

교리사의 내용을 구분하고 그 대상을 서술할 때에 사용되는 방법론에 있어서 상당한 차이들이 있어 왔다. 여기에서는 이러한 차이들 중에서 일부를 간략하게 살펴보고자 한다.

1) 교리사의 내용 구분

(1) 일반 교리사와 특수 교리사
교리사에 관한 대부분의 이전 저작들에서 발견되는 공통적인 구분법은 일반 교리사와 특수 교리사라는 구분법이다. 이러한 구분법은 여러 시대에 걸쳐서 그대로 따라졌다. 일반 교리사는 각각의 시대에 있어서 교리적 연구의 전체적인 철학적 배경, 주요한 논의 주제들, 전체적인 방향을 다루고, 특수 교리사는 개별적인 교리들, 특히 주변적인 교리들의 형성에 지배적인 영향력을 끼친 중심적인 교리들의 기원과 발전을 추적한다. 특수한 교리들은 통상적으로 교의학의 관행적인 표제 아래에서 논의된다: 신론, 인간론, 기독론 등등. 이것은 주제별 서술방법론(lokal-methode)이라 불리는 것으로서 하겐바흐(Hagenbach), 네안더(Neander), 셸던(Sheldon) 등이 따르고 있는 방법론이다.

(2) 후기의 구분법

리츨(Ritschl)은 이러한 구분법을 유기적인 서술 방법론이 아니라 해부학적 방법론이라는 이유를 들어서 반대하였고, 교리사에 관한 후기 저작들에서는 일반 교리사와 특수 교리사라는 구분법과 주제별 서술방법론을 둘 다 폐기하였다. 이것은 하르낙(Harnack), 루프스(Loofs), 제베르크(Seeberg), 피셔(Fisher)의 교리사와, 그 이전의 대부분의 교리사 간의 두드러진 차이점들 중 하나이다. 교리사를 일반 교리사와 특수 교리사로 구분하는 것에 대한 가장 큰 반론은 그러한 구분법은 원래 함께 결합되어 있는 것을 분리하고 있다는 것이고, 주제별 서술방법론에 대한 가장 큰 반론은 그러한 방법론은 역사적인 것이 아니라 인위적인 것이어서 각각의 시대에 있어서의 강조점의 차이 또는 각각의 시대의 논의들에 있어서의 독특성을 제대로 다루지 못한다는 것이다. 후대의 저술가들은 교리사 연구에 어떤 구분법을 적용할 것이냐를 놓고 완전한 의견의 일치를 보여주고 있지는 않지만, 모두 교회의 교리의 기원과 발전에 관한 좀 더 통일된 견해를 제시하고자 애쓴다.

하르낙과 루프스의 구분법은 아주 비슷하고, 제베르크의 구분법도 상당 부분 비슷한 노선을 따라 움직인다. 제베르크의 구분법은 다음과 같다: I. 고대 교회에 있어서의 교리 형성. II. 중세 교회에 있어서의 교리의 보존과 변형과 발전. III. 종교개혁을 통한 교리 체계의 발전과 이에 대항한 로마 가톨릭의 교리 결집(結集).

2) 서술 방법론

이 일반적인 표제 아래에서 우리가 살펴보아야 할 것은 두 가지 종류의 구별이다.

(1) 수평적 방법론과 수직적 방법론의 구별

교리사의 연구에 있어서 어떤 이들은 수평적 방법론을 따르고, 어떤 이들은 수직적 방법론을 따른다. 전자를 채택하는 사람들은 교리적 발전의 역사 전체를 각 시대별로 다루어서, 각각의 시대에 있어서 모든 교리들의 기원을 추적해서, 한 시대가 끝나갈 무렵에 각각의 교리들이 어떤 단계에 있었는지를 그대로 보여준 후에, 다음 시대에서는 다시 그 단계에서부터 각각의 교리들의 추가적인 발전을 추적해 나간다. 그들은 중세 시대가 시작되기 전까지 신론의 발전을 살핀 후에, 거기에서 그 주제를 중단하고 다시 그 시점까지 기독론의 발전을 보여주며, 그런 다음에 다시 거기에서 그 주제를 중단하고 그 동일한 기간 동안에 죄와 은혜에 관한 인간론이 어떻게 점진적으로 발전해 왔는지를 고찰하는 식으로 서술을 진행해 나간다.

하지만, 후자의 방법론을 따르는 사람들은 교회의 관심의 초점이 된 순서대로 각각의 교리들을 차례로 선택해서 그 교리가 최종적인 형태에 도달할 때까지의 발전과정을 추적한다. 교회의 특별한 관심을 받은 최초의 교리가 신론이었기 때문에 신론이 가장 먼저 다루어지는데, 신론의 발전 과정은 종교개혁 이후 시기에 이루어진 역사적 신조들 속에서 신론이 최종적으로 공식화되는 시점까지 추적된다. 기독론, 죄론과 은혜(은총)론, 속죄론 등등 같은 나머지 중심적인 교리들의 여러 발전 단계들도 마찬가지 방식으로 그 최종적이고 공식적인 형태에 도달할 때까지 차례차례로 연구된다. 하겐바흐(Hagenbach), 네안더(Neander), 셸던(Sheldon), 하르낙(Harnack), 루프스(Loofs), 제베르크(Seeberg)는 전자의 방법론을 따르고, 토마시우스(Thomasius), 셰드(Shedd), 커닝햄(Cunningham)은 몇몇 차이는 있지만 후자의 방법론을 따른다. 이 두 가지 방법론은 각각 나름대로의 장점과 단점들을 지닌다.

본서의 간략한 논의에서는 후자를 따르는 것이 좋다고 생각된다. 왜냐하면, 후자의 방법론은 각각의 교리들을 좀 더 뚜렷하게 우리 앞에 제시해 줄 수 있고, 우리로 하여금 전자의 다소 기계적인 구분법으로 인해서 사고의 흐름이 끊기는 일이 없이 처음부터 끝까지 하나하나의 교리의 발전과정을 추적할 수 있게 해주기 때문이다. 물론, 후자의 방법론은 각각의 교리들이 그 역사적 배경 및 교회의 위대한 신학자들(Tertullian, Origen,

Augustine, Anselm, Thomas Aquinas, Luther, Calvin)의 사상 체계와의 논리적 연결관계로부터 분리된 채로 고찰될 위험성을 지니고 있지만, 우리는 그러한 위험성을 가급적 피해가야 한다. 다행히 우리가 주로 관심을 갖는 교회의 중심적인 교리들은 동시에 역사의 무대 중심을 차지하지 않았기 때문에, 그러한 위험성은 상당 부분 제거된다. 또한, 본서와 더불어서 제베르크(Seeberg), 셀던(Sheldon), 피셔(Fisher) 등이 쓴 교리사를 읽는다면, 이러한 약점은 어느 정도 상쇄될 수 있을 것이다. 이 방법론을 따름에 있어서 우리는 각각의 교리에 관한 우리의 역사적 논의를 그 교리가 역사상의 위대한 신조들 중 최후의 신조 속에 편입되는 시점에서 끝내는 것이 아니라, 그 이후의 신학 문헌들 속에서 제시된 그 교리에 관한 변화들 또는 발전들도 고찰할 것이다. 왜냐하면, 각각의 교리들은 최후의 신조 속에 편입된 이후에도 세월이 흐르면서 좀 더 건전하고 분명하며 완전한 형태로 정형화되었을 수도 있기 때문이다.

(2) 순수 객관적 방법론과 신앙고백적 방법론의 구별

어떤 사람들은 교리사를 다루는 유일하게 적절하게 유일하게 학문적인 방식은 순수 객관적 방법론을 따르는 것이라고 주장한다. 그들은 그 어떤 선입견도 품지 않고 그 어떤 동정이나 반감을 나타내지 않으며 어떤 식으로든 교리적 표현들의 진위(眞僞)를 판단하지 않은 채로 교회의 교리의 기원과 발전을 서술하는 것이야말로 역사가의 임무라고 생각한다. 그들은 그런 것들을 판단하는 것은 교리사가 아니라 오직 교의학에서만 적절한 것이라고 말한다. 따라서 교리적 발전의 전체적인 과정이 여러 흐름들로 나뉘어서, 동방정교회, 로마 가톨릭, 루터파, 개혁교회 등이 지지하는 여러 다양하고 심지어 반대되기까지 하는 교리들을 낳았을 때, 역사가는 그것들을 시험하거나 어떤 선호하는 감정을 나타냄이 없이 그저 그것들을 차례차례로 서술하여야 한다. 하지만, 카이퍼(Kuyper) 박사는 사람은 제3자적인 방관자의 입장에서 글을 쓸 수 없기 때문에 자기 나라의 역사를 서술하거나 자기 친구의 전기(傳記)를 쓸 때에 이 방법을 따를 수 있는 사람은 아무도 없을 것이라는 사실을 올바르게 지적한다.

순수 객관적 방법론을 따른다면, 명확한 교리적 신념을 가지고서 특정한 신조를 지지하는 역사가는 그 어떤 선입견도 없이 자신의 교리적 관점을 드러냄이 없이 교리사를 쓰는 것은, 불가능하지는 않을지라도 어렵다는 것을 발견하게 될 것이다. 따라서 그는 신앙고백적 방법론을 선호할 것이다. 이 방법론에 따르면, 그는 자신의 신앙고백이나 신조를 출발점으로 삼아서, 그 신앙고백의 내용들을 발생론적으로 설명해 나가고자 할 것이다. 여러 교리들의 발전에 대하여 판단할 때, 그는 하나님의 말씀이라는 기준만이 아니라 자신의 신앙고백에 의한 판결기준들도 사용할 것이다: 전자는 신앙적 진리의 절대적인 기준이고, 후자는 이전의 연구들에 의거해서 심사숙고하여 주의 깊게 표현된 결과물로서 무오하지는 않지만 정반대의 증거가 나타날 때까지는 성경의 진리를 올바르게 나타낸 것으로 여겨져야 한다. 이렇게 씌어진 역사는 아무런 색깔도 없는 것이 되지 않고, 당연히 거의 모든 면면(面面)에 저자의 관점이 반영되어 있을 것이다. 그것은 역사의 사실들을 고의적으로 왜곡시키고자 하는 것이 아니라, 일차적으로는 모든 신앙적 진리를 판단하는 기준이 되는 성경, 부차적으로는 이미 결정되어 있는 교회의 판별기준을 통해서 역사의 사실들을 판단하고자 하는 것이다.

4. 교리사의 역사

1) 독립적인 분과학문으로서의 교리사를 탄생시킨 요인들

(1) 교리사의 기원

독립적인 분과학문으로서의 교리사에 대한 연구는 비교적 최근에 시작되었다. 그러한 연구를 위한 소중한 자료들은 종교개혁 이전의 여러 세기 동안 축적되었지만, 하르낙(Harnack)의 말대로 "그것들은 교리적 전승에 대한 역사적 관점을 탄생시키기는커녕 그 길을 거의 예비하지도 못하였다"(*History of Dogma*, I, p. 24).

(2) 종교개혁의 영향

로마 가톨릭 교회가 교리는 변할 수 없다는 전제 위에 있었고, 또한 여전히 그러한 입장을 유지하고 있었기 때문에, 종교개혁은 그러한 견해와의 단절을 통해서 교리사를 비평적으로 다룰 수 있는 길을 열어 놓았다. 또한, 종교개혁은 그 성격상 그러한 연구를 위한 특별한 유인(誘因)을 제공해 주기에 안성맞춤인 운동이었다. 종교개혁은 교회와 그 가르침의 성격에 대하여 많은 질문들을 제기하였고, 성경의 빛 아래에서만이 아니라 고대 교회의 교부들에 의거해서도 그러한 의문들에 대답하고자 함으로써 교리에 대한 역사적 연구를 위한 직접적이고 강력한 동기를 제공해 주었다. 그렇지만, 종교개혁자들과 종교개혁 시대의 신학자들은 그러한 연구를 시작하지 않았다. 그들은 그들의 견해를 실증하기 위해서 기독교 초창기의 교부들의 글을 근거로 제시하였지만, 그들의 신앙의 내용을 구성하고 있었던 교리 전체의 역사적 기원에 대한 주의 깊고 비평적인 연구의 필요성을 느끼지는 못하였다. 그들은 그들이 믿고 있던 교리들이 성경적이라는 것에 대하여 전혀 의심을 품지 않았다. 또한, 그 교리들은 그들의 삶 속에 들어와서 경험에 의해 입증되었다. 그들은 견고한 신앙을 지니고 있었기 때문에 그러한 역사적 연구의 필요성을 느끼지 못하였을 뿐만 아니라, 교리 자체와 변증에 몰두해 있었기 때문에 역사적 연구를 할 시간적 여유가 없었다.

(3) 경건주의와 합리주의의 영향

하지만, 로마 가톨릭 교회와 개신교는 상대방이 기독교의 역사적 신앙으로부터 이탈하였다고 비난하였기 때문에, 그러한 논쟁은 오직 역사에 대한 세심한 연구를 통해서만 해결될 수 있었다는 것은 사실이다. 당시에는 교리 자체와 변증에 대한 관심 때문에, 이러한 필요성은 오랫동안 실제로 실천되지 못한 채로 남아 있긴 했지만, 세월이 흐르면서 상당한 영향력을 지닐 수밖에 없었다. 하지만, 이러한 필요성은 교회의 교리에 비우호적이었던 운동들에 의해서 제공된 또 다른 동기들에 의해서 강화되었을 때에야 비로소 활성화되기 시작하였다. 경건주의는, 개신교 스콜라주의(Protestant Scholasticism)가 화석화하는 영향력을 행사하여 종교개혁의 살아 있는 진리들을 위협하고 있다는 확신으로부터 탄생되었다. 경건주의는 17세기의 지성주의(intellectualism)를 종교개혁자들의 신앙으로부터 이탈하여 아무런 열매도 맺지 못하는 것이라고 보고서 거기에 대한 반발로 생겨난 것이었다. 합리주의는 교회의 교리에 대하여 적대적이었는데, 이는 교리는 인간의 이성이 아니라 권위를 토대로 한 것이고, 그 막강한 안정성을 무기로 인간 지성의 자유로운 탐구를 억압한다고 여겼기 때문이었다. 합리주의는 교회의 교리가 반복적으로 변화되어 왔다는 것, 그러므로 교리가 지니고 있다고 하는 영속성과 안정성은 허구라는 것을 보여주는 데에 관심을 가졌다. 이 두 운동은 서로 달랐고 몇 가지 점에서 서로 반대되기까지 했지만 교리를 반대하는 일에서는 서로 손을 잡았고, 교리를 훼손하기 위한 악의적인 의도를 가지고서 교리사에 대한 연구를 시작하였다.

(4) 역사 의식의 영향

우리가 고려해야 할 또 하나의 요인은 제믈러(Semler) 등의 영향 아래에서 역사 의식이 일깨워진 것이었다. 제믈러는 성경에 대한 현대적인 역사적 연구를 창시하였고, 『좀 더 자유로운 교수 방법의 실험』(*An Experiment of a Freer Method of Teaching*)이라는 제목을 단 저작을 썼는데, 이 저작은 역사적 방법론의 실천적 가치를 설명한 선구적인 작품이었다. 교회사 속에서 이 새로운 정신의 최초의 열매는 모스하임(Mosheim)의 위대한 저작이었다. 이 저작은 교리사를 다루지는 않았지만 교리사 연구에 커다란 추진력을 부여하였다. 교리사를 위한 중요한 요소들은 레싱(Lessing)과 제믈러(Semler)의 저작들 속에서 발견된다.

2) 교리사에 관한 초기 저작들

교리사 연구의 진정한 발단은 랑게(S. G. Lange)와 뮌셔(Muenscher)의 저작에서 찾아볼 수 있다. 랑게의 저작은 방대한 규모로 계획되었지만 끝내 완성되지는 못하였다. 뮌셔는 1797년에 네 권으로 된 저작을 썼고, 후에 그 저작의 요약판을 냈다. 그는 편향되지 않은 연구를 통해서, 기독교 교리가 어떻게 그리고 왜 점진적으로 현재의 형태를 취하게 되었는가라는 질문에 대한 답을 찾고자 하였다. 그의 저작은 합리주의의 영향 때문에 망쳐졌고, 교리사의 고유한 대상은 교리(가르침:doctrine)인가 교의(dogma)인가라는 문제를 대답하지 않은 채로 남겨 두었다. 그는 최초로 교리사를 일반 교리사와 특수 교리사로 구분하였는데, 이 구분은 나중에 나온 수많은 저작들에서 발견된다. 뮌셔의 저작을 따른 소책자들은 이 분야의 연구에서 특별한 진전을 이루어내지 못하였다.

헤겔(Hegel)의 영향 아래에서 더 나은 역사적 방법론이 도입되었다. 이 방법론을 역사 연구에 적용한 것은 특히 신약 비평학의 튀빙겐 학파의 대부인 바우어(F. C. Baur)의 저작에서 찾아볼 수 있다. 헤겔의 발전사관은 교회의 교리들의 생성에 있어서 명확한 순서와 발전과정을 추적하는 데에 도입되었다. 교리사의 목적은 (a) 공인된 증인들에 의해서 증언된 사실들을 그 실제적 배경 속에서 확인하는 것, (b) 그 사실들을 내적 전개의 정확한 법칙에 따라 해석하는 것으로 규정되었다. 하지만, 오랫동안 이 연구에 적용된 것은 헤겔의 저 유명한 변증법으로 구체화된 순전히 사변적인 발전사관이었다. 이것은 바우어의 저작에서 아주 분명하게 드러난다.

하지만, 발전사관은 점차 헤겔 학파가 적용한 것과는 다른 분야에서 그 힘을 얻어갔다. 그것은 슐라이어마허(Schleiermacher)의 신학 학파의 산물들 속에서 전제되었고, 네안더(Neander)와 하겐바흐(Hagenbach) 같은 저술가들에 의해서 적용되었는데, 이 두 저술가는 종교로서의 기독교와 교리의 종교적 가치에 대한 평가에 있어서 헤겔 학파를 뛰어넘었다. 하지만, 그들은 일반 교리사와 특수 교리사라는 옛 구분법을 계속해서 사용하였고, 후자에서 이른바 주제별 서술방법론을 적용함으로써 역사 원리를 적용함에 있어서 미흡하였다.

클리포드(Kliefoth)와 토마시우스(Thomasius) 같은 신조주의자들의 저작들 속에서는 또 다른 수정들이 발견된다. 클리포드의 저작에는 교의(dogma)를 교리(doctrine)와 구별해서 교의를 이 분과학문의 고유한 대상으로 삼아야 한다는 주장이 등장한다. 그의 주장에 의하면, 각각의 시대는 나름대로의 일련의 교의적 진리를 산출해내서, 다시 형성되거나 심지어 무효화될 수 있는 내용으로서가 아니라 보존되어야 할 보화(寶貨)로서 다음 세대들에게 남겨준다(바우어). 그것은 다음 세대에서의 발전 속에 통째로 편입되어야 한다. 토마시우스는 중심적인 교리와 주변적인 교리를 철저하게 구별하는데, 전자는 신론, 기독론, 죄론, 은혜(은총)론 등과 같은 근본적인 큰 교리들이고, 후자는 중심적인 교리들을 토대로 해서 발전되는 파생적인 교리들이라고 설명한다. 그의 저작은 루터파 교회의 신앙고백적 관점에서 씌어졌다.

로마 가톨릭 학계는 교리사 연구에 관심을 갖는 데에 좀 더 많은 시간이 걸렸고, 교리사 연구를 시작했을 때에도 기독교의 근본적인 가르침들에 관한 교회의 권위 있는 진술로서의 교리라는 독특한 인식을 그(교의) 출발점으로 삼았다. 이전의 저작들은, 초대 교회는 기독교의 완벽한 교리(교의)를 이미 소유하고 있었기 때문에 한 세대에서 다음 세대로 넘어가면서 교리(교의)의 실질적인 변경이라는 것은 있을 수 없다는 전제 위에서 시작하였다. 원래의 교리들에 추가되는 것은 있을 수 없고, 오직 그 교리들에 대한 해석만이 추가될 수 있었다. 뉴먼(Newman)은 발전설을 소개하였다. 그에 의하면, 성경 속에 있는 계시된 원래의 진리들은 대체로 암묵적이고 배아적(胚芽的)인 성격을 지니기 때문에 외적인 조건들의 자극 아래에서 오직 점진적으로만 열려진다. 하지만, 이러한 발전과정은 무오한 교회에 의해서 절대적으로 주관된다. 그러나 아주 조심스럽게 제시된 이 교설조차도 로마 가톨릭 진영에서는 전반적인 인정을 받지 못하였다.

3) 교리사에 관한 후기 저작들

교리사에 관한 후기 저작들은 내용을 일반 교리사와 특수 교리사로 구분하고 주제별 서술방법론을 적용하여 기계적으로 배열한 초기 저작들과의 단절을 꾀하는 경향을 보여준다. 초기 저작들의 이러한 특징은 실제로 셸던(Sheldon)의 저작에서 발견되고, 셰드(Shedd)의 저작에서도 부분적으로 발견되지만, 그 밖의 다른 최근의 저작들 속에는 그러한 특징이 존재하지 않는다는 것이 눈에 확 띈다. 교리사는 유기적으로 다루어져야 한다는 확신이 점차 퍼져가고 있다. 니취(Nitzsch)는 다음과 같은 표제들 아래에서 발생론적으로 배열하는 방법을 채택하였다: 옛 가톨릭 교회 교리의 공포와 옛 가톨릭 교회 교리의 발전. 이와 비슷한 구분법은 교회 교리의 출현과 교회 교리의 발전에 대하여 말하는 하르낙(Harnack)에게서도 발견된다.

하르낙은 토마시우스(Thomasius)와 니취(Nitzsch)와의 유사성을 보여주지만, 그들의 입장을 훨씬 뛰어넘는다. 그는 자신의 논의를 가르침들과는 구별되는 교리들의 출현과 발전에 한정시키고, 특히 전반적인 문화적 발전과의 연관 속에서 기독교 전체의 끊임없이 변화하는 측면들을 고려한다. 그의 저작은 주제별 서술방법론과 철저하게 단절되어 있다. 그러나 그는 교리의 시작과 구조가 복음의 토양 위에 뿌려진 헬라 정신의 산물로서 거기에는 기독교라는 종교와 헬레니즘 문화가 혼합되어 있고, 그 중에서 후자가 더 지배적이었다고 봄으로써 교리에 대한 그릇된 인식을 가지고 있었다. 그의 견해에 의하면, 신앙의 명제들은 역사적 · 학문적 증거들에 의해서 밑받침된 지적인 개념들로 잘못 변질되었고, 바로 그러한 과정을 통해서 그 명제들이 지니고 있던 규범적 가치와 교리적 권위를 상실하였다. 그러한 타락은 후대의 저술가들이 단언하듯이 신약 자체에서 시작된 것이 아니라 로고스론(Logos doctrine)이 발전되었던 주후 2-3세기에 시작되어서 로마 가톨릭 교회에서 제1차 바티칸 공의회 때까지 계속되었지만, 종교개혁의 때에 개신교는 교리적인 기독교 개념을 원칙적으로 폐기하였다고 그는 말한다. 기독교의 교리(교의)는 끊임없이 개정되어 왔다. 엄밀하게 말해서, 기독교에는 고정된 진리들, 즉 교리(교의)들이 들어설 자리가 없고, 오직 신앙적 가르침(Glaubenslehre)만이 들어설 자리가 있다. 하르낙은 지나치게 제한된 교리관(敎理觀)을 지니고 있고, 고대 교회의 교부들이 이교의 영향에 대하여 혐오감을 지니고 있었다는 사실을 제대로 다루고 있지 못함으로써, 교리사 전체를 하나의 거대한 오류로 규정한다.

루프스(Loofs)와 제베르크(Seeberg)는 하르낙의 구분법을 따르지 않지만, 하르낙의 위대한 저작 중에서 제2부가 실제로 교리사 전체를 포괄하고 있다고 보는 것 같다 — 루프스는 그리스도인들 가운데서 교리의 기원에 관한 별도의 장(章)을 두고 있기는 하지만. 루프스는 하르낙의 교리 개념에 전적으로 동의하지는 않지만, 제베르크의 기념비적인 저작보다 하르낙과의 더 큰 유사성을 보여준다. 제베르크의 저작은 각 저술가들의 교리적 견해를 다룰 때마다 그 저술가들의 저작으로부터 가져온 무수한 인용문들을 싣고 있어서 자료집이라고 불러도 될 정도이다. 하르낙과 마찬가지로, 제베르크도 두 권으로 된 교과서를 썼고, 이 책은 찰스 E. 헤이 박사에 의해서 영어로 번역되어 1905년에 『교리사 교본』(*Textbook of the History of Doctrines*)이라는 제목으로 출간되었다. 이 저작은 신학생들에게 상당히 가치 있는 책이다.

심화학습을 위한 질문들

로마 가톨릭과 개신교의 교리 개념은 어떻게 다른가? 뉴먼(Newman)의 교설은 교리사에 대한 로마 가톨릭의 견해를 어떻게 변화시켰는가? 하르낙(Harnack)의 교리관에 대해서는 어떠한 반론들이 있는가? 그의 견해는 리츨 학파 사이에서 전반적인 지지를 받았는가? 로마 가톨릭 학자들과 개신교 학자들은 교리사의 과제에 대하여 서로 견해가 일치하는가? 교리사라는 말 속에 전제된 교리의 변할 수 있는 요소는 교리의 형식, 또는 교리의 내용, 또는 둘 다에서 발견되는가? 교리사에 적용된 헤겔의 방법론의 장단점으로는 어떤 것들이 있는가? 바우어(Baur)는 헤겔의 방법론을 적용할 때에 외적인 역사적 사실들을 제대로 다루었는가? 교리사가 진정으로 학문적이기 위해서는 순전히 객관적인 방식으로 씌어져야 하는가?

제 2 장
교리의 예비적 발전

1. 사도 교부들과 그 교리적 견해

1) 사도 교부들이 썼다고 하는 저작들

사도 교부들은 마지막 사도가 죽기 전에 살았다고 여겨지는 교부들을 가리키는 말로서, 그들 중 일부는 사도들의 제자였다고 하고, 현존하는 가장 초기의 기독교 저작들은 바로 그들이 쓴 것이라고 말해진다. 사도 교부로서 우리에게 지금까지 전해져 내려온 인물로는 특히 바나바(Barnabas), 헤르마스(Hermas), 로마의 클레멘스(Clement of Rome),[1] 폴리카르푸스(Polycarp), 파피아스(Papias), 이그나티우스(Ignatius) 등 여섯 명이다. 이 중 첫 번째로 언급된 인물은 조금 의심스러운 면이 있기는 하지만 일반적으로 사도행전에서 바울의 동료로 알려져 있는 바나바와 동일 인물로 여겨진다. 바나바는 그 진정성이 의심스러운 반(反)유대주의적인 색채를 강하게 띤 서신의 저자라 일컬어진다. 근거가 불충분하기는 하지만, 헤르마스는 로마서 16:14에 언급된 인물("허메")로 추정된다. 그가 썼다고 하는 헤르마스의 목자서(*The Shepherd of Hermas*)는 일련의 묵시들, 명령들,

---

1) 영어로는 클레멘트이지만, 라틴어 원명은 클레멘스이다. - 역자 주

비유들을 담고 있다. 이 저작은 고대 교회에 의해서 아주 소중히 여겨지긴 했지만 그 진정성이 의심스러운 작품이다.

로마의 클레멘스는 빌립보서 4:3에 언급된 바울의 동역자("글레멘드")와 동일 인물인 것 같다. 그는 실제로는 단지 로마에서 영향력 있는 성직자였을 가능성이 크지만 보통 로마의 감독이라 말해진다. 그는 고린도 교회의 불화 때문에 일반적인 도덕적 명령들과 특별한 권면들을 담고 있는 『고린도 교인들에게 보내는 서신』을 썼다. 이 서신의 진정성도 일부 학자들에 의해서 의문시되고 있기는 하지만, 그럴 만한 타당한 이유들이 존재하지 않는다. 클레멘스의 이 서신은 지금까지 남아 있는 초기 기독교의 진품 문헌 중에서 가장 초기의 것일 가능성이 크다.

폴리카르푸스는 통상적으로 "서머나의 감독"으로 지칭되지만, 유세비우스(Eusebius)는 그를 좀 더 정확하게 "저 복된 사도적 장로"라 부른다. 그는 요한의 제자로서 주로 성경에 나오는 표현을 빈 실천적인 권면들로 이루어진 빌립보 교인들에게 보내는 짤막한 서신을 썼다.

"히에라폴리스의 감독"이라 불린 파피아스는 폴리카르푸스와 동시대인이었고, 아마도 요한의 제자이기도 했던 것 같다. 그는 『주의 말씀에 대한 강해』(Exposition of the Oracles of the Lord)의 저자였는데, 이 저작은 교리적으로 별 중요치 않은 소수의 단편들만이 유세비우스에 의해 보존되었다.

보통 "안디옥의 감독"으로 알려져 있던 이그나티우스도 마지막 사도가 활동하던 시절에 살았다. 15편의 서신이 그의 것으로 돌려지지만, 오늘날에는 그 중에서 단지 7편만이 그의 진정한 서신으로 여겨지고 있고, 심지어 이 서신들조차도 그 진정성이 일부 학자들에 의해서 의심을 받고 있다. 이러한 저작들 외에도 저자가 누구인지 모르는 두 편의 저작, 즉 디오그네투스에게 보내는 편지(The Epistle to Diognetes)와 디다케(The Didache)가 있다. 전자는 종종 순교자 유스티누스(Justin Martyr)에게 돌려지는데, 이는 그가 『디오그네투스에게 보내는 변증』(Apology to

Diognetes)을 썼기 때문이다. 하지만, 내적 증거로 볼 때에는 그가 이 서신을 썼을 가능성은 희박하다. 이 서신의 기자(記者)는 많은 그리스도인들이 이교 사상과 유대교를 버린 이유를 설명하고, 그리스도인들의 성품과 행실의 주된 특징들을 서술하면서, 그러한 것을 낳은 원천을 기독교 교리에서 찾으면서, 기독교 교리를 기가 막히게 요약해 놓는다. 1873년에 발견된 디다케는 주후 100년경에 씌어졌을 가능성이 높다. 제1부는 생명의 길과 사망의 길이라는 두 길(the Two Ways) 도식을 사용한 도덕적 교훈들을 담고 있고, 제2부에는 예배와 교회 정치에 관한 지시들이 나오는데 거기에 간간이 종말에 관한 말들이 섞여 나온다.

2) 사도 교부들의 가르침들이 보여주는 형식상의 특징들

(1) 독창성, 깊이, 명료성의 결여
사람들은 신약에 대한 연구로부터 사도 교부들에 대한 연구로 넘어가면서 엄청난 변화를 느끼게 된다는 말을 자주 한다. 거기에는 신약에서 느낄 수 있는 것과 같은 신선함과 독창성, 깊이와 명료성이 없다. 하지만, 이것은 전혀 이상한 일이 아니다. 왜냐하면, 그것은 무오한 영감에 의해서 주어진 진리로부터, 잘못을 저지를 수 있는 선구적 신앙인들에 의해서 재현된 진리로 넘어가는 것을 의미하기 때문이다. 그들이 만들어낸 저작들은 주로 성경에 의존할 수밖에 없었고, 신앙의 좀 더 깊은 진리들이 아니라 최초의 신앙 원리들에 관심을 가지고서 초보적으로 본뜬 것일 수밖에 없었다.

(2) 내용의 빈약함
그들의 가르침은 빈약함이 특징이다. 그 가르침들은 전체적으로 성경의 가르침과 온전히 부합하고, 흔히 성경에 나오는 바로 그 단어들로 표현되어 있지만, 해설이라는 방식을 통해서 성경의 가르침에 더해 주는 것이 거의 없고, 전혀 체계화되어 있지도 않다. 이것을 보고서 아무도 이상히

여기거나 놀랄 필요는 없다. 왜냐하면, 당시는 성경의 진리들에 대하여 성찰하고, 성경 속에 담겨진 엄청난 양의 내용을 소화하기에는 아직 짧은 시간이었기 때문이다. 신약이라는 정경(正經)은 아직 확정되어 있지 않았다. 이것은 이 초기 교부들이 기록된 말씀보다는 구전 전승을 인용하는 일이 비일비재한 이유를 설명해 준다. 또한, 우리가 염두에 두어야 할 것은 그들 가운데는 진리를 탐구하는 특별한 훈련을 받거나 진리를 체계적으로 서술할 수 있는 뛰어난 능력을 지닌 자들, 즉 철학적 사고를 지닌 자들이 없었다는 것이다. 하지만, 사도 교부들의 저작은 상대적으로 빈약한 내용을 담고 있기는 해도 상당한 중요성을 지닌다. 왜냐하면, 그 저작들은 신약의 책들이 지닌 정경성(canonicity)과 무흠성(integrity)을 잘 증언해 주고, 주후 2세기 동안에 나타난 변증가들의 좀 더 사변적인 저작들과 신약을 교리적으로 연결해 주는 역할을 하기 때문이다.

(3) 명확성의 결여

사도 교부들의 저작이 보여주는 두 번째 특징은 명확성의 결여이다. 신약은 여러 유형의 사도적 '케뤼그마'("말씀 선포")를 기록하고 있다: 베드로, 바울, 요한의 '케뤼그마.' 이 셋은 기본적으로는 동일하지만, 각각의 케뤼그마는 진리에 대한 서로 다른 강조점을 보여준다. 그런데 사도 교부들은 아마도 그들에게 가장 친숙하였을 요한의 케뤼그마에 대한 어느 정도의 선호를 보여주기는 하지만 이 세 가지 유형 중 어느 하나를 분명하게 고집하지 않았다는 것은 이상해 보일 수 있다. 하지만, 그것을 설명해 줄 수 있는 몇 가지 이유를 제시해 볼 수 있다. 이 세 가지 유형을 구별하는 데에는 상당한 정도의 성찰이 요구된다. 이 사도 교부들은 사도들과 너무도 가까이 서 있었기 때문에 사도들 각각의 가르침이 지닌 독특한 특징들을 파악할 수 없었다. 또한, 사도 교부들에게 있어서 기독교는 일차적으로 획득되어야 할 지식이 아니라, 하나님에 대한 새로운 순종의 원리였다. 그들은 예수의 말씀과 사도적 '케뤼그마'의 규범적 가치를 알고 있었지만, 계시의 진리들을 정의하고자 시도한 것이 아니라 단지 그들의 이해에 비추어서 그 진리들을 다시 설명하고자 하였다. 끝으로, 그들의 삶의 전반적인 조건들은 당시에 유행하였던 이교 철학과 이방 종교, 유대-헬레니즘적인 종교의 영향을 받아서 사도적 '케뤼그마'의 몇 가지 유형 간의 특징적인 차이들을 제대로 이해하는 데에 불리하게 작용하였다.

3) 사도 교부들의 가르침의 실질적 내용

사도 교부들의 저작이 교리적으로 중요한 내용을 거의 담고 있지 않다는 것은 잘 알려진 사실이다. 그들의 가르침은 대체로 하나님의 말씀 속에 계시된 진리와 부합하고, 흔히 성경에 나오는 바로 그 단어들로 표현되지만, 바로 그러한 이유 때문에 진리에 대한 우리의 통찰을 더해주거나 깊게 해주지 못하고, 성경의 교리적 가르침들의 상호관계를 조명해 주지 못한다는 말을 듣는다.

(1) 하나님과 예수 그리스도에 대하여

그들은 창조주이시고 만유의 통치자이신 하나님 및 창조 때와 옛 시대 전체에 걸쳐서 활동하시다가 마침내 육체로 나타나신 예수 그리스도에 대한 공통의 믿음을 증언한다. 그들은 아버지, 아들, 성령이라는 하나님에 대한 성경적 명칭을 사용하고, 그리스도를 하나님이자 사람이라고 말하지만, 거기에 내포된 함의(含意)들과 문제점들을 인식하고 있음을 보여주지 않는다.

(2) 그리스도의 사역에 대하여

구속주로서의 그리스도의 사역도 언제나 동일한 방식으로 서술되고 있는 것은 아니다. 그들은 그리스도가 지닌 중요한 의의(意義)를 그리스도께서 그의 수난과 죽음을 통해서 인류를 죄와 사망에서 자유하게 하셨다는 사실에서 찾기도 하고, 이것과 연관이 있기는 하지만 딱히 연결되어 있다고 할 수 없는 사실, 즉 그리스도께서 아버지를 나타내셨고 새로운 도덕적인 법을 가르치셨다는 사실에서 찾기도 한다. 어떤 경우들에서는 그리스도의 죽음이 인간의 칭의(justification)의 토대가 아니라 사람들에게 회개의 은혜를 가져다 주고 새로운 순종의 길을 열어 놓은 것으로 묘사된다. 이러한 도덕주의적인 경향은 아마도 사도 교부들의 가르침 속에서 가장 큰 약점일 것이다. 그것은 당시의 이교 세계에 존재하였고 자연인 자체의 특징이기도 하였던 도덕주의와 연관이 있는 것으로서 율법주의가 득세하는 데에 일조하였다.

(3) 성례에 대하여

성례들은 구원의 축복들을 인간에게 전해주는 수단(방편)들이라고 설명된다. 세례는 새 생명을 가져다 주고, 모든 죄들 드는 오직 과거의 죄들을 사해준다(헤르마스의 목자서와 클레멘스2서). 성찬은 인간에게 복된 불멸 또는 영생을 전해주는 수단이다.

(4) 믿음과 선행에 대하여

개별 그리스도인은 믿음 안에서 하나님을 인식하는데, 믿음은 하나님에 대한 참된 지식, 하나님에 대한 신뢰, 하나님에 대한 헌신에 있다. 인간은 믿음으로 말미암아 의롭다 하심을 얻는다고 말해지지만, 의와 새 생명에 대한 믿음의 관계는 분명하게 이해되지 않고 있다. 이 시점에서 반(反)바울적이고 율법적인 경향이 뚜렷하게 나타난다. 믿음은 단지 한 개인을 도덕적 성장으로 이끄는 생명의 길로 들어가는 첫 걸음일 뿐이다. 그러나 죄사함이 일단 세례를 통해서 이루어지고 믿음에 의해서 인식된 후에는 인간은 그의 선행이라는 공로에 의해서 이 축복을 얻는다. 이렇게 해서 선행은 믿음과 더불어서 두 번째의 독립적인 원리가 된다. 기독교는 흔히 새로운 법(nova lex)으로 묘사되고, 거기에서는 새로운 순종으로 이어지는 사랑이 주도적인 위치를 차지한다. 하나님의 은혜가 아니라 인간의 선행이 종종 전면에 등장한다.

(5) 교회에 대하여

그리스도인은 그리스도인들의 공동체, 즉 은사들을 소유한 것을 여전히 기뻐하지만 신약에 언급된 교회의 직분들에 대한 점증하는 공경심을 보여주는 교회 속에서 살아가는 것으로 묘사된다. 몇몇 경우들에 있어서는 감독이 장로들보다 우월한 것으로 부각되기도 한다.

(6) 종말에 대하여

사도 교부들의 저작 속에서는 현재의 세상은 헛되고 곧 지나갈 것이라는 것, 장래의 세상의 영원한 영광에 대한 생생한 인식이 뚜렷하게 드러난다. 그들은 만물의 종말이 아주 가까이 왔다고 생각하고, 구약의 예언 내용에 의거해서 현재 세상의 종말을 묘사한다. 하나님의 나라는 최고로 선한 것이자 순전히 장래에 누릴 축복으로 여겨진다. 몇몇 사도 교부들(바나바, 헤르마스, 파피아스)에 의하면, 천년 왕국이 먼저 있은 후에 최종적으로 하나님의 나라가 이루어진다. 그러나 천년 왕국에 대한 관심이 표명되고 있다고 하더라도, 하나님의 백성이 하늘의 상급을 받고 악인들이 정죄되어 영원한 멸망에 처해지게 될 장차 있을 심판이 훨씬 더 강조된다.

심화학습을 위한 질문들

사도 교부들의 가르침이 지닌 불명확한 성격은 어떻게 설명될 수 있는가? 이 가르침들은 어떤 점에서 결함이 있는가? 로마 가톨릭에 특유한 교리들과 관련하여 어떤 씨앗들이 이러한 저작들 속에 이미 존재하고 있었는가? 우리는 그리스도의 사역에 대한 사도 교부들의 서로 다른 묘사를 어떻게 설명할 수 있는가? 어떤 구체적인 점들에서 사도 교부들의 도덕주의 또는 율법주의가 출현하였는가? 이러한 현상은 어떻게 설명될 수 있는가? 그것은 어떤 식으로든 성경에 나오는 진술들에 의해서 촉발된 것일 수 있는가? 사도 교부들의 기독론은 부분적으로 "양자(養子) 기독론"이라는 하르낙(Harnack)의 말은 옳은가?

2. 복음의 왜곡들

(1) 외부의 위험들

주후 2세기에 교회를 조직하여 그 모습을 드러내면서 세상에서 새로운 세력으로 등장한 기독교는 생존을 위한 싸움을 시작하여야 했다. 기독교는 안팎의 위험들에 맞서 스스로를 지켜내야 했고, 자신의 생존의 정당성을 확보하여야 했으며, 교묘한 오류에 맞서서 교리의 순전성(純全性)을 지켜내야 했다. 교회의 생존 자체가 국가의 박해에 의해서 위협을 받았다. 교회는 대체로 팔레스타인에 국한되어 있었고, 로마 정부는 한동안 그리스도를 따르는 자들의 무리를 유대교의 한 분파로 여겨서 그들의 종교를 공인된 종교(religio licita)로 여겼기 때문에, 최초의 박해들은 전적으로 유대인들에 의한 것이었다. 그러나 기독교가 보편성을 주장함으로써 국가 종교를 위태롭게 하고, 그리스도인들이 대체로 국가의 일들을 무시하고서 로마인들의 우상 숭배, 특히 그들의 황제 숭배에 동참하기를 거부한다는 것이 명백해지자, 로마 정부는 기독교회의 생존 자체를 위협하는 일련의 박해들을 시작하였다. 아울러, 기독교는 철학적인 사고로 기울어져 있었던 당대의 몇몇 가장 날카로운 지성들인 루키아노스(Lucian: 2세기 사모사타의 이교도 풍자작가), 포르피리오스(Porphyry: 3세기 신플라톤주의 저자), 켈수스(Celsus: 2세기 기독교에 대한 최초의 비판서 저자.순교자 유스티누스를 반박함)가 글로써 기독교를 공격하여 독설을 쏟아부음으로써 큰 고통을 당하였다. 그들이 제시한 논거들은 그 이후 여러 세기에 걸쳐서 진행된 기독교에 대한 철학적 반론에 전형적인 것들로서 오늘날 합리주의적 철학자들과 고등 비평가들에 의해서 사용되는 논거들을 자주 상기시킨다.

(2) 내부의 위험들

그러나 외부로부터의 이러한 위험들이 아무리 큰 것이었다고 해도, 내부로부터 교회를 위협하였던 위험들은 훨씬 더 큰 것이었는데, 그 위험들은 여러 가지 유형의 복음의 왜곡들이었다.

1) 유대 그리스도인들에 의한 왜곡들

유대교적 경향을 보인 세 부류의 유대 그리스도인들이 존재하였다. 그 부류들의 흔적은 신약에서조차도 발견된다.

(1) 나사렛파(The Nazarenes)

이 분파는 기독교의 신조를 채택한 유대 그리스도인들이었다. 그들은 오직 히브리어로 된 마태복음만을 사용하였고, 아울러 바울을 진정한 사도로 인정하였다. 다른 유대교 분파들과는 달리, 그들은 예수의 신성(神性)과 동정녀 탄생을 믿었다. 그들은 스스로는 율법을 엄격하게 지켰지만, 이방 그리스도인들에게는 그것을 요구하지 않았다. "그들은 진정으로 유대교적인 그리스도인들이었던 반면에, 아래의 두 부류는 단지 기독교적인 유대인들이었다"고 제베르크(Seeberg)는 말한다.

(2) 에비온파(The Ebionites)

이 분파는 실제로 사도 바울을 대적하였던 유대인들을 계승한 집단으로서 바리새파 유형에 속하였다. 이 분파의 추종자들은 바울의 사도직을 인정하기를 거부하고, 바울을 율법으로부터 변절한 배교자로 여겼으며, 모든 그리스도인들은 할례를 받아야 한다고 요구하였다. 그들은 케린투스파적인(Cerinthian) 그리스도관을 지니고 있었는데, 이것은 아마도 그들이 구약의 유일신론을 유지하고자 했기 때문인 것 같다. 그들은 그리스도의 신성과 동정녀 탄생을 둘 다 부정하였다. 그들의 견해에 의하면, 예수는 율법의 엄격한 준수를 통해서만 다른 사람들과 구별이 되었고, 그의 율법적 경건으로 인해서 메시야로 선택받았다. 그는 수세(受洗) 때에 성령을 받고서 이것을 깨닫게 되었고, 이 성령은 그로 하여금 선지자와 교사로서의 그의 사명을 수행할 수 있게 해주었다. 그들은 그리스도가 고난과 죽음을 겪었다고 생각하기를 꺼려하였다.

(3) 엘케사이파(The Elkesaites)

이 분파는 신지학(神智學)적 사변과 엄격한 금욕주의를 특징으로 하는 유대 기독교의 한 유형을 대표하였다. 그들은 그리스도의 동정녀 탄생을 거부하고 그리스도가 다른 사람들과 마찬가지로 태어났다고 주장하였지만, 그리스도를 좀 더 높은 차원에 속한 영 또는 천사라고 말하였다. 그들은 그리스도를 이상적인 아담의 현신(現身)으로 여기고서 최고의 천사장이라 부르기도 하였다. 그들은 할례와 안식일을 존중하여 지켰고, 반복적으로 결례(潔禮)를 행하였는데, 결례가 죄를 깨끗하게 하고 하나님과 화해하게 하는 주술적인 의미를 지니고 있다고 믿었다. 그들 가운데서는 주술과 점성술도 행하여졌다. 그들에게는 율법의 준수와 관련된 그들만의 은밀한 가르침들이 있었다. 그들의 운동은 아마도 유대 기독교를 당시의 혼합주의적인 경향에 맞춤으로써 유대 기독교가 사람들에게 전반적으로 인정을 받도록 하기 위한 시도였던 것 같다. 골로새서와 디모데전서가 언급하고 있는 이단이 바로 이 분파일 가능성이 대단히 높다.

2) 이방 그리스도인들에 의한 왜곡들: 영지주의

영지주의(Gnosticism) 속에서 우리는 기독교에 대한 두 번째의 왜곡을 만난다. 영지주의가 앞에서 말한 유대 기독교 분파들과 공통적으로 가지고 있었던 것은 구약과 신약, 구약의 종교와 신약의 종교를 서로 반대되는 것으로 이해하였다는 것이다. 영지주의의 원래의 형태는 유대교에 뿌리를 두고 있었지만, 결국 유대교적 요소들, 기독교의 교리들, 이교의 사변적 사상의 괴상한 혼합물로 발전하였다.

(1) 영지주의의 기원

A. 신약에 나타난 영지주의. 신약 속에는 초보적인 영지주의가 이미 사도 시대에 출현하고 있었다는 것을 보여주는 단서들이 나온다. 심지어 사도 시대에도 유대교의 영향을 받아서 천사와 영들에 관한 사변에 빠졌고, 잘못된 이원론으로 인해서 한편으로는 금욕주의, 다른 한편으로는 비도덕적인 방종으로 흘렀으며, 부활을 영적으로 해석해서 육체의 부활에 대한 교회의 소망을 조롱하며 비웃었던 이단적인 교사들이 있었다(골 2:18ff.; 딤전 1:3-7; 4:1-3; 6:3f.; 딤후 2:14-18; 딛 1:10-16; 벧후 2:1-4; 유 1:4,

6; 계 2:6, 15, 20f.). 또한, 종교철학적 사변으로 기우는 경향도 있었다. 이러한 경향은 특히 케린투스(Cerinthus) 이단에서 나타났는데, 이 이단은 인간 예수와, 수세(受洗) 때에 인간 예수에게 임하였다가 십자가에 못 박히기 직전에 다시 예수를 떠난 더 높은 차원의 영(spirit)인 그리스도를 구분하였다. 요한은 그의 글들 속에서 이 이단과 간접적으로 싸운다(요 1:14; 20:31; 요일 2:22; 4:2, 15; 5:1, 5-6; 요이 1:7).

B. 주후 2세기의 영지주의. 주후 2세기 초반부터 영지주의는 좀 더 발전된 형태를 띠었고, 공개적으로 선포되었으며, 순식간에 놀라울 정도로 널리 유포되었다. 이것은 오직 당시에 혼합주의가 일반화되어 있었다는 데서 그 이유를 찾을 수 있다. 당시에는 종교적으로 불안정한 상태가 존재하였기 때문에, 사람들은 온갖 종교 사상들을 흡수해서 일반화하고 조화시키고자 하는 데에 놀라울 정도의 열심을 갖고 있었다. 사람들은 서방 종교들에는 이미 식상해 있어서, 순회 전도자들이 부지런히 돌아다니며 전파하였던 동방의 종교들을 열렬히 받아들였다. 이러한 혼합주의의 큰 목표는 좀 더 깊은 지식에 대한 갈증, 하나님과의 신비적 연합에 대한 욕구, 죽어서 영혼이 윗 세상으로 올라가는 확실한 통로를 확보하고자 하는 소망을 충족시키는 것이었다. 사람들의 이러한 경향성이 이러한 목적과 관련하여 놀라운 성공을 거두고 있는 것으로 보였던 기독교와 결합하게 된 것은 전혀 이상한 일이 아니다. 게다가, 기독교가 스스로를 절대적이고 보편적인 종교라고 주장한 것도 여기에 힘을 보태었다. 영지주의는 기독교를 모든 사람들의 필요에 맞춰 바꾸고 세상의 지혜에 부합하게 해석하는 잘못된 방법을 통해서 그 원래의 지위인 보편 종교로서의 지위로 올려놓고자 하였던 것이라고 말할 수 있을 것이다.

(2) 영지주의의 본질적인 성격

A. 사변적인 운동으로서의 영지주의. 영지주의는 무엇보다도 사변적인 운동이었다. 사변적인 요소가 많이 전면에 포진되어 있었다. 영지주의의 몇몇 추종자들이 사용한 '그노스티코이'(아는 자들)라는 명칭 자체가 그들

이 신적인 것들에 대하여 일반 신자들이 얻을 수 있는 것보다 더 깊은 지식을 지니고 있는 것으로 자처하였다는 것을 보여준다. 영지주의자들은 철학과 종교의 몇몇 좀 더 깊은 문제들과 씨름하였지만, 잘못된 방식으로 그것들에 접근하였고, 계시의 진리들과 완전히 다른 해법들을 제시하였다. 그들이 씨름했던 두 가지 가장 큰 문제들은 절대적인 존재와 악의 기원에 관한 것들이었는데, 이러한 문제들은 기독교 사상이 아니라 이교 사상이 다루는 문제들이었다. 그들은 동방의 사변을 자유롭게 빌려오고 그 사변을 복음의 진리들과 결합시켜서 터무니없는 우주 기원론을 발전시켰다. 그들의 시도가 복음을 당시의 식자층(識者層)들이 받아들일 수 있는 것으로 만들고자 했던 진지한 시도였다는 것은 의심의 여지가 없다.

B. 대중운동으로서의 영지주의. 영지주의는 그 사변적인 성격에도 불구하고 대중운동이기도 하였다. 영지주의는 대중을 움직이기 위해서 단순한 사변(思辨) 이상의 것이 되어야 했다. 그러므로 상징적인 의식(儀式)들, 신비적인 예식들, 주문(呪文)을 가르치는 것을 통해서 영지주의의 우주론을 대중화하는 시도들이 특별한 모임들을 통하여 행하여졌다. 이 모임에 들어오기 위한 입교 의식에서는 이상한 주문들과 의식들이 중요한 부분을 형성하였다. 이러한 주문들과 의식들은 죄와 죽음의 세력을 막아내 주는 필수적이고 효과적인 수단이자 내세의 지극히 복된 삶으로 들어갈 수 있는 수단이라고 생각되었다. 하지만, 사실 이러한 주문들과 의식들의 도입은 복음을 종교철학과 신비의 지혜로 변질시키고자 하는 시도였다. 그럼에도 불구하고, 영지주의는 스스로 기독교적인 것이라고 자처하였다. 그들은 기회 있을 때마다 예수의 말씀들을 알레고리적인 방식으로 풀어서 설명하였고, 사도 시대로부터 전해 내려온 이른바 은밀한 전승을 언급하였다. 많은 사람들이 영지주의의 가르침을 진정한 기독교적인 진리로 받아들였다.

C. 혼합주의적인 운동으로서의 영지주의. 영지주의는 기독교 진영 내에서 혼합주의적인 운동이기도 하였다. 영지주의자들이 어쨌든 그리스도인들이

없느냐 하는 것은 여전히 논란이 되고 있는 문제이다. 제베르크(Seeberg)에 의하면, 영지주의는 이방 기독교적인 것이라기보다는 이교적인 것이었다. 영지주의는 이교 세계의 종교적 사고에서 유래한 문제들을 해결하고자 했고, 그 과정에서 자신의 논의에 기독교적 색채를 부여한 것뿐이다. 영지주의는 겉보기에 예수 그리스도를 인간 역사에 있어서 결정적인 전기(轉機)를 만든 인물이자 절대적인 진리를 가르친 스승으로 보고 아주 높게 평가하였다. 하르낙(Harnack)은 영지주의를 "기독교를 심각하게 헬레니즘화한 것"이라고 말하고, 영지주의자들을 "최초의 기독교 신학자들"이라 부른다. 영지주의는 "벌거벗은 이교를 가리기 위해서 기독교에서 몇 벌의 누더기를 훔친 것"이라고 한 발터(Walther) 교수의 말이 좀 더 정확하다. 이러한 평가는 영지주의를 "기독교의 이교화(異敎化)"라고 말한 제베르크(Seeberg)의 설명과 일치한다.

(3) 영지주의의 주요한 가르침들

우리는 발렌티누스(Valentinus), 바실리데스(Basilides) 등이 제시한 여러 영지주의적 체계들을 다 논의할 수는 없기 때문에, 여기서는 단지 일반적인 영지주의의 가르침들만을 간략하게 살펴보고자 한다. 이원론이라는 특징은 이 체계 전체를 관통하고 있고, 고등한 것과 열등한 것, 심지어 선한 것과 악한 것으로서 서로 대비되는 두 개의 원리들 또는 신들이 존재하는 입장 속에서 분명하게 드러난다. 최고신 또는 선한 신은 그 깊이를 헤아릴 수 없는 심연(深淵)이다. 이 신은 자기 자신과 유한한 피조물들 사이에 신적인 존재로부터 유출된 일련의 무수한 '아이온'(aeon)들 또는 중간 존재들을 두고 있는데, 이 '아이온'들은 모두 합쳐서 '플레로마'(Pleroma), 즉 신적 본질로 가득 찬 충만계(充滿界)를 형성한다. 최고의 신이 피조된 존재들과 여러 가지 관계들을 맺을 수 있는 것은 오직 이 중간 존재들을 통해서이다. 세계는 이 선한 신에 의해서 창조된 것이 아니라, 충만계에서의 타락의 결과로서 적대적인 하급신의 작품이다. '데미우르게'(Demiurge)라 불리는 이 하급신은 구약의 하나님과 동일한 존재로서 열등하고 제한적이고 성미 급하고 보복하는 존재로 묘사된다. 이 하급신은 그리스도 안에서 스스로를 계시한 최고신, 선과 미덕과 진리의 원천인 최고신과 대비된다. 하급신이자 악한 신의 산물인 물질계는 본질적으로 악하다. 하지만, 물질계에는 영계로부터 떨어져 나와서 존재하게 된 것, 즉 도저히 설명할 수 없는 방식으로 악한 물질과 뒤엉키게 된 순전한 윗세상으로부터 온 불꽃인 인간의 영혼이 있다. 이 영혼의 구원은 오직 선한 신의 개입에 의해서만 얻어질 수 있다. 구원의 길은 빛의 나라로부터 어둠의 세상으로 특사(特使)가 보내짐으로써 제공되었다. 기독교적 영지주의에서 이 특사는 보통 그리스도와 동일시된다. 그리스도는 환영(幻影)의 몸으로 나타난 천상의 존재, 높은 차원의 능력이나 영이 일시적으로 결합된 지상적 존재 등과 같이 여러 가지로 묘사된다. 물질은 그 자체로 악하기 때문에, 이 높은 차원의 영은 통상적인 인간의 몸을 가질 수 없었다.

구속에의 참여 또는 세상에 대한 승리는 오직 영지주의자들의 집회에서의 은밀한 의식(儀式)들을 통해서만 얻어지는 것이었다. 그리스도와의 혼인, 특이한 세례, 주술적인 이름들, 특별한 기름 부음 같은 비의(秘儀)들에 참여해서 최고신에 대한 비밀스런 지식을 얻는 것이 바로 구속(救贖)의 길이었다. 이 시점에서 영지주의는 점점 더 종교적 비의(秘儀)들의 체계가 되어 갔다. 사람들은 세 부류로 구분되었다: 교회의 엘리트 계층을 구성하는 영에 속한 자들(the pneumatic), 교회의 일반 지체들을 구성하는 혼에 속한 자들(the psychic), 물질에 속한 자들(the hylic) 또는 이방인들. 오직 첫 번째 부류만이 진정으로 더 높은 차원의 지식('에피그노시스')을 얻어서 최고의 지복(至福)에 도달할 수 있다. 두 번째 부류는 믿음과 행위를 통해서 구원을 받을 수 있기는 하지만, 단지 열등한 지복에만 도달할 수 있을 뿐이다. 세 번째 부류에 속한 자들은 멸망받을 자들로서 아무런 소망이 없다.

이러한 구속 개념에 수반된 윤리 또는 도덕철학은 감각적인 것에 대한 그릇된 평가에 의해서 지배되어서, 엄격한 금욕주의나 저급한 방탕으로 귀결되었는데, 이 둘은 모두 하늘의 은총을 입은 자들을 실제로 훼방할 수 있는 것은 아무것도 없다는 확신의 산물이었다. 한편으로는 금욕주의, 다른 한편으로는 방탕이 존재하였다. 이러한 교리 체계 속에 교회의 통상적인 종말론이 들어설 자리는 없었다. 죽은 자의 부활에 관한 교리도 인정되지 않았다. 영혼이 물질로부터 최종적으로 해방되어서 충만계로 돌아가면, 그것으로 끝이었다.

(4) 영지주의의 역사적 의의

A. 영지주의의 실패. 영지주의가 아무리 강력한 진리의 적이라 할지라도 기독교의 계속된 약진을 저지할 수는 없었다. 영지주의의 대담한 사변들 또는 그 비의(秘儀)들에 의해서 한동안 많은 사람들이 실제로 휩쓸렸지만, 신자들의 대부분은 영지주의의 허구적인 설명들 또는 비밀스런 지복(至福)에 대한 달콤한 약속들에 속지 않았다. 사실, 영지주의는 단명하였다. 영지주의는 유성(流星)처럼 하늘에서 잠시 빛났다가 갑자기 사라졌다. 영지주의는 교회의 교부들의 직접적인 반박들, 기독교의 기본적인 사실들에 관한 짤막한 진술들(신앙의 표준)이 마련되고 유포된 것, 신약에 대한 좀 더 합리적인 해석, 신약 정경(正經)을 제한하여 당시에 유포되던 온갖 거짓된 복음서들과 행전들과 서신들을 배제한 것 같은 조치들에 의해서 극복되었다.

B. 교회에 남겨진 영지주의의 지속적인 흔적. 그렇지만, 영지주의는 교회에 지속적인 흔적을 남겼다. 영지주의가 지니고 있던 특이한 가르침들 중 일부는 교회에 흡수되었고, 세월이 흐르면서 로마 가톨릭 교회에서 성례에 관한 특이한 개념, 매개자들(성인들, 천사들, 마리아)을 통해서만 접근할 수 있는 감춰진 하나님에 관한 철학, 사람들을 높은 서열과 낮은 서열로 구분하는 것, 금욕주의에 대한 강조 같은 것으로 열매를 맺게 되었다.

C. 교회가 영지주의로부터 얻은 유익. 교회는 영지주의의 출현으로 실제적인 유익을 얻었지만, 그것은 단지 간접적인 방식의 유익이었다. 영지주의는 교회가 하나님의 계시의 한계를 분명하게 긋고 구약과 신약의 관계

를 정립하는 계기가 되었다. 또한, 당시에 통용되던 세례 문답들을 토대로 해서 진리에 관한 짤막한 진술들을 만들어내어 해석의 표준(신앙의 표준)으로 삼아야 할 필요성이 절실해졌다. 게다가, 교리와 관련하여 아주 명백한 유익이 있었다. 기독교는 이제 처음으로 "가르침"이자 "신비"로 인식되었다. 기독교 신앙에 있어서 지적 요소가 강조되었고, 이것은 교리적 발전의 진정한 출발점이 되었다. 기독교적인 하나님 개념은 영지주의자들의 신화론적 사변들과 구별되었다. 교회는 하나님은 최고의 존재, 만유의 창조주이자 유지자(Upholder), 구약과 신약에서 동일하신 분이라는 진리를 의식적으로 소유하게 되었다. '데미우르게'와 그의 창조 활동에 관한 가르침은 폐기되었고, 물질을 근본적으로 악하다고 본 영지주의자들의 이원론은 극복되었다. 예수 그리스도를 단지 '아이온'들 중의 하나로 보는 영지주의적 경향에 맞서서 하나님의 아들로서의 예수 그리스도의 유일무이성이 강조되었고, 아울러 온갖 종류의 가현설(docetism)에 맞서서 예수 그리스도의 참된 인성(人性)이 옹호되었다. 예수 그리스도의 삶, 그의 동정녀 탄생, 이적들, 고난들, 죽음, 부활 같은 위대한 사실들은 모두 유지되었고 좀 더 분명하게 조명되었다. 또한, 영지주의자들의 괴팍한 사변들에 맞서서 그리스도의 속죄 사역을 통한 구속에 관한 가르침이 제시되었고, 영지주의자들의 배타성과 교만에 대응하여 사람들은 누구나 예수 그리스도의 복음을 받아들일 수 있다는 것이 강조되었다.

심화학습을 위한 질문들

신약 속에는 나사렛파, 에비온파, 엘케사이파의 흔적들이 있는가? 에비온파가 그리스도의 신성(神性)을 부정한 것은 유대교로부터 어떤 식으로 도출되었는가? 신약은 초보적인 영지주의의 단서들을 담고 있는가? 그러한 단서들은 어디에서 찾아볼 수 있는가? 영지주의가 올바르게 또는 그릇되게 근거로 삼을 수 있었던 신약의 가르침의 요소들이 있었는가? 영지주의는 어떤 자료들을 끌어와 사용하였는가? 최종적인 형태의 영지주의가 지닌 반(反)유대교적인 성격은 어디에서 나타나는가? 영지주의의 기독론은 왜 가현설적이라고 불리는가? 영지주의자들은 성경을 토대로 그들의 교리 체계를 세우면서 어떠한 해석 방법을 사용하였는가? 영지주의자들은 '피스티스'(믿음)와 '그노시스'(지식)를 어떻게 구별하였는가? 세상과 하나님의 나라, 선과 악에 대한 영지주의적 구별은 윤리적인 성격을 지니고 있는가? 다른 교리 체계들에는 함부로 접근할 수 없는 하나님과 중간적인 존재들에 관한 영지주의의 가르침에 해당하는 것이 존재하는가? 영지주의의 사변들과 그 비의(秘儀) 중에서 어떤 것이 영지주의를 일시적으로 대중들에게 인기를 얻게 만들었는가? 영지주의를 "최초의 기독교적 신학자들"이라고 한 하르낙(Harnack)의 말은 왜 정당화될 수 없는가?

3. 교회의 개혁운동들

1) 마르키온과 그의 개혁운동

(1) 그의 인물됨과 목적

마르키온(Marcion)은 폰투스의 시노페 출신이었는데, 간음을 저질러서 (아마도) 고향에서 쫓겨나서 주후 139년경에 로마로 갔다. 개혁자의 정신으로 수고하였던 그는 매우 진지하고 탁월한 능력을 지닌 인물로 묘사된다. 그는 처음에는 교회를 자기가 생각한 대로 개혁하고자 시도하였지만, 그의 개혁 작업이 성공을 거두지 못하자, 그의 추종자들을 모아 별개의 교회로 조직해서 적극적인 전도 활동을 통해서 그의 견해들이 보편적으로 받아들여지도록 할 수밖에 없다고 느끼게 되었다. 그는 흔히 영지주의자로 분류되어 왔지만, 과연 그렇게 분류하는 것이 옳은지에 대해서 오늘날에는 의문이 제기되고 있다. 루프스(Loofs)는 "마르키온은 영지주의자로 잘못 불렸다(Marcion perperam gnosticus vocatur)는 한(Hahn)의 지적은 정곡을 찌르는 말인데, 이는 마르키온의 사상 체계는 우주론이 아니라 구원론, 지식이 아니라 믿음이 가장 중요한 위치를 차지하고 있어서, 그는 동방의 신화들 또는 헬라 철학에서 제기된 문제들을 해명하고자 하지 않았고 알레고리적인 해석도 배제하였기 때문이다"라고 말한다. 이것은 하르낙(Harnack)의 말과 대체적으로 일치한다.

하르낙은 마르키온을 바실리데스(Basilides)나 발렌티누스(Valentinus) 같은 영지주의자들과 같은 부류로 분류해서는 안 된다고 말하면서, 다음과 같은 근거들을 제시한다: "(1) 그는 형이상학적이거나 변증적인 관심이 아니라 오직 순전히 구원론적인 관심을 지니고 있었다; (2) 그래서 그는 모든 강조점을 (지식이 아니라) 순수한 복음과 믿음에 두었다; (3) 그는 기독교에 대한 인식에 있어서 철학을 (적어도 주된 원리로는) 활용하지 않았다; (4) 그는 철학자들로 이루어진 학파를 창립하고자 한 것이 아니라, 율법주의화(유대주의화)가 되고 값 없는 은혜(free grace)를 부정한다고 믿었던 당시의 기독교와 교회를 바울의 참된 복음에 따라 개혁하고자 하였다. 그는 이 일에 실패하자 독자적인 교회를 세웠다." 제베르크(Seeberg)도 마르키온을 영지주의자들에서 분리하여 따로 다룬다.

(2) 그의 주된 가르침들

마르키온에게 있어서 큰 문제는 구약을 신약과 어떻게 관련시키느냐 하는 것이었다. 그는 바울에 대한 유대화주의자들의 반대를 말하고 있는 갈라디아서에서 이 문제에 대한 열쇠를 발견하였고, 다른 서신들도 이 서신과 맥을 같이 한다는 전제 위에서 사고를 진행해 나갔다. 그는 복음이 율법과 뒤섞이면서 부패되었다고 확신하게 되었다. 그래서 그는 율법과 복음을 분리해 내는 작업에 착수하였고, 자신의 대립론(theory of opposites or antitheses)을 만들어 내었다. 그는 구약을 유대인들의 하나님의 진정한 계시로 받아들였지만, 그 하나님은 신약의 하나님과 동일한 분이 아니라고 선언하였다. 구약의 하나님은 세상을 지은 창조주이기는 하지만, 결코 완전한 신(神)은 아니다. 그 하나님은 가혹함과 공의로 통치하고, 분노로 가득 차 있으며, 은혜라는 것을 도대체 모르는 신이다. 하지만,

구약의 하나님은 신약의 하나님과 대비되는 악의 원리가 아니라 단지 열등한 신일 뿐이다.

반면에, 신약의 하나님은 선하시고 긍휼이 풍성하시다. 이 하나님은 그리스도 안에서 자신을 계시하신 티베리우스(Tiberius) 제15년 이전에는 사람들에게 알려져 있지 않았다 — 그리스도는 흔히 이 선하신 하나님 자신이라고 말해진다. 그리스도는 장차 오실 구속주에 관한 선지자들의 묘사와 일치하지 않기 때문에 구약의 메시야와 동일시되어서는 안 된다. 그리스도는 이 선하신 하나님의 현신(現身)으로 오셨고, 인간의 실제 몸을 취하심으로써 스스로를 더럽히지 않으셨다. 왜냐하면, 그리스도는 '데미우르게'(Demiurge: 그리스 철학의 조물주)의 영역으로부터는 아무것도 취하고자 하지 않았고, 단지 사람들이 그를 알아보도록 만들기 위해서 겉보기에 몸 같이 보이는 것을 입었을 뿐이었기 때문이다. 그리스도는 율법과 '데미우르게'의 모든 일들을 폐하였고, 바로 그 때문에 세상의 왕들에 의해서 십자가 위에서 처형을 당하여야 했다. 그러나 그리스도는 실체가 없는 몸을 지니고 있었기 때문에 십자가 처형을 당했어도 전혀 해(害)를 입지 않았다. 그리스도는 사랑의 복음, 구약의 하나님의 율법으로부터 자유를 얘기하는 복음을 선포함으로써 모든 믿는 자들과 심지어 지하 세계에 있는 악인들을 위한 구원의 길을 열어 놓았다. 하지만, 인류의 대다수는 '데미우르게'의 불로 인해 멸망을 받게 될 것이었다. 선하신 하나님이 그들을 벌하시는 것이 아니다. 이 하나님은 단지 그들을 자기 사람들로 갖고자 하지 않으실 뿐이다. 이것이 바로 악인들에 대한 하나님의 심판이다. 마르키온은 바울이야말로 예수 그리스도의 복음을 진정으로 이해한 유일한 사도였다고 믿었기 때문에, 누가복음과 이 위대한 이방인의 사도가 쓴 열 편의 서신만을 신약의 정경으로 인정하였다.

2) 몬타누스주의자들의 개혁

(1) 몬타누스주의의 기원

몬타누스주의는 영지주의자들의 혁신(革新)에 대한 반발로 여겨질 수 있기는 하지만 그 자체도 혁신적인 성향을 지니고 있었다. 몬타누스(Montanus)는 주후 150년경에 브루기아(Phrygia)에서 등장하였기 때문에, 그의 가르침은 흔히 브루기아 이단으로 불린다. 그와 두 명의 여자, 즉 브리스가(Prisca)와 막시밀라(Maximilla)는 스스로 선지자로 자처하였다. 그들은 요한복음에 의거해서 계시의 최종적이고 가장 높은 단계가 도래하였다고 주장하였다. 보혜사 성령의 시대가 도래하였고, 보혜사 성령은 이제 몬타누스를 통해서 세상의 종말이 가까이 왔다고 말하였다. 몬타누스를 통해서 주어진 계시들은 주로 성경이 충분히 금욕적으로 규정하지 않고 있다고 보여진 그런 사항들에 관한 것이었다. 이것으로 보건대, 몬타누스주의에서 가장 본질적인 요소는 율법적인 금욕주의였던 것으로 보인다.

(2) 몬타누스주의의 주된 가르침들

몬타누스주의에 의하면, 보혜사 성령이 오심으로써 계시의 최종적인 시대가 시작되었다. 그러므로 현재의 시대는 영적인 은사들, 특히 예언의 시대이다. 몬타누스와 그의 동역자들은 새로운 계시들을 전하는 마지막 선지자들로 여겨진다. 전체적으로 보아서, 몬타누스주의자들은 정통적인 교리를 지니고 있었고, 신앙의 표준을 받아들였다. 그들은 세상의 종말이 가까이 다가왔다는 점을 대단히 강조하였고, 이것이 비추어서 독신생활(또는, 적어도 단 한 번의 혼인), 금식, 엄격한 도덕적 규율 등과 같은 엄한 도덕이 요구된다는 것을 역설하였다. 그들은 지나치게 순교를 칭송하였고, 박해를 피해 도망하는 것을 절대적으로 금지하였다. 또한, 그들은 교회 속에서 통상적인 직분들과 직분자들을 무시하고 특별한 은사들과 은사자들을 숭상하는 경향을 보여주었다. 마르키온은 특히 바울의 서신들을 근거로 삼았지만, 몬타누스는 요한복음과 요한 서신들을 중시하였다.

(3) 몬타누스주의에 대한 교회의 태도

교회는 몬타누스주의 때문에 상당히 곤혹스러운 입장에 처하게 되었다. 한편으로, 몬타누스주의자들은 영지주의자들의 사변에 맞서서 정통적인 입장을 표명하였기 때문에 그런 한에 있어서는 인정을 받아야 마땅하였다. 성경이 세상의 종말이 가까이 왔다는 것, 성령의 은사들, 특히 예언이 아주 중요하다는 것, 신자들이 스스로를 세상으로부터 흠 없이 지키는 것이 필요하다는 것에 대하여 강조하고 있는 것에 비추어 볼 때, 많은 사람들이 몬타누스주의에 호감을 보였다는 것을 이해하기는 어렵지 않다. 다른 한편으로, 몬타누스주의자들은 열광주의(fanaticism)에 빠져서 광신에 가까웠고, 신약에 나와 있는 것보다 더 높은 차원의 계시를 주장하였기 때문에, 교회는 본능적으로 그들을 거부하였다.

심화학습을 위한 질문들

마르키온은 왜 흔히 영지주의자로 분류되는가? 그는 어떤 점들에서 영지주의자들과 다른가? 어떠한 대비(對比)들이 그의 모든 가르침들을 지배하고 있는가? 그는 신약의 대부분의 책들에 대하여 어떠한 반론들을 가지고 있었는가? 마르키온은 신약의 어떤 책들만을 정경으로 인정하였는가? 교회는 마르키온주의자들과의 논쟁을 통해서 간접적으로 어떠한 유익을 얻었는가? 어떠한 요인들이 몬타누스주의를 탄생시켰는가? 몬타누스주의의 금욕주의, 특별한 은사들에 대한 강조는 어떻게 설명될 수 있는가? 우리는 성령과 예언의 은사들이 새롭게 부어졌다는 몬타누스주의자들의 주장을 어떻게 평가해야 하는가? 몬타누스주의자들이 주장한 엄격한 규율은 올바른 것이었는가?

4. 변증가들과 교회 신학의 출현

1) 변증가들의 과제

(1) 변증가들의 목표

안팎으로부터의 압력으로 인해서 진리를 분명하게 진술하고 변호할 필요성이 생겨났고, 이렇게 해서 신학이 탄생하였다. 진리를 변호하는 일에 나섰던 가장 초기의 교부들은 바로 그런 이유로 변증가들(Apologists)로 불린다. 변증가들 중에서 가장 중요한 인물들로는 유스티누스(Justin), 타티아누스(Tatian), 아테나고라스(Athenagoras), 안디옥의 테오필루스(Theophilus of Antioch)가 있었다. 그들은 위정자(爲政者)들이나 지식층을 상대로 기독교를 변증하였다. 그들의 당면한 목표는 기독교에 대한 당국자들과 백성들의 분노를 누그러뜨리는 것이었는데, 기독교가 정말 어떤 종교인지를 제시하고, 그리스도인들을 겨냥한 비난들을 반박함으로써 그렇게 하고자 하였다. 그들은 기독교의 합리성을 강조함으로써 식자층(識者層)에게 기독교가 괜찮은 종교라는 것을 알리는 데에 특히 주력하였다. 그들은 이러한 목표를 지니고서, 기독교를 가장 고상하고 확실한 철학으로 묘사하였고, 자연 종교의 위대한 진리들, 즉 하나님, 미덕, 불멸을 특히 강조하였으며, 기독교가 유대교와 헬레니즘에서 발견되는 모든 진리를 완성시킨 것이라고 말하였다.

(2) 변증가들의 세 가지 과제

그들이 설정한 과제는 변호적(defensive), 공격적(offensive), 구성적(constructive) 과제라는 삼중적 성격을 띠고 있었다. 그들은 기독교 신자들에 대한 비난들은 아무런 근거가 없다는 것, 기독교인들이 혐오스러운 일들을 행하고 있다는 것은 복음의 정신 및 교훈과 전혀 부합하지 않는다는 것, 기독교 신앙을 고백한 자들의 품성과 삶은 도덕적 순결을 그 특징으로 한다는 것을 보여줌으로써 기독교를 변호하였다.

또한, 그들은 단순한 변호에 만족하지 않고, 그들의 대적들을 공격하기도 하였다. 그들은, 유대인들은 율법에서 발견되는 많은 것들이 그림자와 모형으로서의 성격을 지니고 있음을 보지 못하고 율법의 잠정적인 요소들을 영속적인 것으로 착각하는 율법주의자들이고, 예수가 선지자들을 통해서 약속된 메시야이고, 그런 의미에서 율법의 성취라는 것을 보지 못하는 눈먼 자들이라고 비난하였다. 또한, 그들은 이교 사상을 공격하면서, 이교가 무가치하고 터무니없으며 부도덕한 성격을 지니고 있다는 것을 드러내었고, 특히 기독교가 지닌 유일신과 그 하나님의 보편적 섭리, 도덕적 통치, 장래의 삶에 관한 가르침들에 비추어서 신들에 관한 이교의 가르침을 공격하였다. 타티아누스(Tatian)는 헬라 철학에는 거의 또는 전혀 선한 것이 없다고 보았던 반면에, 유스티누스(Justin)는 로고스(the Logos) 덕분에 헬라 철학에도 일말의 진리가 있다는 것을 인정하였다. 그들의 글들이 보여주는 공통된 특징은 일반 계시와 특별 계시의 혼합이다.

끝으로, 그들은 하나님의 적극적인 계시로서의 기독교의 성격을 정립하는 것이 그들에게 주어진 의무라고 느꼈다. 이 계시의 실재(實在)를 입증하기 위해서 그들은 주로 예언에 의거한 논증에 의존하였지만, 정도는 덜해도 이적들에 의거한 논증에도 의존하였다. 그들은 기독교가 온갖 배척에도 불구하고 놀라울 정도로 급속히 퍼져나간 것과 기독교 신앙을 고백한 자들의 변화된 성품과 삶을 반복적으로 근거로 제시하였다

2) 진리를 적극적으로 구성함

(1) 철학과 계시에 관한 견해

변증가들은 하나님의 계시가 지닌 교리적 내용들을 서술함에 있어서 일반 계시와 특별 계시를 항상 분명하게 구별한 것은 아니었고, 흔히 인간 지성의 산물인 것과 초자연적으로 계시된 것을 주의 깊게 구별하지 않았다. 이것은 그들이 기독교를 계시에 토대를 두고 있다는 점에서 다른 모든 철학들보다 우월한 유일하게 참된 철학으로 보긴 했지만 어쨌든 지나치게 하나의 철학으로 인식했기 때문이었다. 하르낙(Harnack)은 이렇게 말한다: "기독교는 철학이자 계시이다. 이것은 아리스티데스(Aristides)에서 미누키우스 펠릭스(Minucius Felix)에 이르기까지 모든 변증가들의 명제

이다." 그들은 기독교가 합리적 요소를 지니고 있어서 모든 참된 철학자들이 연구하는 질문들에 만족스러운 답을 해줄 수 있다는 이유에서 기독교를 철학으로 보았고, 또한 기독교가 초자연적인 계시로부터 유래하였기 때문에 모든 단순한 생각들이나 견해들로부터 자유롭다는 이유에서 기독교를 철학과는 정반대되는 것으로 보았다.

(2) 하나님과 로고스에 관한 개념

그들은 하나님을 스스로 존재하고 변함이 없으며 영원한 존재이자 세계를 있게 한 제1원인이라고 설명하였지만, 하나님의 유일무이성과 완전성으로 인해서 긍정이 아니라 부정의 문장으로 가장 잘 서술될 수 있었다. 그들은 하나님은 속성을 붙일 수 없는 절대적 존재자('호 온')라는 개념을 거의 넘어서지 않았다. 그들은 성자에 대하여 갈할 때에는 "로고스"라는 용어를 사용하기를 좋아하였는데, 이는 의심할 여지 없이 이 용어가 흔히 사용된 철학적 용어였고, 따라서 식자층에게 잘 다가갈 수 있는 용어였기 때문이었다. 아울러, 이 용어를 사용한 것은 교회의 관심이 인간 예수가 아니라 하나님으로서의 그리스도, 높아지신 그리스도에 집중되어 있었음을 보여주는 것이기도 하다. 변증가들은 로고스에 관한 성경적 개념이 아니라 필로(Philo)의 로고스 개념과 어느 정도 비슷한 개념을 지니고 있었다. 그들에게 있어서 신격(Godhed) 안에 영원히 존재하는 로고스는 위격적 실존(personal existence)과는 아무런 상관도 없고 단지 신적인 이성(the divine reason)일 뿐이었다. 하지만, 세계의 창조를 염두에 두고서 하나님은 자신의 존재로부터 로고스를 낳아서 로고스에게 위격적 실존을 부여하였다. 로고스는 본질적으로 여전히 하나님과 동일하지만, 사람으로 왔다는 점에서 피조물이라 할 수도 있다. 간단히 말해서, 그리스도는 신격(Godhead)에 내재해 있는 신적인 이성인데, 하나님은 그리스도에게 별개의 실존을 부여하여서 그리스도를 통해 자신을 계시하셨다는 것이다. 제베르크(Seeberg)는 "신적인 이성으로서 그는 세계를 창조할 때와 구약에서만이 아니라 이교 세계의 지혜로운 자들 속에서도 활동하였다"

고 말한다. 특히 주목해야 할 것은 변증가들이 말한 로고스는 철학에서 말하는 로고스와는 달리 독립적인 위격을 지니고 있었다는 것이다.

(3) 그리스도와 구원에 관한 견해

로고스는 몸과 영혼으로 이루어진 진정한 인간 본성을 입음으로써 사람이 되었다. 그렇지만, 그는 보통 사람이 아니라, 하나님이자 사람이었다 — 비록 그의 신성(神性)은 감춰져 있었지만. 그러므로 십자가에 달리신 분은 단순한 인간이 아니라 바로 하나님의 아들이었다. 모든 강조점은 그가 성육신 이전에 이미 보여주었던 대로 인류의 스승이 되었다는 사실에 두어진다. 그의 가르침의 주된 내용은 한 분이신 하나님, 미덕의 삶을 요구하는 새로운 법, 불멸의 삶, 특히 상벌이 수반되는 부활에서 찾아볼 수 있다. 하나님이 사람을 자유롭게 창조하였기 때문에, 사람은 하나님의 명령들을 지킬 수 있는 능력을 지니고 있다. 은혜는 오직 가르침 또는 법을 계시하신 것에 있다. 그리스도의 고난은 구약 예언의 성취라는 의미 외에는 별달리 꼭 필요한 것으로 보이지 않는다. 그렇지만 변증가들은, 사람들의 죄를 사하고 그들을 죄와 마귀로부터 건져내기 위하여 그리스도께서 실제로 고난을 당하였고, 그 고난은 큰 의미를 지니고 있다고 역설한다.

(4) 새 생명, 교회, 내세에 관한 견해

변증가들은 새 생명의 기원을 약간 이중적으로 설명한다. 새 생명은 전적으로 인간의 자유로운 선택에 좌우되는 것처럼 얘기되기도 하고, 전적으로 하나님의 값없는 은혜에 달려 있는 것처럼 얘기되기도 한다. 세례는 새로운 출생과 가장 밀접한 관계를 지니고 있는 것으로서 새 생명의 시작이다. 교회는 하나님의 백성, 참 이스라엘, 하나님의 대제사장이 낳은 세대로 구성되고, 엄격한 도덕성, 거룩한 사랑, 기쁜 마음으로 기꺼이 고난을 당하고자 하는 태도를 그 특징으로 한다. 변증가들은 죽은 자들의 부활을 굳게 믿었지만, 영혼의 불멸성을 놓고는 그들 가운데 약간 이견(異見)이 있었다. 타티아누스(Tatian)와 테오필루스(Theophilus)는 불멸의 삶을 의인들에 대한 상급이자 악인들에 대한 징벌로 보았고, 유스티누스(Justin)도 그러한 견해를 공유하였던 것으로 보인다. 장래의 지극히 복된 삶에 관한 묘사에서는 천년왕국이 종종 한 몫을 한다(유스티누스).

3) 교리사에 있어서 변증가들의 의의

(1) 변증가들에 대한 하르낙의 평가
하르낙(Harnack)과 루프스(Loofs)는 변증가들은 기독교 복음에 대한 올바른 이해에서 완전히 떨어져 나갔다는 견해를 갖고 있다. 그들은 이 초기의 교부들이 기독교의 알맹이를 오로지 그 합리적인 내용들 속에서 찾았고, 성육신과 부활 같은 객관적으로 계시된 사실들을 단지 자연 계시의 진리들을 증명해 주는 것으로만 평가하였으며, 또한 특히 로고스론을 통해서 기독교에 지적 성격을 부여하는 등 믿음을 교리로 변질시킴으로써 복음을 헬레니즘화 하였다고 주장한다. 그러나 하르낙과 루프스의 평가 속에 일말의 진리 비슷한 것이 있을 수는 있겠지만, 분명히 그러한 평가는 변증가들의 몇몇 가르침에 대하여 일방적으로 판단하고 모든 사실들을 고려하지 않은 결과이다.

(2) 신학 발전에 있어서 변증가들의 의의
우리가 인정해야 할 것은 이 초기 교부들은 기독교의 진리들이 이성적이라는 것을 크게 부각시키고 그 진리들의 합리성을 증명하고자 했다는 것이다. 그러나 우리는 다음과 같은 점들을 명심하여야 한다: (a) 변증가들은 교리를 다루는 논문들이 아니라 변증서들을 썼고, 변증서의 성격은 항상 어느 정도 어떠한 반대가 있었느냐에 의해서 좌우된다는 것; (b) 그들이 강조했던 진리들은 기독교 교리 체계 중에서 본질에 속하는 부분을 구성하는 것들이기도 하다는 것; (c) 그들의 글들은 이성적인 근본 진리들을 지지해 주는 버팀목으로서의 역할을 뛰어넘는 기독교의 많은 적극적인 요소들을 담고 있기도 하다는 것.

또한, 우리가 인정해야 할 것은 그들이 기독교를 대체로 철학이라는 견지에서 설명하였고, 철학과 신학을 분명하게 구별하지 않았으며, 계시의 진리들, 특히 로고스에 관한 그들의 설명은 헬라의 철학 사상이 섞여 들어옴으로써 훼손되었다는 것이다. 그러나 그들은 항상 성공적인 것은 아니었을지라도 분명히 계시의 진리들을 올바르게 해석하고자 하였다. 그들이 기독교를 합리적으로 해석하려고 했다는 것이 그들을 비난할 수 있는 근거는 되지 못한다. 왜냐하면, 리츨 학파(Ritschlians)가 종종 생각하는 것과는 달리, 기독교는 오로지 종교적 체험들로만 이루어져 있는 것이 아니라 지적인 내용도 있는 이성적인 종교이기 때문이다. 변증가들의 글들을 보면, 기독교에 대한 그들의 인식은 사도 교부들과 마찬가지로 동일한 결함과 한계들을 지니고 있었다는 것이 아주 분명하게 드러난다. 이 점은 로고스론과 구원의 길에 관한 가르침(도덕주의) 속에서 특히 뚜렷하게 나타난다. 아울러, 그들의 저작은 비록 철학적 틀 속에서 이루어진 것이긴 하지만 어쨌든 기독교 신학의 시작을 보여주는 것이었다.

심화학습을 위한 질문들

초기 변증가들이 자연 신학, 구속주로서의 그리스도가 아니라 로고스로서의 그리스도, 그의 죽음이 아니라 그의 가르침에 아주 지나칠 정도로 역점을 둔 것은 어떻게 설명될 수 있는가? 그들은 로고스로서의 그리스도의 사역과 구속주로서의 그의 사역을 조화시키는 데에 성공하였는가? 그들의 도덕주의를 사도 교부들의 도덕주의와 비교해 보면 어떠한가? 당신은 기독교가 새로운 법(nova lex)이라는 것에 대하여 어떻게 생각하는가? 변증가들은 믿음에 있어서 두드러진 요소는 무엇이라고 이해하였는가? 그들은 세례 후의 죄 사함에 대해서 어떤 생각을 지니고 있었는가? 소크라테스나 플라톤 같은 이방인들은 구원을 받았다는 그들의 확신에 대하여 당신은 어떻게 생각하는가? 그들의 로고스론은 헬라인들의 로고스론이었기 때문에 결국 기독교를 왜곡시킨 것인가?

5. 반(反)영지주의적 교부들

변증가들의 뒤를 이은 것은 반영지주의적인 교부들이었는데, 그들 중에서 가장 뛰어난 인물로는 셋이 있었다.

1) 반(反)영지주의적 교부들

(1) 이레나이우스(Irenaeus)

여기에서 가장 먼저 살펴볼 인물은 이레나이우스이다. 그는 동방에서 태어나 폴리카르푸스(Polycarp)의 제자가 되었지만, 그의 생애 중에서 중요한 시기를 서방에서 보냈다. 그는 처음에는 장로였지만, 나중에 리용(Lyons)의 감독이 되었다. 그의 글들은 기독교의 실천적 정신을 그대로 보여주고, 좀 더 감각적인 인식의 흔적들이 군데군데 있기는 하지만 대체로 요한류의 기독교 교리를 보여준다. 그는 자신의 주저(主著)인 『이단론』(*Against Heresies*)에서 특히 영지주의를 다룬다. 이 저작은 기독교를 설명하는 그의 능력과 공평무사함, 순수성을 그대로 보여주는 저작이다.

(2) 히폴리투스(Hippolytus)

반영지주의적 교부들 중 두 번째 인물은 이레나이우스의 제자였다고 하는 히폴리투스인데, 그는 정신 세계가 그의 스승을 아주 많이 닮아서 소박하고 공평무사하며 실천적이었다. 이레나이우스보다 자질이 떨어졌던 그는 철학적 개념들을 그의 스승보다 더 좋아하였다. 그는 로마 인근에서 사역을 하였고, 바로 그 로마에서 순교를 당했던 것으로 보인다. 그의 주저는 『모든 이단에 대한 반박』(*The Refutation of All Heresies*)이라는 저작이다. 그는 교리의 모든 왜곡들의 뿌리를 철학자들의 사변에서 찾는다.

(3) 테르툴리아누스(Tertullian)

이 유명한 트리오(trio) 중에서 세 번째이자 가장 위대한 교부는 테르툴리아누스였다. 그는 심오한 지성과 깊은 감성, 생생한 상상력을 지닌 인물로서 명석하고 박학다식한 것으로 유명하였다. 카르타고(Carthage)의 장로였던 그는 북아프리카 계열의 신학을 대표하는 인물이다. 격정적이고 다혈질적인 기질 때문에 그는 기독교를 설명할 때에도 당연히 열정적이었고 종종 극단적인 말까지도 서슴지 않았다. 그는 법률가였기 때문에 로마법을 잘 알고 있어서, 법률적인 개념들과 어구들을 신학적인 논의에 도입하였다. 히폴리투스와 마찬가지로 그도 헬라 철학에서 모든 이단의 교설들을 이끌어내어 헬라 철학이 이단의 온상임을 드러내었고, 철학을 철저히 반대하는 자가 되었다. 그는 선천적으로 열정적인 기질을 타고났기 때문에 당시 기독교의 해이한 분위기를 강력히 규탄하였고, 심지어 말년에는 몬타누스주의를 받아들이기까지 하였다. 그는 이단자들과 논쟁하는 것이 아무런 소용이 없다고 확신하고서, 이단자들을 만나면 거절의 뜻을 간단하게 전하고 그 자리를 뜨는 것이 상책이라고 말하였다. 그는 서방 신학에 다른 어느 누구보다도 더 많은 영향을 끼쳤다.

2) 하나님, 인간, 구속사에 관한 가르침들

(1) 신론

반영지주의적 교부들은 참 하나님과 창조주를 분리시킨 것이야말로 영지주의자들이 저지른 근본적인 오류이자 마귀의 사주를 받은 신성모독적인 인식이라고 보고, 창조주이자 구속주이신 오직 한 분 하나님이 계신다는 사실을 강조하였다. 이 하나님은 율법을 주셨고, 또한 복음을 계시하셨다. 이 하나님은 삼위일체, 즉 세 위격과 하나의 본질로 이루어진 하나님이다. 테르툴리아누스(Tertullian)는 하나님의 세 위격을 단언하고 "삼위일체"(Trinity)라는 용어를 사용한 최초의 인물이었다. 그는 군주신론자들(the Monarchians)에 반대하여, 세 위격이 나뉨(division)이 없이 셋이면서 하나의 본질에 속한다는 사실을 강조하였다. 그렇지만, 그는 한 위격이 다른 두 위격에 종속되어 있다고 이해하였기 때문에 적절한 삼위일체적 진술에 도달하지는 못하였다.

(2) 인간론

인간론에 있어서도 그들은 인간 속에 있는 선과 악은 선천적으로 서로 다르게 주어진 것으로 설명될 수 없다는 사실을 강조함으로써 영지주의자들을 반박하였다. 악이 물질, 그러니까 인간 자체 속에 내재해 있다면, 인간은 자유의지를 가진 도덕적 존재라고 할 수 없다. 인간은 하나님의 형상대로 지음받았고, 비록 실제로 불멸성(즉, 완전성)을 부여받지는 않았지만 순종을 통해서 이 불멸성을 받아누릴 가능성을 부여받았다. 순종이 불멸을 가져다 주듯이, 죄는 불순종으로서 죽음을 가져다 준다. 온 인류는 아담 안에서 죽음에 종속되었다. 우리의 죄와 아담의 죄 간의 연관성은 아직 분명하게 파악되지 않았다 — 비록 테르툴리아누스(Tertullian)는 이 주제와 관련하여 상당히 시사하는 바가 있는 진술들을 하긴 했지만. 그는 악은 인간이 날 때부터 지니게 된 선천적인 요소가 되었고, 이러한 상태는 세대에서 세대로 온 인류에게 대물림된다고 말한다. 이것은 원죄론과 관련된 최초의 족적이다.

(3) 구속사

이레나이우스(Irenaeus)는 구속사에 대한 견해에 있어서 좀 특별한 인물이다. 그는 하나님이 인간을 낙원에서 쫓아내시고 죽게 하신 것은 인간에게 주어진 해악이 영원토록 지속되지 않도록 하기 위한 것이었다고 말한다. 하나님은 애초부터 인류의 구원에 깊은 관심을 가지고 계셨고, 세 가지 언약을 통해서 그 구원을 이루고자 하셨다. 인간의 마음속에 새겨진 법은 그 중 첫 번째 언약이었다. 족장들은 이 첫 번째 언약의 요구조건들을 충족하였기 때문에 하나님 앞에서 의인들이었다. 이 법에 대한 지식이 점차 사라졌을 때, 두 번째 언약인 십계명이 주어졌다. 이스라엘 백성의 죄악된 속성 때문에 그 백성으로 하여금 그리스도를 따르고 하나님과 우호적인 관계를 유지하도록 준비시키기 위하여 의식법(儀式法)이 더해졌다. 바리새인들은 이 의식법에서 가장 중요한 내용인 사랑을 빼버림으로써 그 법을 무력화시켰다. 세 번째 언약을 통해서 그리스도는 원래의 법, 즉 사랑의 법을 회복하였다. 이 세 번째 언약과 다른 두 언약 간의 관계는 자유와 종살이의 관계에 비유될 수 있는데, 이 언약은 성부 하나님에 대한 믿음만이 아니라 이제 나타나신 성자 하나님에 대한 믿음도 요구한다. 이 언약은 앞의 두 언약과는 달리 이스라엘에 국한되지 않고, 그 범위에 있어서 보편적이다. 그리스도인들은 유대인들보다 더 엄격한 법을 받았고 믿을 것도 더 많지만, 아울러 더 큰 분량의 은혜도 받는다. 테르툴리아누스(Tertullian)는 몬타누스주의의 추종자였기 때문에 이 세 언약과 대응되는 세 시대에 성령의 시대를 추가하였다.

3) 그리스도의 인격과 사역에 관한 가르침

이레나이우스(Irenaeus)와 테르툴리아누스(Tertullian)는 그리스도의 인격에 관한 가르침에 있어서 서로 상당히 다르기 때문에, 이 두 사람을 따로 살펴보는 것이 좋을 것이다.

(1) 이레나이우스의 기독론

이레나이우스의 기독론은 테르툴리아누스나 히폴리투스의 기독론보다 더 우수하여, 이 두 사람에게 아주 큰 영향을 미쳤다. 그는 로고스에 관한 사변들을 기껏해야 개연성 있는 추측들에 불과하다는 이유로 거부한다. 그는 단지 로고스는 영원 전부터 존재하였고 성부 하나님을 계시하는 도구가 되었다고만 말한 후에, 역사적으로 계시된 하나님의 아들을 진정한 출발점으로 삼는다. 로고스는 성육신을 통해서 역사적 예수가 되었고, 역사적 예수는 참 하나님이자 참 사람이었다. 이레나이우스는 영지주의자들의 이단 사설, 즉 고난을 당하여 죽을 때에 고통을 느낄 수 있는 예수는 고통을 느낄 수 없는 그리스도로부터 분리되었다는 교설(教說)을 거부하고, 신성과 인성의 연합에 아주 큰 의미를 부여한다. 둘째 아담이신 그리스도 안에서 인류는 다시 한 번 하나님과 연합된다. 그리스도 안에서 미래만이 아니라 과거에도 미치는 인류의 발생 반복(recapitulation of mankind)이 이루어져서, 인류는 타락의 과정을 되짚어 올라간다. 이것이 바로 이레나이우스의 기독론적 가르침의 핵심이다. 우리를 대신한 그리스도의 죽음은 언급되기는 하지만 강조되지는 않는다. 그리스도의 사역에 있어서 중심적인 요소는 아담의 불순종을 무효화시키는 그의 순종이다.

(2) 테르툴리아누스의 기독론

테르툴리아누스는 로고스론을 출발점으로 삼지만, 그것을 역사적으로 의미있게 된 방식으로 발전시킨다. 그는 그리스도인들의 로고스가 하나님에 의해서 낳음을 입었고(begotten), 방출(또는 유출, emanation)이 아니라 마치 뿌리가 나무를 내듯이 스스로에 의한 돌출(self-projection)에 의해서 하나님으로부터 나온 실재적 존재이자 독립적인 위격이라는 사실을 강조한다. 로고스가 존재하지 않았던 때가 있었다. 테르툴리아누스는 로고스가 성부 하나님과 동일 본질이지만 구별되는 위격으로서의 존재 양식에 있어서 성부 하나님과 다르다는 사실을 강조한다. 로고스는 분할(partitioning)에 의해서가 아니라 스스로에 의한 전개(self-unfolding)에 의해서 존재하게 되었다. 성부 하나님은 본질 전체이지만, 성자는 성부 하나님에게서 나온 것이기 때문에 단지 그 본질 전체의 일부이다. 테르툴리아누스는 종속설에서 완전히 벗어나지 못하였다. 그의 저작은 니케아 신조를 만들 때에 활용되었던 개념들인 본질(substance)과 위격(person)이라는 개념을 신학에 도입함으로써 지속적인 의미를 지니게 되었다. 그는 로고스론을 삼위일체론으로 확대하였다고 할 수 있다. 군주신론에 대항해서 그는 삼위일체 하나님의 세 위격은 나뉨(division)이 없이 셋이면서 한 본질이라는 사실을 강조하였다. 그렇지만, 그는 삼위일체에 대한 온전한 서술에 도달하는 데에는 성공하지 못하였다. 그도 로고스를 원래는 하나님 안에 있던 비인격적인 이성이었다가 창조의 때에 인격이 된 것으로 이해하였다. 한 위격이 다른 위격에 종속되어 있다는 것이 제1위와 제2위가 신적 본질에 참여하는 정도가 다르다는 조악한 형태로 묘사된다.

테르툴리아누스는 하나님이자 사람인 그리스도의 두 본성과 관련해서는 소아시아 학파와 아주 흡사한 견해를 표현하였다. 그는 그리스도의 온전한 인성(人性)을 제대로 다루고, 두 본성을 분명하게 구별하되 각각의 본성이 고유한 속성들을 유지한다고 말함에 있어서, 멜리토(Melito)를 제외한 그 밖의 다른 모든 교부들을 능가하였다. 그의 표현에 의하면, 그리스도 안에서 신성과 인성은 서로 혼합되어 있는 것(fusion)이 아니라 결합(conjunction)되어 있다. 그는 그리스도의 죽음이 지닌 중요성을 극히 강조하지만, 그 점에 대해서 전적으로 분명한 견해를 제시하지는 않는다. 왜냐하면, 그는 형벌적 대속(代贖)의 필요성이 아니라 단지 죄인 편에서의 회개의 필요성만을 강조하기 때문이다. 그는 공의에 있어서 응보적 요소를 인정하기는 하지만, 하나님의 긍휼을 부각시킨다. 아울러, 그의 가르침에는 어느 정도의 율법주의가 스며들어 있다. 그는 세례 이후에 범한 죄들을 회개나 고백을 통해서 속죄하는 것에 대하여 말한다. 죄인은 금식이나 그 밖의 다른 고행을 통해서 영원한 형벌을 면할 수 있다.

(3) 구속 사역에 관한 이레나이우스의 견해

반(反)영지주의적 교부들 가운데서 이레나이우스는 구속 사역에 대하여 가장 상세한 설명을 하고 있지만, 그의 설명이 일관된 것은 아니다. 그는 초기 교부들 중에서 가장 정통적인 인물들 중 한 사람으로 여겨지지만, 그의 저작들 속에는 거의 성경적이라고 할 수 없는 두 가지 노선의 사상, 즉 도덕주의적인 사상과 약간 신비주의적인 사상이 존재한다. 전자에 의하면, 사람은 자기가 여전히 할 수 있는 선을 자원해서 선택함으로써 자신의 운명을 결정해 나간다. 그리스도의 사역이 지니는 진정한 의미는 그가 하나님을 아는 확실한 지식을 인간에게 가져다 줌으로써 인간의 자유를 강화시켰다는 사실에 있다. 후자에 의하면, 그리스도는 자기 자신 속에서 인류 전체를 발생론적으로 재현함으로써 하나님과 사람 간의 새로운 관계를 정립하였고, 인류 가운데서 새 생명의 누룩이 되었다. 로고스는 자신의 고난과 죽음 속에서 인성과 하나가 되어, 인성을 거룩하게 하고 영원한 것으로 만들어서 더 높은 차원으로 끌어올리는 도구로서의 역할을 한다. 로고스는 자기 자신 안에서 인류 전체를 재현하여, 인류가 첫째 아담의 타락 이후로 걸어온 길을 다시 반전시킨다. 로고스는 새롭고 영원히 죽지 않는 생명의 누룩을 인류 전체에게 전한다. 이것은 성육신에서 시작되어서 인간의 신격화를 가져온 신비적인 과정에 의한 속죄를 가르치는 것으로 해석되기 쉬웠고, 실제로 자주 그렇게 해석되어 왔다. 이레나이우스의 저작들에서 이러한 사상이 강조된 것은 그가 바울 서신이 아니라 요한의 저작들에 의해서 영향을 받았기 때문인 것 같다. 하지만, 이레나이우스가 순전히 신비적이거나 초육체적인(hyper-physical) 구속을 가르치고자 하지 않았다는 것은 너무도 명백하다. 그는 그리스도와 그가 구속했던 대상들과의 살아 있는 연합의 필요성 — 안셀무스(Arselm)가 실패했던 바로 그것 — 을 극히 강조하긴 하지만, 그것을 — 그리스도가 우리를 위하여 하나님이 요구한 순종을 드렸다거나, 우리를 대신하여 고난을 당함으로써 우리가 진 빚을 갚고 성부 하나님의 진노를 누그러뜨렸다거나, 우리를 사탄의 권세에서 구속하였다는 것과 같은 — 다른 사상들과 결부시킨다.

4) 구원론, 교회론, 종말론

(1) 이레나이우스의 구원론

이레나이우스의 구원론은 그렇게 분명하지 않다. 그는 세례를 받기 위한 필수적인 전제조건으로서의 믿음을 강조한다. 이 믿음은 진리를 지적으로 받아들이는 것만이 아니라 영혼을 스스로 내맡기는 것 — 이것은 거룩한 삶을 가져온다 — 이다. 세례를 통해서 사람은 중생하고, 그의 죄들은 씻어지며, 그 안에서는 새 생명이 탄생된다. 그에게 바울의 칭의론에 대한 분명한 인식이 없다는 것은 명백하다. 왜냐하면, 믿음과 칭의의 관계에 대한 그의 설명은 바울과 다르기 때문이다. 믿음은 필연적으로 그리스도의 계명들의 준수로 이어지기 때문에 한 사람을 하나님 앞에서 의롭게 만들기에 충분하다. 하나님의 성령은 그리스도인들에게 새 생명을 수여하고, 이 새 생명의 근본적인 특징은 선한 행실을 통하여 의(義)의 열매들을 맺는다는 것이다.

(2) 테르툴리아누스의 구원론

테르툴리아누스의 저작은 그리스도의 사역의 적용에 관한 가르침에 있어서 특별한 진보를 보여주지 않는다. 죄인은 회개를 통해서 세례를 받고 구원을 자신의 것으로 만든다는 그의 견해 속에서는 도덕주의가 다시 등장한다. 하지만, 회개교리에 관한 그의 설명은 특별히 흥미롭다. 왜냐하면, 그는 거기에서 후대의 신학에서 그리스도의 구속 사역을 설명할 때에 사용되었던 법률 용어들을 도입하기 때문이다. 그는 하나님을 입법자와 재판장으로 보는데, 이 하나님은 죄를 책임을 져야 하는 범죄로 보기 때문에 배상(satisfaction)을 요구하고, 배상이 없는 경우에는 형벌을 가한다. 세례 이후에 범해진 죄들은 회개의 배상이 요구된다. 이러한 배상이 이루어지면, 형벌은 피해진다. 이러한 설명 속에서 우리는 로마 가톨릭에 있는 고해성사를 위한 기초를 발견한다. "재판장," "죄책(罪責)," "형벌," "배상" 같은 법률 용어들은 교회의 신학으로 옮겨와서 그리스도의 사역에 적용되었다.

(3) 교회론

교회에 관한 가르침에 있어서 이러한 교부들은 영적인 모임이라는 개념을 외적인 공동체라는 개념으로 대체함으로써 유대교에 굴복하는 경향을 보여준다. 그들은 나중에 키프리아누스적인, 또는 로마 가톨릭적인 교회관에서 열매를 맺게 될 씨앗들을 뿌렸다. 이 교부들은 사실 교회는 신자들의 영적 공동체라는 개념을 여전히 유지하고 있지만, 그런 개념은 외적인 공동체라는 개념과 동일한 것이라고 설명한다. 실제로, 그들은 눈에 보이는 조직이 하나님의 은혜의 통로라고 설명하고, 구원의 축복에 참여하는 것은 눈에 보이는 교회의 지체가 되어 있느냐의 여부에 달려 있다고 주장한다. 사도적인 기원을 가지고 있고, 사도직(sedes apostolicae)을 그 머리로 하는 외적인 교회에서 떠나 있는 자들은 바로 그러한 행동을 통해서 그리스도를 부인하는 것이기도 하였다. 또한, 구약의 영향을 받아서, 특별한 중재를 하는 제사장직이 은혜를 매개한다는 사상이 전면에 등장하였다.

(4) 종말에 관한 가르침

반(反)영지주의적 교부들은 일반적으로 육체의 부활에 관한 가르침을 옹호하였고, 그 근거로 그리스도의 부활과 성령의 내주(內住)를 들었다. 마귀가 배교자의 무리 전체를 새로운 머리인 적그리스도에게 넘겨주는 데에 성공할 때에 종말이 올 것이다. 그 때에 그리스도가 재림하고, 첫 번째 부활과 천년의 안식 후에 6천년에 걸친 세상이 이어질 것이다. 팔레스타인에서는 신자들이 그 땅의 풍요로움을 누리게 될 것이다. 천년이 지난 후에는 새 하늘과 새 땅이 있을 것이고, 복된 자들은 그들을 위해 예비된 집에서 서열을 따라 살아가게 될 것이다.

심화학습을 위한 질문들

반영지주의적 교부들은 신론에서 조금이라도 진보를 보여주는가? 이레나이우스의 기독론에 나오는 회복(발생반복)설은 어떻게 이해되어야 하는가? 그것은 슐라이어마허(Schleiermacher)의 신비적 속죄설과 일치하는가? 그의 저작들 속에서는 그리스도의 사역과 관련된 그 밖의 다른 어떤 개념들이 발견되는가? 그의 회복설은 죄를 개인적인 죄책(罪責)으로 보고 개인적인 구속(救贖)을 규정하고 있는가? 그는 인간이 신이 될 수 있다는 것을 믿었는가? 그의 구원론에서는 하나님의 은혜와 인간의 공로가 어떤 식으로 연관되어 있는가? 그는 어떤 점에서 당시의 교회관을 바꾸어 놓았는가? 그의 종말관은 어떠하였는가? 테르툴리아누스의 삼위일체론은 어떤 점에서 결함이 있었는가? 그의 로고스론의 특징은 무엇이었는가? 몬타누스주의는 그의 견해들에 어떤 영향을 미쳤는가? 그는 어떠한 법률 용어들을 신학에 도입하였는가? 그 법률 용어들은 그리스도의 사역에 적용되었는가? 이러한 법률적 요소는 순수한 복음을 변질시킨 것인가?

6. 알렉산드리아 교부들

이전 세기에 유대교의 종교적 지식과 헬레니즘의 철학이 결합되어 필로(Philo)에 의해서 대변된 유형의 사상을 낳았던 것과 마찬가지로, 주후 2-3세기에는 헬레니즘의 학문과 복음의 진리가 다소 깜짝 놀랄 방식으로 결합되어서 알렉산드리아 학파 유형의 신학이 탄생하였다. 이 학파의 지도적인 신학자들 중 일부에 의해서 영지주의자들의 아주 심오한 사변들을 활용하여 교회의 신앙 체계를 구축하고자 하는 시도가 행하여졌다. 이일을 행함에 있어서 그들은 성경에 대한 알레고리적인 해석에 의존하였다. 기독교의 진리들은 문학적인 형태 속에 담겨진 학문으로 바뀌었다. 이러한 형태의 기독교 학문을 대표하는 사람들 중에서 가장 중요한 인물들은 알렉산드리아의 클레멘스(Clement of Alexandria)와 오리게네스(Origen)였다.

1) 알렉산드리아 교부들

(1) 알렉산드리아의 클레멘스

클레멘스와 오리게네스는 서방 신학보다 더 사변적이었던 동방 신학을 대표한다. 이 두 사람은 알렉산드리아에 있던 요리문답 학교의 영향력 있는 교사들이었다. 클레멘스는 이레나이우스나 테르툴리아누스와 동일한 정도의 정통 그리스도인은 아니었다. 그는 후자의 두 인물만큼 신앙의 표준에 충실하지 않았고, 도리어 변증가들의 길을 좇아서 당시의 철학을 기독교 전승과 접목시키고자 하였으며, 실제로는 종종 전승을 철학으로 대체하기도 하였다. 테르툴리아누스와는 달리, 그는 철학에 대하여 우호적이어서, 기독교 신학자는 복음과 이방 학문을 이어주는 가교 역할을 해야 한다고 역설하였다. 그는 하나님께 속한 것들을 아는 지식의 원천을 성경과 이성에서 찾았고, 그 중에서 후자를 지나치게 높였으며, 알레고리적인 성경 해석을 통해서 온갖 종류의 인간적 사변이 들어올 수 있는 문을 활짝 열어 놓았다. 헬라 철학에 대한 그의 평가는 그리 일관되지 않다. 그는 헬라 철학을 부분 계시라고 말하는가 하면, 히브리 선지자들을 표절한 것이라고 독설을 퍼붓기도 한다.

(2) 오리게네스

오리게네스는 그리스도인이었던 부모에게서 태어나서 기독교적인 교육을 받았다. 그는 조숙한 아이여서 어린 시절부터 엄격한 금욕 생활을 실천하였다. 그는 그의 스승이었던 클레멘스의 뒤를 이어 알렉산드리아에서 요리문답 교사가 되었다. 이 일을 잘 하기 위해서 그는 당시에 사람들에게 인기를 끌고 있던 신플라톤주의와 주요한 이단 체계들, 특히 영지주를 철저하게 연구하였다. 그의 명성은 순식간에 퍼져나갔고, 많은 사람들이 그의 강의를 들으러 왔다. 그는 고대 교회에서 가장 박식한 인물이자 가장 심오한 사상가들 중의 한 사람이었다. 그의 가르침들은 매우 사변적인 성격을 띠고 있었고, 말년에 그는 이단으로 단죄되었다. 그는 영지주의자들과 싸움을 벌였고, 군주신론(Monarchianism)에 결정타를 날리기도 하였다. 그러나 이런 것들은 모두 부수적인 것들이었고, 그의 주된 목적은 체계적인 기독교 교리를 구축하는 것이었다. 그의 주저인 『원리들에 대하여』(De Principiis)는 명확하고 균형 잡힌 신학 체계를 보여주는 최초의 사례이다. 그의 가르침들 중 일부는 후에 이단적인 것으로 단죄되긴 했지만, 그는 교리의 발전에 지대한 영향을 끼쳤다. 그는 정통 그리스도인이 되고자 했던 것으로 보인다: 그는 하나님의 말씀과 신앙의 표준을 해석의 기준으로 삼는다는 자신의 입장을 공개적으로 천명하고, 성경이나, 성경에서 정당하게 추론된 것에 어긋나는 것은 어느 것이나 받아들여져서는 안 된다고 주장하였다. 그렇지만, 그의 신학은 신플라톤주의의 흔적들을 지니고 있었고, 그의 알레고리적인 해석은 온갖 종류의 사변과 자의적 해석을 위한 길을 열어 놓았다.

2) 신론과 인간론

(1) 신론

변증가들과 마찬가지로, 오리게네스는 절대적인 견지에서 하나님은 헤아릴 수 없고 평가할 수 없으며 고통을 느끼지 않는 분이고, 그 어떤 것도 부족함이 없으신 분이라고 말한다. 반영지주의적 교부들과 마찬가지로, 그는 선한 신과 '데미우르게'(세계의 창조자)를 구별하는 영지주의자들의 견해를 거부한다. 하나님은 한 분이고, 구약과 신약에서 동일하다. 그는 모든 일의 원인을 하나님에게 돌렸고, 전능하심과 공의 같은 속성들이 영원히 활동하고 있는 것으로 이해하였기 때문에 영원한 창조를 가르친다.

(2) 로고스론

알렉산드리아의 클레멘스는 로고스를 설명하는 데에 결코 분명하지가 않다. 그는 로고스의 위격적 실존, 성부 하나님과의 하나됨, 영원한 발생(generation)을 강조하지만, 로고스를 신적인 이성으로서 성부 하나님에게 종속되어 있는 것으로 설명하기도 한다. 그는 하나님의 진정한 로고스를 육체로 나타난 성자 로고스와 구별한다. 로고스는 태초부터 창조 사역에 하나님의 지혜를 각인하고 사람들에게 이성의 빛을 나누어주며 진리를 특별히 드러내고 예수 그리스도 안에서 성육신함으로써 하나님의 계시를 매개한다. 로고스의 빛은 이방인들에게 복음의 좀 더 온전한 빛으로 나아가는 디딤돌 역할을 한다.

오리게네스는 한 분 하나님은 일차적으로 성부 하나님이지만, 성부 하나님과 함께 영원하고 위격이며 한 번의 영원한 행위를 통해서 성부 하나님에게서 낳음을 입은 로고스를 통하여 자신을 계시하고 일하신다. 성자의 발생(generation)과 관련하여 유출(emanation)이나 나뉨(division)과 관련된 온갖 개념은 거부된다. 그러나 그는 성자의 온전한 신성을 인정하기는 하지만, 종속설을 보여주는 일부 표현들을 사용한다. 그는 영원한 발생이라는 말을 사용하지만, 이 어구를 성부 하나님에 대한 성자의 경륜상의 종속만이 아니라 본질상의 종속을 의미하는 방식으로 정의한다. 그는 종종 성자를 '데오스 데우테로스'(Theos Deuteros, 하급신 또는 이류신)라 부른다. 선재(先在)하였을 때에 순전(純全)하였던 로고스는 성육신을 통해서 인간의 영혼과 연합되었다. 그리스도 안에서 이 두 본성은 계속해서 구별되어 있지만, 로고스는 그의 부활과 승천을 통해서 그의 인성을 신적인 것으로 변화시켰다고 주장된다.

(3) 성령론

클레멘스는 성령과 삼위일체의 다른 위격들의 관계를 설명하고자 하지 않고, 또 제3위에 대한 오리게네스의 견해는 제2위에 대한 그의 견해보다 보편적인 교리와 더 멀어져 있다. 그는 성령을 성부 하나님이 성자로 말미암아 지은 최초의 피조물이라고 말한다. 성부 하나님과 성령의 관계는 성부 하나님과 성자의 관계만큼 밀접하지 않다. 또한, 성령은 피조 세계 전체 속에서가 아니라 오직 성도들 속에서만 활동한다. 성령은 본성상 선(善)을 소유하고 있고, 죄인들을 새롭게 하고 거룩하게 하며, 우리의 예배의 대상이다.

(4) 오리게네스의 인간론

인간에 관한 오리게네스의 가르침들은 통상적인 가르침으로부터 약간 벗어나 있다. 인간의 선재(先在)는 그의 영원한 창조론에 내포되어 있다. 왜냐하면, 원래의 창조는 오로지 하나님과 동등하고 영원한 이성적인 영들(rational spirits)만으로 이루어졌기 때문이다. 인간의 현재의 상태는 인간이 선재(先在)의 때에 거룩함에서 죄로 떨어져 타락한 사건을 전제하고 있는데, 이 사건은 현재의 물질 세계가 창조되는 계기가 되었다. 타락한 영들(spirits)은 이제 혼들(souls)이 되었고 몸을 입게 되었다. 물질은 이 타락한 영들에게 거처를 제공해 주고 그들을 훈련시켜서 정화시키는 수단이 되도록 하기 위한 목적으로 탄생된 것이었다.

3) 그리스도의 인격과 사역에 관한 가르침

(1) 성육신론

이 교부들은 둘 다 로고스는 성육신을 통해서 인간의 본성 전체, 즉 몸과 혼을 다 취하여 진정한 인간이자 신인(神人, the God-man)이 되었다고 가르친다 — 클레멘스는 가현설(假現說, Docetism)을 완전히 피하는 데에는 성공하지 못했지만. 그는 그리스도가 음식을 먹은 것은 음식을 필요로 했기 때문이 아니라 그저 그의 인성을 부정하지 않도록 조심하기 위한 것이었고, 그리스도는 기쁨이나 슬픔 같은 감정들을 느낄 수 없었다고 말한다. 오레게네스는 그리스도의 영혼은 다른 모든 영혼들과 마찬가지로 선재하였고, 그 선재의 때에도 로고스와 연합되어 있었다고 주장한다. 사실, 성육신 이전에도 로고스와 이 영혼 사이에서는 완전한 상호침투(interpenetration)가 일어났다는 것이다. 로고스로 충만한 영혼은 몸을 입었고, 그러자 이 몸조차도 로고스가 침투하여 신적인 것이 되었다. 그리스도 안에는 신성과 인성이 서로 뒤섞여 있었기 때문에, 영광을 받으셨을 때에 그리스도는 실질적으로 어디에나 존재하고 나타날 수 있는 편재(遍在)하는 존재가 되었다. 오리게네스는 그리스도 안에서 두 본성이 흠 없이 보전된다는 것을 나타내는 데에 거의 성공하지 못하였다.

(2) 그리스도의 사역에 관한 가르침

그리스도의 사역에 관한 서로 다른 설명들이 나오고, 그것들은 제대로 통합되어 있지 않다. 클레멘스는 그리스도가 대속물(ransom, 속전)로서 자신을 내어주었다고 말하지만, 그리스도가 인류의 죄를 위한 화목제였다는 것을 강조하지는 않는다. 그는 입법자이자 교사, 영생에 이르는 길로서의 그리스도에 훨씬 더 큰 강조점을 둔다. 구속은 과거를 무효화시키는 것이라기보다는 인간을 타락 이전보다 더 높은 상태로 끌어올리는 것이다.

오리게네스에게 있어서 지배적인 사상은 그리스도는 의사, 교사, 입법자, 모범이었다는 것이다. 그리스도는 죄인들을 고치는 의사, 깨끗하게 된 자들의 교사, 자기 백성에게 하나님에 대한 순종과 그리스도에 대한 믿음을 요구하는 법을 주신 입법자, 그를 따르는 자들에게 있어서 덕 있는 삶의 완전한 모범이었다. 그리스도는 이 모든 역량들을 총동원해서 죄인들을 하나님의 본성에 참여하는 자들로 만든다. 아울러, 오리게네스는 신자들의 구원은 그리스도의 고난과 죽음 덕분이라는 사실을 인정한다. 그리스도는 그들을 마귀의 권세에서 건지시는데, 사탄을 보기좋게 속임으로써 그 일을 이루신다. 그리스도는 자기 자신을 사탄에게 대속물로 바치고, 사탄은 자기가 죄 없으신 분이신 그리스도를 붙잡아둘 수 없을 것임을 깨닫지 못한 채 그 대속물을 받는다. 그리스도의 죽음은 대속적인 성격의 것, 죄를 위한 제물, 필수적인 속죄(atonement)로 설명된다. 로고스에 의한 구속(救贖)의 효력은 현세(現世) 너머에까지 미친다. 이 세상에 살다가 죽은 자들만이 아니라 모든 타락한 영들, 심지어 사탄과 그의 악령들조차도 구속의 효력 아래 놓인다. 장차 만물의 회복이 이루어질 것이다.

4) 구원론, 교회론, 종말론

(1) 구원론

알렉산드리아 교부들은 인간의 자유의지를 인정한다. 인간은 이 자유의지 때문에 선(善)을 지향하고 예수 그리스도 안에서 제시되는 구원을 받아들일 수 있다. 하나님은 구원을 제시하고, 인간에게는 그 구원을 받아들일 힘이 있다. 그러나 오리게네스는 믿음을 인간의 행위라고 설명하면서도 믿음이 하나님의 은혜의 결과라고도 말한다. 믿음은 구원으로 나아가는 데에 필수적인 예비 단계이기 때문에, 구원은 믿음에 달려 있다고 할 수 있다. 하지만, 믿음은 단지 하나님의 계시를 받아들이는 최초의 행위일 뿐이기 때문에, 반드시 하나님을 아는 지식과 깨달음으로 승화되어야 하고, 선한 일들을 행하는 것으로 이어져야 한다. 구원을 가져다 주는 믿음은 선한 행위를 낳는 믿음이다. 이러한 것들은 정말 중요한 것들이다.

오리게네스는 두 가지 구원의 길, 즉 믿음에 의한 구원(개방적인 길, exoteric)과 지식에 의한 구원(비의적인 길, esoteric)을 얘기한다. 분명히 이 교부들은 믿음과 칭의에 관한 바울의 사상을 지니고 있지 못하였다. 또한, 오리게네스는 믿음이 구원의 유일한 조건이 아니라는 사실을 강조한다. 믿음보다 한층 더 필수적인 것은 하나님 앞에서 우리의 죄를 고백하는 회개이다. 그는 회개에 서방 교부들, 특히 테르툴리아누스보다 좀 더 내적이고 좀 덜 율법적인 성격을 부여한다.

(2) 교회론

오리게네스는 교회를 신자들의 회중(會衆)이라고 보고, 교회 밖에는 구원이 없다고 말한다. 그는 본래의 교회와 경험상의 교회를 구별한다. 그는 모든 신자들이 제사장이라는 것을 인정하면서도 별개의 사제단이 특별한 권한들을 가지고 있다고 말한다. 오리게네스와 클레멘스는 둘 다 세례를 통해서 교회 안에서의 새로운 삶이 시작되고 죄 사함이 주어진다고 가르친다. 클레멘스는 그리스도인의 삶의 낮은 단계와 높은 단계를 구별한다. 전자에서 인간은 두려움과 소망으로 인해서 거룩함에 도달하지만, 후자에서는 두려움은 완전한 사랑에 의해서 쫓겨난다. 후자는 신비들을 계시 받은 자가 누리는 참된 지식의 삶이다. 성찬은 신자들을 영생에 참여하게 해준다. 왜냐하면, 성찬에 참여하는 자들은 성찬을 통해서 그리스도 및 성령과의 교제 속으로 들어가기 때문이다. 오리게네스는 성례들을 영적으로 해석한다. 성례들은 성령의 은혜로운 역사(役事)들을 나타내는 것이기도 하지만 신적인 감화력(感化力)을 상징하는 것들이다.

(3) 종말론

클레멘스와 오리게네스에 의하면, 이 땅에서 죄인의 삶 속에서 시작된 정화(淨化)의 과정은 죽음 이후에도 계속된다. 징계는 죄를 깨끗하게 하고 치유하는 수단이다. 오리게네스는 죽어서 선한 자들은 낙원 또는 그들에 대한 추가적인 교육이 이루어지는 곳으로 들어가고, 악인들은 심판의 불 — 이것은 영속적인 형벌이 아니라 정화(淨化)의 수단이다 — 을 경험한다고 가르친다. 클레멘스는 불신자들은 음부(hades)에서 회개할 기회를 갖게 되고, 그들에 대한 시험(試驗)은 심판의 날까지 끝나지 않는다고 말하지만, 오리게네스는 하나님의 구속 사역은 만물이 본래의 아름다움을 회복할 때까지는 끝나지 않을 것이라고 주장한다. 만물의 회복에는 사탄과 그의 졸개들인 귀신들까지 포함될 것이다. 오직 소수의 신자들만이 죽어서 곧장 하나님을 뵈옵는 온전한 지복(至福)의 삶으로 들어가고, 거의 대다수의 신자들은 죽은 후에도 정화의 과정을 통과하여야 한다. 이 두 교부는 천년왕국설을 반대하였고, 오리게네스는 부활을 영적으로 해석하는 경향을 보여준다. 그는 몸을 지니지 않은 것을 이상적인 상태로 여겼던 것으로 보이지만, 몸의 부활을 믿었다. 그에 의하면, 몸의 배아(胚芽)는 그대로 남아 있다가, 그 몸이 속해 있던 특정한 영혼이 선하냐 악하냐에 따라서 거기에 맞는 영적 유기체를 낳는다.

심화학습을 위한 질문들

일반적으로 동방 신학은 서방 신학과 어떻게 달랐는가? 그 차이는 어떻게 설명될 수 있는가? 알레고리적인 성경 해석은 알렉산드리아 교부들의 신학에 어떤 영향을 미쳤는가? 이 교부들의 로고스론은 변증가들의 것과 다른 것이었는가? 만약 그렇다면, 어떻게 달랐는가? 그들의 삼위일체론은 테르툴리아누스의 것과 비교할 때에 어떠하였는가? 그들은 성부와 성자에 대한 성령의 관계를 밝혀 주었는가? 그들은 죄의 주된 근원들과 주된 치유법을 어떻게 설명하는가? 오리게네스는 죄의 기원에 대하여 일관된 교설을 지니고 있었는가? 그들은 자유의지론을 어떤 방향으로 발전시

컸는가? 그들은 그리스도의 사역을 어떻게 이해하는가? 그리스도의 고난은 그들의 가르침들 속에서 본질적인 요소를 형성하고 있었는가? 그들은 어떤 의미에서 인간 본성이 신적인 것으로 바뀌는 것을 가르쳤는가? 오리게네스의 신학은 아리우스주의(Arianism)와의 접촉점들을 어떤 식으로 제공해 주고 있는가? 그의 종말론은 로마 가톨릭 교회의 것과 비교할 때에 어떠한가? 알렌(Allen)이 라틴 신학이 아니라 헬라 신학이 기독교의 진리를 표현하고 있다고 여긴 것은 정당한가? 헬라 신학과 오늘날의 모더니즘(Modernism)은 어떤 유사점들이 있다고 할 수 있는가?

7. 군주신론

주후 2세기의 큰 이단이 영지주의였다고 한다면, 주후 3세기의 두드러진 이단은 군주신론(Monarchianism)이었다. 변증가들, 반(反)영지주의적 교부들, 알렉산드리아 교부들의 로고스론은 전반적으로 만족스럽지 못하였다. 일반 신자들 중 다수는 분명히 로고스론을 불안한 눈으로 주시하였다. 왜냐하면, 로고스론은 그들의 신론 또는 기독론과 충돌하는 것으로 보였기 때문이다. 신학적 관심이 고조된 곳에서는 별개의 신적 위격으로서의 로고스론은 하나님의 단일성 또는 유일신론을 위태롭게 하는 것으로 보였고, 기독론적 관심이 전면에 부각된 곳에서는 로고스가 성부 하나님에게 종속되어 있다는 사상은 그리스도의 신성을 훼손시키는 것으로 보였다.

시간이 흐르자, 학자들은 일반 신자들의 불안감을 알아차리고서, 한편으로는 하나님의 단일성, 다른 한편으로는 그리스도의 신성을 지켜내는 작업을 시도하였다. 이러한 시도를 통해서 두 가지 유형의 사상이 탄생하였는데, 그것들은 군주신론(테르툴리아누스가 이 두 유형의 사상에 최초로 붙인 명칭)이라 불렸다 — 엄밀하게 말해서, 이 명칭은 두 유형 중에서 신론에 대한 관심이 지배적이었던 그런 유형에만 적용될 수 있었지만. 이 명칭은 부분적으로 부적절한 면이 있는데도 불구하고 오늘날에 이르기까지 이 두 가지 유형의 사상을 가리키는 데에 일반적으로 사용된다.

1) 역동적 군주신론

이것은 주로 하나님의 단일성을 보전하는 데에 관심을 쏟았던 곳에서 생겨난 군주신론의 한 유형으로서 고대 교회의 이단이었던 에비온주의(Ebionism)나 오늘날의 유니테리언주의(Unitarianism)와 전적으로 맥을 같이 하는 것이었다. 일부 학자들은 알로고스파(the Alogi)라는 다소 모호한 분파에게서 가장 먼저 이 군주신론이 출현하였다고 보지만, 제베르크는 이러한 주장이 과연 옳은지 의문을 제기한다. 역동적 군주신론(Dynamic Monarchianism)의 최초의 대표자는 로마의 감독인 빅토르(Victor)에 의해서 출교당했던 비잔티움의 테오도투스(Theodotus of Byzantium)였을 가능성이 대단히 높다.

그 후에 시리아 태생인 아르테몬(Artemon)은 이런 유형의 군주신론이 지닌 특별한 견해들을 성경과 전승에 의거해서 증명해 보이고자 하였다. 하지만, 그가 제시한 논거들은 익명의 저자가 발간한 『작은 미로』(Little Labyrinth)라는 저작에 의해서 효과적으로 반박되었다.

이 군주신론을 지지하는 자들은 점차 그 수가 줄어들었지만, 나중에 이 군주신론의 가장 유명한 대표자가 되었고 세상적인 사고를 지니고 있었던 오만한 인물로 묘사되는 안디옥의 감독 사므사타의 바울(Paul of Samosata)의 노력을 통해서 다시 부활하였다. 그의 주장에 의하면, 로고스는 성부 하나님과 동일 본질('호모우시오스')이지만, 신격(Godhead) 안에서 하나의 구별되는 위격은 아니다. 로고스는 마치 인간의 이성이 인간 속에 존재하는 것처럼 그런 방식으로 하나님 안에 존재하였기 때문에 하나님과 동일시될 수 있었다. 로고스는 단지 모든 사람들 속에 현존하고 특히 인간 예수 안에서 활동하였던 비인격적인 힘이다. 로고스는 다른 사람들에게는 그렇게 하지 않았지만 예수와 관련해서는 그 인성에 점차적으로 침투하였고, 이 신적인 힘은 예수의 인성을 점차 신적인 것으로 바꾸어 놓았다. 이렇게 해서 인간 예수는 신적인 존재가 되었기 때문에, 그는 신적인 존재로 공경을 받을 자격이 있지만, 엄밀한 의미에서 하나님으로 여겨질 수는 없다. 로고스론을 이런 식으로 구성함으로써 사모사타의 바울은, 로고스와 성령은 단지 하나님의 비인격적인 속성들일 뿐이고 하나님은 본성의 단일성과 위격의 단일성을 가진다는 것을 보여주어서, 하나님의 단일성을 정립하였고, 그렇게 해서 후대의 소키누스파(Socinians)와 유니테리언주의자들(Unitarians)의 선구자가 되었다. 이들과 마찬가지로 그는 하나님의 단일성과 예수의 진정한 인성을 변호하는 데에 관심이 있었다. 맥기퍼트(McGiffert)는 후자가 그의 주된 관심사였다고 말한다.

2) 양태적 군주신론

(1) 사벨리우스주의(Sabellianism)

역동적 군주신론보다 훨씬 더 큰 영향력을 지니고 있었던 두 번째 형태의 군주신론이 존재하였다. 이 군주신론도 하나님의 단일성을 보전하는 데에 관심을 가졌지만, 그 주된 관심은 기독론적인 것, 즉 그리스도의 온전한 신성을 보전하는 것이었던 것 같다. 이 군주신론은 삼위일체 하나님의 세 위격을 하나님이 세 가지 양태(modes)로 나타나신 것으로 이해하였기 때문에 양태적 군주신론(Modalistic Monarchianism)이라 불렸다. 이 군주신론은 성부 자신이 그리스도 안에서 성육신하여 그리스도 안에서 및 그리스도와 더불어서 고난을 당하셨다고 주장하였기 때문에 서방에서는 성부수난설(Patripassianism)로 알려지게 되었고, 동방에서는 가장 유명한 대표자의 이름을 따서 사벨리우스주의로 지칭되었다. 양태적 군주신론과 역동적 군주신론의 가장 큰 차이는 전자가 그리스도의 진정한 신성을 주장하였다는 데에 있다.

(2) 프락세아스와 노이투스

테르툴리아누스는 이 분파의 기원을 프락세아스(Praxeas)라는 인물 — 그에 대해서는 알려져 있는 것이 거의 없다 — 과 결부시키는 반면에, 히폴리투스는 이 분파가 서머나의 노이투스(Noetus of Smyrna)의 가르침에서 유래되었다고 주장한다. 어느 쪽이 맞든, 이 두 인물은 이 군주신론을 전파하는 도구가 되었던 것이 분명하다. 프락세아스는 신격(Godhead) 안에서 여러 위격을 구별하는 것에 대단히 적대적이었다. 테르툴리아누스는 그에게 대하여 "그는 보혜사를 몰아내었고 성부 하나님을 십자가에 못 박았다"고 말한다. 하지만, 프락세아스는 성부 하나님이 고난을 당하였다고 단언하는 것을 피하였던 것으로 보이지만, 노이투스는 그런 단언을 주저하지 않았다. 히폴리투스의 말을 인용하자면, "그는 그리스도가 바로 성부 하나님이고, 성부 하나님이 태어나서 고난을 받고 죽은 것이라고 말하였다." 히폴리투스의 말에 의하면, 그는 심지어 성부 하나님은 자신의 존재 양태를 바꾸어서 문자 그대로 하나님의 아들이 되었다는 대담한 발언까지 서슴지 않았다. 노이투스가 한 말은 이렇게 이어진다: "성부가 아직 태어나지 않았을 때, 그를 성부라 부르는 것은 옳다. 그러나 성부가 이 땅에 태어나기를 기쁘게 여겨서 실제로 태어났을 때, 그는 성자, 즉 다른 존재가 아니라 바로 자기 자신의 아들이 되었다."

(3) 사벨리우스

이 분파의 가장 중요한 대표자는 사벨리우스(Sabellius)였다. 그의 저작들은 오직 소수의 단편들만이 전해져 오기 때문에, 그가 정확히 무엇을 가르쳤는지를 상세히 알기는 어렵다. 하지만, 그가 하나님의 본질의 단일성과 그 현현(顯現)의 복수성을 구별하였다는 것은 너무도 분명하다. 그는 이것을 여러 부(部)로 된 드라마처럼 차례차례 서술한다. 사벨리우스는 실제로 종종 하나님의 세 위격에 대하여 말하였지만, 그럴 때에 "위격"이라는 말을 그 원래의 의미, 즉 드라마에서 배우가 맡은 역할 또는 현현의 양태를 가리키는 의미로 사용하였다. 그의 주장에 의하면, 성부, 성자, 성령이라는 명칭은 단지 하나님의 한 본질이 나타난 세 가지 서로 다른 양태를 가리키는 명칭일 뿐이라는 것이다. 하나님은 창조 때와 율법을 주실 때에는 성부로서 자신을 계시하였고, 성육신에서는 성자로, 중생(重生)과 성화에서는 성령으로 계시하셨다.

심화학습을 위한 질문들

군주신론이 출현하게 된 계기는 무엇이었는가? 군주신론은 어떤 나라들에서 출현하였는가? 군주신론의 주된 관심은 기독론적인 것이었고, 하나님의 단일성에 대해서는 별 관심을 두지 않았다는 맥기퍼트(McGiffert)의 말은 옳은가? 역동적 군주신론은 초기의 다른 어떤 이단들과 관련되어 있었는가? 오늘날에 있어서 역동적 군주신론에 해당하는 것은 어떤 것이 있는가? 두 가지 유형의 군주신론의 공통점은 무엇이었는가? 오늘날에 있어서 사벨리우스주의에 해당하는 것으로 어떤 것이 있는가? 어떤 교부들이 이 유형의 이단과 싸웠는가? 알로고스파(the Alogi)의 입장은 이 이단과 어떤 식으로든 관련이 있었는가? 하르낙(Harnack)이 군주신론에 공감을 표시한 것은 정당한가?

제 3 장
삼위일체론

1. 삼위일체 논쟁

1) 배경

(1) 삼위일체 논쟁의 출현

아리우스(Arius)와 아타나시우스(Athanasius)의 싸움으로 전면에 대두된 삼위일체 논쟁은 사실 그 이전의 과거에 뿌리를 두고 있었다. 앞서 살펴본 대로, 초기 교부들은 삼위일체에 관한 분명한 인식을 지니고 있지 않았다. 비인격적인 이성이었던 로고스가 창조의 때에 인격이 되었다고 생각한 교부들도 있었고, 로고스를 성부 하나님과 더불어 영원하며 하나의 위격인 존재로서 신적 본질을 공유하지만 일정 정도 성부 하나님에게 종속되어 있다고 본 교부들도 있었다. 그들의 논의에서 성령은 전혀 중요한 위치를 차지하지 못하였다. 그들은 주로 구속 사역을 신자들의 마음과 삶에 적용하는 것과 관련해서만 성령을 얘기하였다. 어떤 이들은 성령을 성부만이 아니라 성자에게도 종속되어 있는 것으로 생각하였다. 테르툴리아누스는 하나님의 세 위격을 분명하게 단언하고, 이 세 위격이 본성상으로 단일하다는 것을 주장한 최초의 인물이었다. 그러나 그조차도 삼위일체론에 대한 분명한 진술에 이르지는 못하였다.

그러는 동안에, 하나님의 단일성과 그리스도의 진정한 신성을 강조하고, 본래적인 의미에 있어서의 삼위일체를 부정하는 군주신론이 등장하였다. 서방에서는 테르툴리아누스와 히폴리투스가 이 분파의 견해에 대항하여 싸웠고, 동방에서는 오리게네스가 이 분파에 결정적인 타격을 가하였다. 이 교부들은 사도신경에 나와 있는 삼위일체적 입장을 옹호하였다. 그러나 오리게네스가 구성한 삼위일체론조차도 아주 만족스러운 것은 아니었다.

(2) 오리게네스의 삼위일체론

그는 성부와 성자는 둘 다 신적 위격 또는 위격적 실재라는 견해를 확고하게 지켰지만, 삼위일체 하나님 안에서 세 위격과 한 본질의 관계를 성경적으로 설명하는 데에 온전히 성공하지는 못하였다. 그는 영원한 발생(eternal generation)이라는 개념을 사용해서 성부와 성자의 관계를 설명한 최초의 인물이었지만, 본질(essence)과 관련해서 제2위가 제1위에 종속되어 있는 것으로 정의하였다. 성부는 성자에게 단지 '호 데오스'(유일신)가 아니라 '데오스'(일반적인 신)라고 할 수 있는 열등한 종류의 신성을 전해 주었다. 심지어 그는 종종 성자를 '데오스 데우테로스'(하급신 또는 이류신)라고 말하기까지 한다. 이것은 오리게네스의 삼위일체론이 보여 준 가장 치명적인 결함이었고, 아리우스의 이단에게 디딤돌을 제공해 주었다.

치명적이지는 않지만 또 다른 결함은 성자의 발생은 성부의 필연적인 행위가 아니라 **성부의 주권적 의지로부터 나왔다**는 그의 주장이다. 하지만, 그는 이것이 시간의 연속 속에서 이루어진 일이라는 개념이 되지 않도록 주의하였다. 성령론에서 그는 성경적인 것으로부터 한층 더 멀어졌다. 그는 성령을 심지어 성자에게까지 종속적인 존재로 만들어 버렸을 뿐만 아니라, 성령을 성자에 의해서 지음받은 것들 중의 하나라고 말하기까지 하였다. 그가 한 말들 중에는 성령이 단순한 피조물이라는 의미를 내포하고 있는 것으로 보이는 말까지 있다.

2) 논쟁의 성격

(1) 아리우스와 아리우스주의

삼위일체론을 둘러싼 대단한 싸움은 상당히 노련한 논객이었지만 심오한 정신을 지니고 있지는 못하였던 알렉산드리아의 장로인 아리우스(Arius)의 반(反)삼위일체적인 견해들에 의해서 촉발되었기 때문에 흔히 아리우스 논쟁이라 불린다. 그의 지배적인 사상은 군주신론자들의 유일신론적인 공리(公理), 즉 나지도 않았고(unbegotten), 유래하지도 않았으며(unoriginated), 존재의 시작도 없는 오직 한 분 하나님이 존재한다는 것이었다. 그는 하나님 안에 내재해 있는 신적인 에너지에 불과한 로고스와 성자 또는 마침내 성육신한 로고스를 구별하였다. 성자에게는 시작이 있었다. 성자는 성부에 의해서 발생되었다. 이 말은 아리우스의 어법 속에서는 성자가 피조되었다고 말하는 것이나 동일한 것이었다. 성자는 세계가 창조되기 전에 무(無)로부터 피조되었고, 바로 그런 이유로 영원하지도 않고 신적 본질을 지니고 있지도 않았다. 성자는 모든 피조된 존재들 중에서 가장 위대한 존재이자 최초로 피조된 존재였고, 세계는 이 성자로 말미암아 창조되었다. 그러므로 성자는 변할 수 있는 존재였지만, 그가 장차 보여줄 공로들로 인하여 하나님의 택함을 받아서, 그가 장차 얻게 될 영광에 비추어서 하나님의 아들이라 불렸다. 성자는 하나님의 양자(養子)가 되었기 때문에 사람들의 숭배를 받을 자격이 있다. 아리우스는 잠 8:22(칠십인역); 마 28:18; 막 13:32; 눅 18:19; 요 5:19; 14:28; 고전 15:28 같이 성자를 성부에 비하여 열등한 존재로 묘사하는 것처럼 보이는 구절들 속에서 그의 견해를 지지해 주는 성경적 근거를 구하였다.

(2) 아리우스주의에 대한 반박

아리우스는 누구보다도 먼저 그가 속해 있던 알렉산드리아 교회의 감독에 의해서 반박되었는데, 이 감독은 성자의 진정하고 고유한 신성을 옹호함과 동시에 성자가 발생(낳음)에 의해서 영원한 아들로서의 지위를 얻었다는 교리를 주장하였다. 하지만, 시간이 흐르면서, 아리우스의 진정한 대적은 역사 속에서 굽히거나 흔들림 없이 강력하게 진리를 옹호한 인물로 부각되어 있는 알렉산드리아의 부감독(副監督)이었던 저 위대한 아타나시우스(Athanasius)였다는 것이 밝혀졌다. 제베르크는 그의 위대한 장점을 다음의 세 가지로 요약한다: (a) 성품이 대단히 안정되어 있었고 진실하였다는 것; (b) 하나님의 단일성이라는 개념을 굳게 붙잡고 있어서 확실한 토대 위에 서 있었기 때문에 당시에 그토록 성행하였던 종속설을 거부할 수 있었다는 것; (c) 빈틈없는 기지(機智)로 사람들을 가르쳐서 그리스도의 위격의 성격과 의미를 깨닫게 할 수 있었던 것. 그는 그리스도를 피조물로 보는 것은 그리스도에 대한 믿음이 인간에게 구원과 하나님과의 연합을 가져다 준다는 것을 부정하는 것이라고 느꼈다.

(3) 성자와 성부의 관계에 대한 아타나시우스의 견해

아타나시우스는 하나님의 단일성을 강력히 강조하였고, 이 단일성을 위태롭게 하지 않을 삼위일체론을 구성할 것을 역설하였다. 성부와 성자는 신적인 동일 본질을 지니고 있지만, 하나님의 본질적 존재 안에는 나뉨(division)이나 분리(separation)가 존재하지 않고, '하급신'을 얘기하는 것은 잘못이다. 그러나 그는 하나님의 단일성을 강조하는 한편 신격(Godhead) 안에 세 구별된 위격이 존재한다는 것도 인정하였다. 그는 아리우스파가 주장한 시간의 존재 이전에 성자가 피조되었다는 설을 거부하고, 성자의 독립적이고 영원히 인격적인 실존을 주장하였다. 아울러, 그는 신격 안에 있는 세 위격은 어떤 식으로든 분리된 것으로 보아서는 안 되는데, 이는 만약 그런 식으로 보게 된다면 다신론(polytheism)으로 빠지게 되리라는 것을 각별히 유념하고 있었다. 그는 하나님의 존재 속에서의 구별된 위격들과 하나님의 단일성은 "하나인 본질"(oneness of essence)이라는 용어로 가장 잘 표현될 수 있다고 믿었다. 이 용어는 성자가 성부와 동일한 본질에 속한다는 것을 애매모호하지 않고 분명하게 표현해 줌과 동시에, 성부와 성자가 위격적 실존 같은 다른 면들에 있어서는 서로 다를 수 있다는 의미를 전해 준다. 오리게네스와 마찬가지로 그는 성자는 발생에 의해서 낳음을 입었다고 가르쳤지만, 오리지네스와는 달리 이 발생을 단지 하나님의 주권적인 의지에 의한 행위가 아니라 하나님의 내적인 행위, 따라서 하나님의 필연적이고 영원한 행위였다고 설명하였다.

아타나시우스를 고무시키고 그의 신학적 견해들을 결정해준 것은 단순히 논리적 일관성이라는 요구만이 아니었다. 그로 하여금 진리를 구성하게 만든 지배적인 요인은 신앙적인 성격의 것이었다. 그의 구원론적인 확신들은 자연스럽게 그의 신학적 입장들을 탄생시켰다. 그의 근본적인 입장은 하나님과의 연합은 구원에 필수적인 것이고, 우리를 하나님과 연합시킬 수 있는 분은 오직 하나님 자신인 분이지 결코 피조물일 수 없다는 것이었다. 그런 까닭에, 제베르크가 말하듯이, "오직 그리스도가 아무런 유보조건도 없는 온전한 의미에서의 하나님일 때에만, 하나님이 인성(人性)을 입으신 것이 되고, 그리스도가 하나님과의 교제, 죄 사함, 하나님의 진리, 영생을 인간에게 가져다 준 것이 확실하게 된다"(*Hist. of Doct.* I, p. 211).

3) 니케아 공의회

(1) 쟁점

니케아 공의회는 이러한 논쟁을 해결하기 위해서 주후 325년에 소집되었다. 아래의 간략한 서술이 보여주듯이, 쟁점은 분명하였다. 아리우스파는 무시간적인 또는 영원한 발생이라는 개념을 거부하였고, 아타나시우스는 그러한 개념을 거듭 단언하였다. 아리우스파는 성자가 존재하지 않았다가 피조되었다고 말한 반면에, 아타나시우스는 성자가 성부의 본질로부터 발생되었다고 주장하였다. 아리우스파는 성자가 성부와 동일 본질에 속하지 않는다고 주장하였던 반면에, 아타나시우스는 성자가 성부와 동일 본질('호모우시오스')이라고 천명하였다.

(2) 공의회의 결정

서로 상반된 주장을 폈던 이 두 분파 외에도 실제로 대다수를 차지하고 있었던 중도파가 있었는데, 이 중도파를 이끌고 있던 인물은 교회사가였던 가이사랴의 유세비우스(Eusebius of Caesarea)였고, 이들은 오리게네스의 명제들 속에서 그 추진력을 찾았기 때문에 오리게네스파로 불리기도 한다. 이 중도파는 아리우스주의적인 경향을 지니고 있어서, 성자가 성부와 동일 본질('호모우시오스')이라는 가르침에 반대하였다. 이 분파는 앞서 유세비우스에 의해서 작성된 성명서, 즉 위에서 언급한 단 하나의 가르침을 제외하고는 모든 것을 알렉산더(Alexander)와 아타나시우스의 분파에게 양보하는 성명서를 제시하면서, '호모우시오스' (동일 본질의)라는 단어를 '호모이우시오스' (유사 본질의)로 바꿈으로써 성자가 성부와 유사 본질이라고 가르칠 것을 제안하였다. 상당히 격렬한 토론이 있은 후에 황제가 마침내 그의 권위를 업고서 이 논쟁에 개입하여, 아타나시우스파의 손을 들어 주었고, 니케아 공의회는 이 쟁점에 대하여 다음과 같은 선언문을 채택하였다: "우리는 한 분 하나님, 전능하신 성부, 눈에 보이거나 눈에 보이지 않는 것들을 지으신 분, 지음받지 않고 나셨으며 성부와 한 본질('호모우시오스')에 속하신 한 분 주 예수 그리스도를 믿는다 …" 이것은 애매모호함이 없는 분명한 진술이었다. '호모우시오스' (동일 본질의)라는 용어는 성자의 본질이 성부의 본질과 동일하다는 의미 외에 다른 의미를 지니도록 왜곡될 수 없는 용어였다. 이 용어로 인해서 성자는 피조되지 않은 존재로서 성부와 동일한 반열에 놓이게 되었고, '아우토데오스' (참으로 또는 스스로 하나님이신 분)로 인정받게 되었다.

4) 니케아 공의회의 결정이 가져온 결과

(1) 불만족스러운 결정

니케아 공의회의 결정은 이 논쟁에 종지부를 찍은 것이 아니라, 단지 이 논쟁의 시작에 불과하였다. 황제가 자신의 권력을 업고서 교회에 강요한 해결책은 만족스러운 것이 될 수 없었고, 또한 얼마나 지속될지도 불확실하였다. 어쨌든 이 사건은 기독교 신앙과 관련된 결정이 황제의 변덕, 심지어 궁정의 음모나 암투에 의해서 좌우되게 만든 것이었다. 이 논쟁의 승자였던 아타나시우스 자신조차도 교회의 논쟁이 그런 식으로 해결된 것에 대하여 불만을 나타내었다. 그는 자신의 논거들이 지닌 힘을 통해서 반대파를 설득시켰으면 좋았을 것이라고 생각하였다. 또한, 이후에 일어난 사건들은 황제가 교체되거나 분위기가 달라지거나 심지어 뇌물을 통해서도 이 논쟁의 전반적인 양상이 바뀔 수 있다는 것을 분명하게 증명해 주었다. 득세하고 있던 분파가 하루 아침에 퇴조할 수도 있었다. 이것은 정확히 이후의 역사 속에서 반복적으로 일어났던 일이었다.

(2) 동방 교회에서 반(半)아리우스주의(Semi-Arianism)의 일시적인 득세.
니케아 이후의 삼위일체 논쟁에서 가장 중심적이고 위대한 인물은 아타나시우스였다. 그는 단연코 당대의 가장 위대한 인물이자 예리한 학자, 자신의 신념을 지켜서 기꺼이 진리를 위해 고난을 겪을 용기가 있었던 강한 성품의 인물이었다. 교회는 점차 부분적으로는 아리우스주의화 되었지만, 대체로 반(半)아리우스주의가 득세하였다. 황제들은 보통 다수파의 편을 들었기 때문에 사람들 사이에서는 다음과 같은 말이 회자되었다: "한 명의 아타나시우스와 그에게 대적하는 온 세상"(Unus Athanasius contra orbem). 이 귀한 하나님의 종은 다섯 번이나 귀양살이를 하였고, 그가 맡았던 직분은 하나님의 교회에 수치였던 비열한 아첨꾼들의 차지가 되었다.

A. **공의회의 결정을 반대한 자들.** 니케아 신조를 반대한 자들은 서로 다른 파벌들로 나뉘어 있었다. 커닝햄(Cunningham)은 이렇게 말한다: "좀 더 대담하고 정직한 아리우스주의자들은 성자가 성부와는 다른 본질('헤테로우시오스')이라고 말하였고, 일부는 성자가 성부와 같지 않다('아노모이오스')고 말했으며, 흔히 반(半)아리우스주의자들로 여겨진 자들은 성

자가 성부와 유사 본질('호모이우시오스')이라고 말하였다. 그러나 그들 모두는 한결같이 성자의 참되고 고유한 신성을 규정한 니케아 신조에 반대하였기 때문에 니케아 신조에 규정된 문구를 받아들이기는 거부하였고, 또한 그 문구의 사용에 반대하는 다른 반론들을 들어 보겠다고 종종 공언하기도 했지만 그 문구가 성자의 신성을 애매모호함이 없이 정확하게 표현하고 있다고 보았다"(*Historical Theology* I, p. 290).

반(半)아리우스주의는 동방 교회에서 횡행하였다. 하지만, 서방 교회는 이 문제에 대하여 다른 견해를 취하여서 니케아 공의회의 결정에 충실하였다. 이것은 주로 동방 교회는 오리게네스의 종속설(subordinationism)에 의해서 주도되었던 반면에, 서방 교회는 대체로 테르툴리아누스의 영향을 받아서 아타나시우스의 견해에 좀 더 부합하는 신학을 발전시킨 데서 그 이유를 찾아볼 수 있다. 그러나, 이러한 이유 외에도 로마와 콘스탄티노플 간의 경쟁자적 관계도 고려되지 않으면 안 된다. 아타나시우스는 동방 교회에서는 추방당했지만 서방 교회에서는 열렬한 환영을 받았고, 로마 공의회(주후 341년)와 사르디카 공의회(주후 343년)는 그의 가르침을 무조건적으로 승인하였다.

B. **앙키라의 마르켈루스.** 하지만, 서방에서의 아타나시우스의 영향력은 앙키라의 마르켈루스(Marcellus of Ancyra)가 니케아 신학의 최고의 옹호자의 자리에 오르면서 약화되었다. 마르켈루스는 하나님 안에 내재되어 있어서 창조 사역에서 신적인 에너지로 드러났던 영원하고 비인격적인 로고스와 성육신 때에 인격이 된 로고스를 구별하였던 옛 견해로 다시 돌아가서, "발생"(generation)이라는 용어를 선재(先在)한 로고스에게 적용할 수 있다는 것을 부정하고, "하나님의 아들"이라는 명칭을 성육신한 로고스에 국한시켰으며, 로고스는 성육신한 삶을 끝낸 후에는 성부에 대한 세계 창조 이전의 관계로 돌아왔다고 주장하였다. 그의 교설은 오리게네스파 또는 유세비우스파를 정당화하고 그들의 대적들을 사벨리우스주의라고 비난한 것이어서, 동방 교회와 서방 교회의 분열의 간격을 더 넓히는

결과를 가져왔다.

　C. 화해의 시도들. 이러한 간격을 치유하고자 하는 여러 가지 시도들이 행하여졌다. 안디옥에서 공의회들이 소집되어서, 두 가지 중요한 예외를 제외하고는 니케아 공의회의 정의들을 받아들였다. 그들은 '호모이우시오스'(유사본질의)와 성부의 의지적 행위를 통한 성자의 발생을 강력히 천명하였다. 물론, 이것은 서방 교회를 만족시킬 수 없었다. 그 밖에도 교회회의들(Synods)과 공의회들(Councils)이 잇달아 열렸고, 거기에서 유세비우스파는 아타나시우스의 직분 박탈을 서방 교회가 인정해 주기를 요구하였으나 소용이 없었고, 중도적인 입장의 신조들을 작성하기도 하였다. 그러나 콘스탄티우스(Constantius)가 단독으로 황제가 되어서 교묘한 술수와 힘을 이용해서, 아를(Arles)과 밀라노(Milan)에서 소집된 교회회의들(주후 355년)에서 서방 교회의 감독들이 유세비우스파에 동조하도록 하는 데에 성공할 때까지는 이 모든 시도들은 아무 소용이 없었다.

(3) 반전된 흐름

　A. 반대파의 붕괴. 잘못된 주장이 득세하는 것은 결국 그 주장을 한 자들에게 위험스러운 일이라는 것이 다시 한 번 입증되었다. 사실, 그것은 반(反)니케아파가 붕괴할 것을 보여주는 신호탄이었다. 반니케아파를 구성하고 있던 자들은 신학적으로 서로 다른 이질적인 자들이었지만 니케아파에 대항하기 위해서 한데 뭉친 것이었다. 그러나 외부의 공격목표가 거의 사라져서 외적인 압박감으로부터 놓여나게 되자다자, 그들에게 내적인 응집력이 없다는 것이 점점 더 분명하게 드러났다. 아리우스파와 반(半)아리우스파는 서로 견해가 달랐고, 후자 자체도 통일되어 있지 않았다. 시르미움(Sirmium) 공의회(주후 357년)에서는 인간의 지식을 훨씬 뛰어넘는 문제들에 속한 '우시아'(본질), '호모우시오스'(동일본질의), '호모이우시오스'(유사본질의) 같은 용어들을 배제함으로써 모든 분파들을 한데 결합시키고자 하는 시도가 행하여졌다. 그러나 그런 식으로 문제를 해결하기에는 상황이 너무 나가 있었다. 진정한 아리우스파들은 이제 그

들의 진짜 색깔을 드러내면서, 가장 보수적인 반(半)아리우스파들을 친니케아 진영으로 내몰았다.

B. 카파도키아의 세 교부. 그러는 동안에 더 젊은 세대의 친니케아파가 등장하였는데, 그들은 오리게네스 학파의 제자들이었지만 진리의 좀 더 완전한 해석을 위해서 아타나시우스와 니케아 신조에 신세를 졌던 자들이었다. 그들 중에서 주요한 인물들로는 세 명의 카파도키아 교부들이 있었다: 바실리우스(Basil the Great), 니사의 그레고리우스(Gregory of Nyssa), 나지안주스의 그레고리우스(Gregory of Nazianzus).

그들은 '휘포스타시스' (위격)를 '우시아' (본질) 및 '프로소폰' (인격)의 동의어로 사용하는 데서 오해의 소지가 발생했다고 보고서, '휘포스타시스'를 성부와 성자의 위격적 실존을 가리키는 데에만 사용하도록 그 용법을 제한하였다. 그들은 아타나시우스와는 달리 하나의 신적인 '우시아' (본질)을 출발점으로 삼지 않고, 신격(Godhead) 안에 있는 세 '휘포스타시스' (위격)를 출발점으로 삼아서, 이 위격들을 신적인 '우시아' (본질)이라는 개념 아래 통합하고자 하였다. 그레고리우스라는 이름을 지닌 두 명의 교부들은 신적인 존재에 대한 신격 안에 있는 위격들의 관계를 공통의 인성(人性)에 대한 세 명의 사람들의 관계에 비유하였다. 그들은 신적인 존재 안에 세 위격이 있다는 것을 강조함으로써 유세비우스파가 의심한 사벨리우스주의의 흔적들을 니케아 신조에서 완전히 제거하였고, 로고스가 지닌 인격성은 충분히 보호된 것으로 드러났다. 아울러, 그들은 신격 안에서 세 위격이 하나로 연합되어 있다는 것을 끈질기게 주장하였고, 여러 가지 방식으로 그것을 예증해 보였다.

(4) 성령에 관한 논쟁

이 때까지 성령이라는 주제에 대하여 서로 다른 견해들이 표명되기는 하였지만 성령은 그다지 많이 고려되지 않았다. 아리우스는 성령은 성자에 의해서 산출된 최초의 피조된 존재라고 주장하였는데, 그의 견해는 오리게네스의 것과 아주 흡사한 것이었다. 아타나시우스는 성령이 성부와 동일 본질이라고 단언하였지만, 니케아 신조에는 "(나는) 성령을 (믿는다)"는 불명확한 진술만이 담기게 되었다. 카파도키아 교부들은 아타나시우스의 견해를 따라서 성령의 '호모우시오스'("동일 본질")을 강력하게 주장하였다. 서방에서는 푸아티에의 힐라리우스(Hilary of Poitiers)가 하나님의 깊은 것들을 통찰하는 성령이 신적 본질에 산소할 수는 없는 것이라고 주장하였다. 콘스탄티노플의 감독인 마케도니우스(Macedonius)는 이것과는 전혀 다른 목소리를 내고서, 성령은 성자에게 종속된 피조물이라고 단언하였다. 그러나 그의 견해는 일반적으로 이단적인 것으로 여겨졌고, 그의 추종자들은 성령이단론자들(Pneumatomachians)이라는 별명을 얻었다('프뉴마'는 "성령," '마코마이'는 "헐뜯다"를 의미한다). 주후 381년에 콘스탄티노플 공의회가 소집되어 니케아 신조를 다시 승인하고, 나지안주스의 그레고리우스의 주도하에 성령에 관한 다음과 같은 신조를 채택하였다: "우리는 성부로부터 나와서 성부 및 성자와 함께 영광을 받으시게 되어 있고, 선지자들을 통하여 말씀하시는 성령, 주(主), 생명을 주시는 이를 믿는다."

(5) 삼위일체론의 완결

A. 성령이 성자로부터 나온다는 문제. 콘스탄티노플 공의회의 선언문은 두 가지 점에서 미흡한 것으로 드러났다: (1) '호모우시오스'("동일 본질의")라는 단어가 사용되지 않아서, 성령이 성부와 본질을 공유하고 있다는 것이 직접적으로 단언되지 않았다; (2) 다른 두 위격에 대한 성령의 관계가 정의되지 않았다. 성령이 성부에게서 나온다는 진술은 있지만, 성령이 성자로부터도 나온다는 것은 부정되지도, 긍정도 지도 않는다. 이 점에 대해서는 견해가 전체적으로 일치하지 않았다. 성령이 오직 성부로부터 나온다고 말하면 성자와 성부의 본질이 동일하다는 것을 부정하는 것처럼 보였고, 성령이 성자로부터도 나온다고 말하면 성령을 성자보다 더 의존적인 지위에 두어서 성령의 신성을 침해하는 것처럼 보였다. 아타나시우스(Athanasius), 바실리우스(Basil), 니사의 그레고리우스(Gregory of

Nyssa)는 성령이 성자로부터도 나온다는 가르침을 어떤 식으로든 반대함이 없이 성령이 성부로부터 나온다는 것을 단언하였다. 그러나 에피파니우스(Epiphanius)와 앙키라의 마르켈루스(Marcellus of Ancyra)는 이 가르침을 적극적으로 표명하였다.

  서방 신학자들은 일반적으로 성령이 성부와 성자로부터 나온다고 주장하였다. 그리고 주후 589년에 소집된 톨레도 교회회의(Synod of Toledo)에서는 저 유명한 '필리오케'(filioque, "그리고 아들로부터")라는 어구가 콘스탄티노플 신조에 추가되었다. 동방에서는 이 교리에 관한 최종적인 문구는 다메섹의 요한(John of Damascus)에 의해서 이루어졌다. 그는 오직 하나의 신적 본질이 존재하지만, 세 위격이 존재한다고 말하였다. 이 세 위격은 신적인 존재 안에 있는 실체들로 여겨져야 하지만, 서로에 대하여 세 명의 사람의 관계 같은 그런 관계로 있는 것은 아니다. 세 위격은 존재 양태를 제외하고는 모든 면에서 하나이다. 성부는 "비발생"(非發生, non-generation), 성자는 "발생"(generation), 성령은 "발출"(procession)을 그 특징으로 한다. 위격들 간의 상호관계는 혼합됨이 없는 "상호내재"(circumincession)로 설명된다. 다메섹의 요한은 종속설들을 절대적으로 거부하고 있음에도 불구하고 여전히 성부를 삼위일체 하나님의 원천이라고 말하고, 성령이 로고스로 말미암아 성부로부터 나오는 것으로 설명한다. 이것은 여전히 동방 교회의 종속설의 잔재였다. 동방 교회는 톨레도 교회회의에서 추가한 '필리오케'를 결코 채택하지 않았다. '필리오케'를 놓고 동방 교회와 서방 교회는 갈라섰다.

  B. 아우구스티누스의 삼위일체론.   서방의 삼위일체 개념은 아우구스티누스의 위대한 저작인 『삼위일체론』(De Trinitate)에서 그 최종적인 진술에 도달하였다. 그도 본질의 단일성과 세 위격의 존재를 강조한다. 세 위격은 각각 본질 전체를 소유하고, 그런 한에서 본질 자체와 동일하고, 다른 위격과 동일하다. 세 위격은 세 사람의 인격과 같지 않다. 후자의 경우에는 각각의 사람이 인간 본성의 총체 중 일부만을 소유하기 때문이다. 또한,

세 위격은 나머지 다른 위격들 없이는 결코 존재하지 않고, 또한 존재할 수 없다. 세 위격 간의 의존관계는 상호적인 것이다. 신적 본질은 서로 다른 관점 아래에서, 즉 발생시키는 것으로, 또는 발생된 것으로, 또는 영감을 통하여 존재하는 것으로 각 위격에게 속해 있다. 세 위격 간에는 상호침투(interpenetration)와 상호 내주(interdwelling)의 관계가 존재한다. 아우구스티누스에게 있어서 "위격"이라는 말은 세 위격이 서로에 대하여서 있는 관계를 가리키는 명칭으로 만족스럽지 못한 것이었다. 그런데도 그는 "그 관계를 표현하기 위해서가 아니라 침묵하지 않기 위해서" 그 용어를 계속해서 사용한다. 삼위일체에 관한 이러한 인식 속에서 성령은 당연히 성부로부터만이 아니라 성자로부터도 발출되는 것으로 여겨진다.

심화학습을 위한 질문들

니케아 공의회 이전에 로고스 및 로고스가 성부에 대하여 갖는 관계와 관련하여 어떠한 서로 다른 견해들이 통용되었는가? 오리게네스의 삼위일체론은 테르툴리아누스의 것과 비교할 때에 어떠하였는가? 그의 삼위일체론은 어떤 점들에서 결함이 있었는가? 아리우스는 하나님에 관하여 어떤 개념을 가지고 있었는가? 이것으로부터 그의 기독론은 어떻게 도출되었는가? 그는 성경의 어떤 구절들을 근거로 제시하였는가? 니케아 공의회에서 진짜 쟁점은 무엇이었는가? 이 문제에 있어서 아타나시우스의 실제 관심은 무엇이었는가? 그는 인간의 구속을 어떻게 이해하였는가? 왜 반드시 '호모이우시오스'(유사 본질의)가 아니라 '호모우시오스'(동일 본질의)라는 용어를 사용해야 했는가? 반(半)아리우스파는 왜 '호모우시오스'(동일본질의)의 사용에 반대하였는가? 그들은 어떤 식으로 이 용어 속에서 사벨리우스주의를 감지할 수 있었는가? 카파도키아 교부들은 이 논의에 어떤 귀중한 기여를 하였는가? 니케아 신조의 끝에 나오는 '아나테마'(저주의 말)를 어떻게 이해해야 하는가? 다른 위격들에 대한 성령의 관계라는 문제는 서방 교회와 동방 교회에서 각각 어떤 식으로 결말이

났는가? 왜 동방 교회는 저 유명한 '필리오케'(그리고 아들로부터)를 끝까지 반대하였는가? 삼위일체론과 관련하여 다메섹의 요한에 의한 최종적인 진술은 아우구스티누스의 것과 많이 다른가?

2. 후대의 신학에 나타난 삼위일체론

1) 라틴 신학에 나타난 삼위일체론

(1) 로스켈리누스의 삼위일체론

후대의 신학은 삼위일체론에 실질적인 내용을 추가하지 못하였고, 진리로부터 이탈한 내용들이 있었고, 그러한 것들이 그 이후에도 반복되었다. 로스켈리누스(Roscellinus)는 보편 개념들은 단지 주관적인 개념들일 뿐이라는 유명론(唯名論 :the Nominalist theory)을 삼위일체에 적용해서, 신격 안에서의 위격들의 구별을 수적 단일성(the numerical unity)이라는 개념과 결합시키고자 할 때의 난점을 피해 보고자 하였다. 그는 하나님 안에 있는 세 위격은 본질적으로 서로 다른 세 개의 개체들로서 오직 발생론적으로 보거나 이름에 있어서만 하나라고 할 수 있다고 생각하였다. 세 위격의 단일성은 단지 의지와 권능의 단일성일 뿐이다. 안셀무스(Anselm)는 이러한 입장은 필연적으로 삼신론(三神論, Tritheism)으로 이어질 수밖에 없다는 점을 올바르게 지적하고서, 보편 개념들은 진리와 실체를 나타낸다는 사실을 강조하였다.

(2) 푸아티에의 길베르의 삼위일체론

로스켈리누스가 삼위일체론에 대한 유명론적 해석을 시도하였다면, 푸아티에의 길베르(Gilbert of Poitiers)는 보편 개념들은 특수 개념들 속에서 그 존재성을 얻는다고 주장하는 아리스토텔레스류의 온건한 실재론(Realism)에 의거해서 삼위일체론을 해석하였다. 그는 신적 본질과 하나님을 구별하고, 이 둘의 관계를 인성(人性)과 구체적인 사람들의 관계에 비유하였다. 신적 본질은 하나님이 아니라, 하나님의 형체(form) 또는 하나님을 하나님 되게 만드는 그 무엇이다. 이 본질 또는 형식(어떤 것을 바로 그것이 되게 만들어 주는 것을 뜻하는 라틴어 '포르마' [formal])은 세 위격에 공통적이고, 그런 점에서 세 위격은 하나이다. 이런 구별의 결과로 그는 사신론(四神論, Tetratheism)을 가르친다는 비난을 받았다.

(3) 아벨라르의 삼위일체론

아벨라르(Abelard)는 사벨리우스주의라는 비난을 자초하는 방식으로 삼위일체론에 대하여 말하였다. 표면상으로 그는 신적 존재 안에 있는 세 위격을 능력, 지혜, 선(善)이라는 속성들과 동일시한다: 성부라는 이름은 능력을 나타내고, 성자라는 이름은 지혜를, 성령이라는 이름은 선을 나타낸다. 또한, 그는 신격 안에서의 위격들의 구별이 진정한 위격적 구별이라는 의미를 내포하는 듯이 보이는 표현들을 사용하고 있기는 하지만, 분명하게 양태론(Modalism)을 지향하는 예시(例示)들을 사용한다.

(4) 토마스 아퀴나스의 삼위일체론

우리는 토마스 아퀴나스(Thomas Aquinas)에게서 삼위일체론에 대한 통상적인 설명을 찾아볼 수 있는데, 그것은 당시의 교회에서 통용되던 지배적인 견해였다.

2) 종교개혁 시대의 삼위일체론

(1) 칼빈의 삼위일체론

칼빈(Calvin)은 그의 저서인 『기독교 강요』제1권 13장에서 삼위일체론에 대하여 길게 다루면서, 고대 교회에 의해서 정형화된 삼위일체론을 옹호한다. 전체적으로 그는 이 문제에 관한 성경의 단순한 진술들을 넘어서지 않는 쪽을 선호하였기 때문에, 일차로 제네바에 머무는 동안에는 "위격"이나 "삼위일체" 같은 용어들을 사용하는 것즈차 피하였다. 하지만, 『기독교 강요』에서 그는 이러한 용어들의 사용을 옹호하고, 이 용어들의 사용에 반대하는 자들을 비판한다. 카롤리(Caroli)는 칼빈을 아리우스주의라고 비난하였지만, 그러한 비난은 전혀 근거가 없는 것으로 밝혀졌다. 칼빈은 신격 안에서 세 위격의 절대적인 동등성을 주장하였고, 심지어 성자의 독자적인 존재(self-existence)를 주장하기까지 하였는데, 이것은 성부로부터 발생된 것은 성자의 본질(essence)이 아니라 성자의 위격적 실재(personal subsistence)라는 의미를 내포하는 것이었다. 그는 이렇게 말한다: "성자와 성령의 본질은 낳음을 입은 것이 아니고," "하나님으로서의 성자는 위격 문제와는 상관없이 스스로 존재하시지만(self-existent), 아들로서의 성자는 성부에게서 낳음을 입었다(begotten). 따라서 성자의 본질은 유래된 것이 아니지만(unoriginated), 성자의 위격의 기원은 바로 하나님이다"(*Institutes*, I. 13. 25).

칼빈은 성자의 영원한 발생을 부정하였다고 종종 말해진다. 그러한 주장은 칼빈이 한 다음와 같은 말에 근거한 것이다: "세 위격이 한 분 하나님 안에서 영원 전부터 존립하여 왔다는 것이 명백한 마당에, 지속적인 발생의 행위를 상정한다는 것이 어리석은 일이라는 것을 생각할 때, 성부가 항상 발생을 행하고 있는지의 여부를 놓고 논쟁을 벌이는 것이 무슨 유익이 있는가?"(*Institutes*, I. 13. 29). 그러나 칼빈은 성자의 영원한 발생을 다른 대목들에서 명시적으로 가르치고 있기 때문에, 이 말이 성자의 영원한 발생을 부정할 의도를 지니고 있는 것으로 해석되기는 어렵다. 칼빈의 이 말은 단지 언제나 완전하지만(complete) 결코 끝나지 않는(never completed) 영속적인 운동으로서의 영원한 발생에 관한 니케아 공의회의 규정이 마음에 들지 않는다는 것을 표현한 것에 불과할 것이다. 워필드(Warfield)는 이렇게 말한다: "칼빈은 이러한 개념이 무의미하지는 않더라도 난해하다고 생각했던 것으로 보인다"(*Calvin and Calvinism*, p. 247f.). 교회에 의해서 정형화된 삼위일체론은 개혁 교회의 모든 신앙고백서들, 특히 제2차 스위스 신앙고백 제3장에서 가장 완벽하고 대단히 정확하게 표현되어 있다.

(2) 소키누스파와 아르미니우스파의 삼위일체론

주후 16세기에 소키누스파(the Socinians)는 세 위격이 공통의 본질을 지니고 있다는 교리는 이성(理性)에 반한다고 선언하고서, 아리우스파(the Arians)가 인용했던 성경 구절들을 근거로 그 교리를 반박하고자 하였다. 그러나 그들은 아리우스파보다 한 술 더 떠서, 성자의 선재(先在, pre-existence)를 부정하였고, 또한 그리스도는 성령의 특별한 충만과 하나님을 아는 특별한 지식을 지니고 있었고, 승천할 때에 만물을 다스리는 권세를 수여받긴 하였지만 그의 본성과 관련해서는 단지 인간에 불과하였다고 주장하였다. 그들은 성령을 "하나님에게서 사람들에게로 흘러가는 미덕 또는 에너지"라고 정의하였다. 하나님 개념에 있어서 그들은 오늘날의 유니테리언파(Unitarians)와 모더니즘파(Modernists)의 선구자들이었다.

일부 진영들에서는 종속설(subordinationism)이 다시 전면으로 등장하였다. 일부 아르미니우스파(Episcopius, Curcellaeus, Limborch)는 세 위격이 모두 신적 본성을 공유한다고 믿긴 하였지만 서열과 존엄과 통치권에 있어서 성부가 다른 위격들보다 일정 정도 더 우월하다고 주장하였다. 그들은 세 위격이 동등하다고 믿게 되면 십중팔구는 삼신론(Tritheism)으로 귀결될 수밖에 없다고 판단하였다.

3) 종교개혁 시대 이후의 삼위일체론

(1) 클라크의 삼위일체론

영국에서는 앤 여왕 시대의 궁정 설교가였던 새뮤얼 클라크(Samuel Clarke)가 1712년에 삼위일체를 아리우스주의적인 종속설로 접근한 저서를 출간하였다. 그는 성부를 최고신이자 유일신, 모든 존재와 능력과 권세의 유일한 기원이라고 말한다. 성부와 나란히 태초부터 성자라 불린 두 번째의 신적 위격이 존재하였는데, 성자의 존재와 모든 속성들은 단순한 본성의 필연성에 의해서가 아니라 성부의 임의적인 의지의 행위를 통해서 성부로부터 나온다. 그는 성자가 성부의 본질로부터 낳음을 입었는지, 아니면 무(無)로부터 지음을 받은 것인지, 그리고 성자가 영원 전부터 존재하였는지, 아니면 단지 모든 세계들 이전에 존재하게 된 것인지에 대해서는 자신의 입장을 밝히기를 거부한다. 성부 및 성자와 나란히 제3위가 존재하는데, 그의 본질은 성자로 말미암아 성부로부터 나온다. 제3위는 본성적으로, 그리고 성부의 뜻에 의해서 성자에게 종속되어 있다.

(2) 뉴잉글랜드 신학자들의 삼위일체론

뉴잉글랜드의 일부 신학자들은 영원한 발생에 관한 교리를 비판하였다. 심지어, 에몬스(Emmons)는 영원한 발생론을 영원한 넌센스라고 불렀고, 모우지즈 스튜어트(Moses Stuart)는 이 표현은 명백하게 모순된 표현이고, 그들의 가장 저명한 신학자들은 과거 40년 동안 이 교리를 반대해 왔다고 분명하게 말하였다. 스튜어트 자신도 이 교리를 성부와 성자의 본래적인 동등성과 반대되는 것으로 여겨서 싫어하였다. 다음에 나오는 말은 그의 견해를 보여주는 것 같다: "성부, 성자, 성령은 구속의 경륜(economy) 속에서 우리에게 나타나신 하나님의 구별들을 가리키는 단어들이고, 하나님 자신 속에서의 하나님의 영원한 관계들을 나타내고자 의도된 것이 아니다."

(3) 오늘날의 삼위일체론

삼위일체에 대한 사벨리우스주의적인 해석들은 스베덴보리, 슐라이어마허, 그리고 헤겔, 도르너 등에게서 발견된다. 스베덴보리(Emanuel Swedenborg)는 삼위일체의 본질 자체를 부정하고서, 우리가 성부, 성자, 성령이라 부르는 것들은 단지 성자 안에서 인간의 육신을 입고 성령을 통하여 활동한 영원한 신인(God-man) 안에서의 구별일 뿐이라고 말하였다. 슐라이어마허(Schleiermacher)는 만물의 근저에 있는 미지의 통일성으로서의 하나님 자신이 성부이고, 인간, 특히 예수 그리스도 안에서 의식적인 인격을 지니게 된 하나님이 성자이며, 교회 안에서 부활하신 그리스도의 생명인 하나님이 성령이라고 말한다. 헤겔(Hegel), 도르너(Dorner) 등도 이와 비슷한 견해를 채택한다. 또한, 리츨(Ritschl)과 오늘날의 수많은 모더니즘파들 속에서는 사모사타의 바울이 주장하였던 견해가 다시 등장한다.

심화학습을 위한 질문들

스콜라 신학자들(the Scholastics)은 어떤 의미에서 삼위일체론을 신비(mystery)라고 보았는가? 로스켈리누스(Roscellinus)는 왜 신격 안에서의 본질의 수적 단일성을 부정하였는가? 교회는 그의 가르침에 대하여 어떻게 판단하였는가? 푸아티에의 길베르(Gilbert)는 왜 사신론(四神論)이라는 비난을 받았는가? 아벨라르(Abelard)의 사벨리우스주의의 성격은 어떤 것이었는가? 그의 가르침에 대한 교회의 태도는 어떠하였는가? 보에티우스(Boethius)가 제시한 것과 같이 삼위일체론에서 일반적으로 인정된 위격에 대한 정의는 어떤 것이었는가? 그 정의에 대해서는 어떤 비판들이 있었는가? 스콜라 신학자들은 성자의 신적 본질 또는 성자의 위격적 실재 중 어느 것을 발생의 대상으로 여겼는가? 그들은 성자의 발생(generation)과 성령의 발출(procession)을 어떻게 구별하였는가? 그들은 "상호내재"(circumincessio)라는 용어를 통해서 무엇을 표현하고자 하였는가? 칼빈은 삼위일체론에서의 위격을 어떻게 정의하였는가? 그는 성자의 발생에 대해서 어떤 인식을 가지고 있었는가? 우리는 아리우스주의의 노선을 따라 발전된 삼위일체론을 어디에서 찾아볼 수 있는가? 사벨리우스주의의 노선을 따라 발전된 삼위일체론은 어디에서 찾아볼 수 있는가? 또한, 순전히 경륜적인 삼위일체의 노선을 따라 발전된 삼위일체론은 어디에서 찾아볼 수 있는가?

제 4 장
기독론

1. 기독론 논쟁들

　기독론적인 문제는 신론과 구원론의 측면에서 접근할 수 있다. 초기 교부들은 그리스도론이 구원론과 연관되어 있다는 것을 놓치지 않았지만 그들의 주된 논의들 속에서는 그러한 연관성을 부각시키지 않았다. 삼위일체 논쟁이 들끓고 있는 상황 속에서 그들이 그리스도론을 신학의 측면에서 접근할 수밖에 없었다는 것은 어쩌면 당연한 일이었다. 삼위일체 논쟁이 이끌어낸 결론, 즉 하나님의 아들로서의 그리스도는 성부와 동일 본질을 지니고 있기 때문에 그 자신이 하나님이라는 결론은 즉시 그리스도 안에서의 신성과 인성 간의 관계라는 문제를 불러일으켰다.

　초기 기독론 논쟁들은 그다지 덕이 되는 광경을 보여주지 않는다. 감정들이 지나치게 개입되었고, 흔히 비열한 음모들이 판을 쳤으며, 심지어 폭력도 심심치 않게 등장하였다. 이러한 분위기로 봐서는 잘못된 결론이 나올 수밖에 없을 것처럼 보였지만, 이 기독론 논쟁들은 결국 오늘날에도 여전히 표준적인 것으로 여겨지고 있는 그리스도의 인격에 관한 교리를 정형화하는 결과를 가져다 주었다. 성령은 흔히 교회의 수치스럽고 혼란스러운 모습을 통해서 교회를 진리의 맑은 대기 속으로 인도하고 있었다. 어떤 이들은 교회가 사안의 성격상 도저히 정의될 수 없는 신비를 정의하고자 지나치게 애를 썼다고 주장한다. 하지만, 우리가 명심해야 할 것은 고대 교회는 이 위대한 교리의 깊이를 철저하게 파헤칠 수 있다고 주장하지도 않았고, 칼케돈(Chalcedon) 신조를 통해서 성육신의 문제에 대한 해법을 제시한 체하지도 않았다는 것이다. 고대 교회는 단지 이론가들의 오류에 대항하여 진리를 지키고자 하였고, 진리에 관한 명백하게 비성경적인 여러 진술들을 막아내기 위하여 진리를 정형화하여 공식적으로 선언하고자 하였던 것뿐이었다.

교회는 다음과 같은 점들을 제대로 고려한 그리스도 개념을 추구하였다: (a) 그리스도의 참되고 고유한 신성; (b) 그리스드의 참되고 고유한 인성; (c) 한 인격 안에서의 신성과 인성의 연합; (d) 한 인격 안에서의 신성과 인성의 고유한 구별.

교회는 이러한 요구조건들이 충족되지 못하거나 단지 부분적으로만 충족되는 그러한 그리스도 개념은 결함이 있는 것이라고 생각하였다. 고대 교회에서 생겨난 모든 기독론적 이단들은 이 모든 요소들을 진리에 관한 교리적 진술 속에서 통합하지 못한 데서 유래하였다. 어떤 이단들은 그리스도의 참되고 고유한 신성을 전부 또는 부분적으로 부정하였고, 어떤 이단들은 그리스도의 참되고 고유한 인성을 전부 또는 부분적으로 부정하였다. 어떤 이단들은 두 본성이 구별된다는 것을 희생시키고서 인격의 단일성을 강조하였고, 어떤 이단들은 인격의 단일성을 희생시키고서 그리스도 안에서 두 본성이 구별된다는 것을 강조하였다.

1) 논쟁의 제1단계

(1) 배경

A. **기독론적 문제의 발생.** 이 논쟁도 그 뿌리를 과거에 두고 있었다. 에비온파(Ebionites), 알로고스파(Alogi), 역등적 근주론자들(Dynamic Monarchians)은 그리스도의 신성을 부정하였고, 가현론자들(Docetae), 영

지주의자들(Gnostics), 양태론자들(Modalists)은 그리스도의 인성을 부정하였다. 그들은 이 문제와 관련된 용어들 중 하나를 그저 지워버린 것이었다. 또, 어떤 이들은 좀 덜 과격하게 그리스도의 완전한 신성 또는 완전한 인성을 부정하였다. 아리우스파(Arians)는 그리스도 안에서 성육신된 성자-로고스가 절대적 신성을 지니고 있었다는 것을 부정하였다.

B. 아폴리나리스주의. 한편, 라오디게아의 감독이었던 아폴리나리스(Apollinaris, 주후 390년경에 죽음)는 그리스도의 참되고 고유한 인성을 부정하였다. 그는 인간이 몸과 혼과 영으로 구성되어 있는 것으로 보고서, 로고스가 인간의 영('프뉴마')을 대신하였다는 교설 속에서 그리스도 안에서의 두 본성에 관한 문제의 해법을 찾았다. 그는 만약 로고스가 단지 인간 속에서 더 높은 이성적 원리를 대신한 것으로 여겨진다면 그리스도의 인격의 단일성을 주장하기는 더 쉬울 것이라고 보았다. 아리우스에 대항하여 그는 그리스도의 참된 신성을 옹호하였고, 죄의 거소(seat)로 여겼던 인간의 영('프뉴마')의 자리에 로고스가 대신 들어갔다고 함으로써 그리스도에게는 죄가 없으셨다는 교리를 수호하고자 하였다. 그의 견해에 의하면, 완전한 인성은 당연히 죄성(罪性)을 포함하는 것이었다. 또한, 그는 인간의 원형(archetype)인 로고스 자신 속에는 인성을 향한 영원한 경향성이 존재한다고 봄으로써 성육신을 사람들이 이해할 수 있게 만들고자 하였다. 그러나 아폴리나리스의 해법은 만족스러운 것이 될 수 없었다. 왜냐하면, 셰드(Shedd)가 말하듯이, "이성적 부분을 인간에서 빼버린다면, 인간은 백치가 되거나 짐승이 되기" 때문이다. 하지만, 그리스도의 인격의 단일성과 죄 없으심을 둘 다 수호하고자 한 그의 의도는 칭찬 받을 만한 것이었다.

C. 아폴리나리스주의에 대한 반대. 기독론 문제에 대하여 아폴리나리스가 제시한 해법에 대하여 상당한 반대가 있었다. 세 명의 카파도키아 교부들과 푸아티에의 힐라리우스(Hilary of Poitiers)는 로고스가 인성(人性) 전체를 입지 않았다면 우리의 완전한 구속주가 될 수 없었을 것이라고 주장하

였다. 전인(全人)으로서의 죄인 전체가 새로워져야 했기 때문에, 그리스도는 인성 중에서 단지 별로 중요치 않은 부분들만이 아니라 인성 전체를 입으셔야 했다. 또한, 그들은 아폴리나리스의 가르침 속에 가현설적 요소가 들어 있다는 점도 지적하였다. 그리스도 안에 그 어떠한 인간적 의지도 없었다면, 그리스도의 인성에 있어서 진정한 시험(probation)과 진정한 성장도 있을 수 없었을 것이다. 하지만, 아폴리나리스의 대적들조차도 그리스도의 완전한 인성을 강조하기는 하지만 그 인성이 그의 신성에 의해서 가려져 있었던 것으로 보았다. 심지어, 니사의 그레고리우스(Gregory of Nyssa)는 그리스도의 육체는 신성과의 연합을 통해서 변모되어서 그 원래의 속성들을 다 잃어버렸다고 말하기까지 한다.

이러한 예비적인 작은 논쟁들이 이어진 결과, 주후 362년에 알렉산드리아 교회회의는 그리스도 안에 인간의 혼이 존재하였다고 천명하였다. 이 교회회의에서는 "혼"이라는 말이 아폴리나리스가 '프뉴마' 또는 '누스'라 불렀던 이성적 요소를 포함하는 의미로 사용되었다.

(2) 논쟁에 참여한 분파들

A. 네스토리우스파.

[1] 몹수에스티아의 테오도루스. 초기 교부들 중 일부는 그리스도 안에서의 두 본성의 존재를 부정하고 "성육신하신 경배받으실 말씀"이라는 단일한 본성을 전제하는 듯한 표현들을 사용하였다. 이러한 관점에서 마리아는 흔히 '테오토코스,' 즉 하나님의 어머니로 불리었다. 이러한 경향을 보인 것은 특히 알렉산드리아 학파였다. 반면에, 안디옥 학파는 정반대의 극단으로 나아갔다. 이것은 특히 몹수에스티아의 테오도루스(Theodore of Mopsuestia)의 가르침 속에 나타난다. 그는 그리스도가 완전한 인간이었다는 것과 그의 인간적 경험들이 완전한 실재였다는 것을 출발점으로 삼았다. 그의 견해에 의하면, 그리스도는 실제로 인간의 감정들(passions)과 싸워야 했고, 유혹 또는 시험과의 진정한 갈등을 거쳐서 승리하여야 했다. 그는 그리스도가 죄를 짓지 않을 수 있었던 힘을 (a) 그가

죄 없는 상태로 출생한 것과 (b) 그의 인성이 신적인 로고스와 연합되어 있었다는 것 속에서 찾았다. 테오도루스는 그리스도 안에서의 로고스의 본질적 내주(the essential indwelling)를 부정하였고, 단순한 정신적 내주(moral indwelling)만을 인정하였다. 그는 그리스도 안에서의 하나님의 내주와 신자들 안에서의 하나님의 내주 간에는 본질적 차이는 없고 단지 정도 차이만이 있는 것으로 보았다. 이러한 견해는 실제로 성육신을 인간 예수 안에서의 로고스의 정신적 내주로 대체한 것이었다. 그럼에도 불구하고, 테오도루스는 그의 견해로부터 필연적으로 도출될 수밖에 없는 것으로 보였던 결론, 즉 그리스도 안에는 두 인격이 존재하고, 이 두 인격 간에는 정신적 연합이 존재한다는 결론을 피하였다. 그는 이 연합은 너무도 밀접하였기 때문에 이 두 인격은 마치 남편과 아내를 한 몸이라고 할 수 있듯이 하나의 인격이라고 말할 수 있다고 보았다.

[2] 네스토리우스와 네스토리우스주의. 안디옥 학파의 이러한 견해의 논리적 발전은 네스토리우스주의(Nestorianism)에서 나타난다. 네스토리우스는 테오도루스의 발자취를 따라서 마리아는 로고스를 수반한 한 인간을 낳은 것뿐이기 때문에 '테오토코스'(하나님의 어머니)라는 용어를 마리아에게 적용하는 것은 적절하지 않다고 주장하였다. 네스토리우스는 이러한 입장으로부터 필연적으로 도출될 수밖에 없는 결론을 실제로 언급하지는 않았지만, 그의 대적이었던 키릴루스(Cyril)는 그런 결론은 그에게 책임이 있다고 주장하였다. 키릴루스는 (a) 마리아가 하나님의 어머니('테오토코스'), 즉 저 신적인 인격의 어머니가 아니라면, 하나님의 성육신은 단지 한 인간일 뿐인 존재가 로고스와 사귐(fellowship)을 갖게 된 것에 불과한 것이 되어 버리고, (b) 인류에 대한 그리스도의 관계도 변질되어서 그리스도는 더 이상 인류의 유효한 구속주가 되지 못한다고 지적하였다. 네스토리우스의 추종자들은 망설임 없이 이러한 결론을 이끌어내었다.

[3] 네스토리우스주의에 대한 평가. 네스토리우스주의는 그리스도 안

에서의 두 본성에 관한 가르침이 아니라 한 인격에 관한 가르침이라는 점에서 결함이 있다. 참되고 고유한 신성과 참되고 고유한 인성이 둘 다 인정되고 있기는 하지만, 그것들은 진정한 단일성과 단일한 인격을 구성하는 것으로는 인식되지 않는다. 두 본성은 그대로 두 인격이기도 하다. 공통적으로 소유한 본질(substance)이라는 의미를 지니는 본성(nature)과 그러한 본성의 상대적으로 독립적인 실재라는 의미를 지니는 인격(person) 간의 중요한 구별은 완전히 무시된다. 네스토리우스주의는 두 본성이 연합하여 단일한 자의식을 이룬다고 말하는 대신에 두 본성은 단지 정신적으로 교감하는 연합(union)을 이룬 채 서로 나란히 공존한다고 말한다. 인간 그리스도는 하나님이 아니라, 하나님을 지닌 자('테오포로스')였다. 우리가 그리스도를 예배하는 것은 그가 하나님이기 때문이 아니라 하나님이 그리스도 안에 있기 때문이다. 네스토리우스주의의 강점은 그리스도의 인성을 제대로 부각시키고자 한다는 것이지만, 네스토리우스주의는 중보자 안에서의 인격의 단일성을 보여주는 모든 성경적 증거들과 반대된다. 네스토리우스주의는 교회에 참된 경건과 도덕의 고귀한 표상인 인간 예수를 남겨주었지만, 교회로부터 하나님이자 인간인 구속주, 모든 영적인 능력과 은혜와 구원의 원천을 빼앗아 버렸다.

B. 키릴루스파

네스토리우스주의를 반대한 가장 유명한 인물은 알렉산드리아의 키릴루스(Cyril of Alexandria)였다. 그의 견해에 의하면, 로고스는 인성(人性) 전체를 구속하기 위해서 인성 전체를 입었지만, 동시에 신인(God-man)이라는 존재 속에서 오직 하나의 인격적 주체가 되었다. 하지만, 그가 사용한 용어들은 그 의미가 언제나 분명한 것은 아니었다. 다른 한편으로, 그는 단지 로고스가 인성을 입은 것이기 때문에 그리스도 안에는 두 본성이 존재하고, 이 두 본성은 각각의 본성에 있어서 그 어떤 변화도 없이 로고스의 한 인격 안에서 분리될 수 없이 연합되어 있다고 가르치는 것으로 보였다. 그러나 그는 속성들 간의 상호 교류(a mutual communication)를 통하여 그리스도 안에서 두 본성이 하나가 되어 있다는 것을 강조하는 표현들을 사용함으로써, 그리스도의 인격이 결과로서 생겨난 단일한 인격인 듯이 말하기도 하였다. 그의 큰 기여는 네스토리우스주의에 대항하여 그리스도의 인격의 단일성을 강조하였다는 데에 있다. 그가 무엇보다도 강조하였던 세 가지는 당시의 보편적인 교리에 완전히 부합하는 것이었다: (a) 두 본성이 분리될 수 없게 결합되어 있다는 것; (b) 로고스가 자신의 도구로 사용한 인성의 무인격성(無人格性)과 의존성; (c) 그리스도 안에서 인격의 단일성과 연속성. 하지만, 그는 종종 나중에 등장하는 유티케스주의(즉, 단성론)적인 오류를 정당화하는 듯이 보이는 표현들을 사용하였다. 그는 '퓌시스'(본성)라는 용어를 오직 로고스에게만 적용하고, 그리스도의 인성에는 적용하지 않음으로써 그 용어를 '휘포스타시스'(위격)의 동의어로 사용하였다. 이것은 성육신 후에 그리스도 안에는 오직 하나의 신적이며 인간적인 본성(one divine-human nature)만이 존재하였다는 가르침이 나온 책임을 그에게 돌리는 빌미를 주었고, 단성론자들(the Monophysites)이 그의 견해를 근거로, 중보자 안에는 오직 한 인격이 존재하였던 것과 마찬가지로 중보자 안에는 오직 하나의 본성만이 존재하였다는 것을 증명하고자 하는 빌미도 제공해 주었다. 키릴루스가 두 본성의 그 어떤 혼합도 단호하게 부정했음에도 불구하고, 단성론자들은 계속해서 그의 견해를 그들의 주장의 근거로 삼았다. 에베소 공의회(the Council of Ephesus)는 한편으로는 '테오토코스'(하나님의 어머니)라는 용어를 마리아에게 적용할 수 있다고 주장하고, 다른 한편으로는 그리스도의 두 구별되는 본성에 관한 가르침을 인정함으로써 일종의 타협책을 내놓았다.

C. 유티케스파

키릴루스의 추종자들 중 다수는 만족하지 못하였다. 그들은 두 구별되는 본성에 관한 가르침에 대하여 우호적이지 않았다. 다소 균형잡히지 않은 확신들과 강력한 반(反)네스토리우스주의적인 편향을 지니고 있던 나이 든 수도사였던 유티케스(Eutyches)는 콘스탄티노플에서 알렉산드리아 신학의 입장을 지지하였다. 테오도레투스(Theodoret)에 의하면, 그(유티케스)는 사실상 인성이 신성에 흡수되거나 두 본성이 융합되어서 일종의 제3의 존재(tertium quid)가 탄생하였다고 주장하였다고 한다. 그는 그리스도 안에서 인간적 속성들은 신적 속성들에 동화되었기 때문에 그리스도의 몸은 우리와 동일한 본질을 지니고 있지 않았고, 그리스도는 본래적인 의미에서의 인간이 아니었다는 견해를 제시하였다. 주후 448년에 콘스탄티노플 공의회에서 단죄를 받자, 그는 로마의 감독이었던 레오(Leo)에게 도움을 요청하였다. 레오는 콘스탄티노플의 감독이었던 플라비아누스(Flavian)로부터 이 사건에 관한 상세한 보고를 받고서 자신의 견해를 표명할 수밖에 없는 처지가 되자, 플라비아누스에게 저 유명한 『공한(公翰)』(Tome)을 보내었다. 그의 『공한』은 칼케돈 신조에 지대한 영향을 미쳤기 때문에, 그 주된 요점을 간략히 말해둘 필요가 있다. 그 요점은 다음과 같다: (a) 그리스도 안에는 두 본성이 있고, 이 두 본성은 영속적으로 구별되어 있다; (b) 두 본성은 각각 성육신한 삶 속에서 자신의 고유한 기능을 수행하는 가운데 한 인격 안에서 하나가 되어 있다; (c) 인격의 단일성으로부터 속성들 간의 교류(communicatio idiomatum)라는 결론이 도출된다; (d) 구속 사역은 중보자가 인간이자 하나님이고(human and divine), 고통을 느낄 수 있음과 동시에 고통을 느낄 수 없으며(passible and impassible), 죽어야 할 존재이자 영원히 죽을 수 없는 존재일 것(mortal and immortal)을 요구하였다. 성육신은 하나님 편에서 낮아지신 행위였지만, 성육신 이후에도 로고스는 계속해서 하나님이었다. 종의 형체(forma servi)를 입었다고 해서 신의 형체(forma dei)가 훼손된 것은 아니었다. (e) 그리스도의 인성은 영속적인 것이고, 이것을 부정하는 것은 그리스도의 고난의 실재성(實在性)을 부정한 가현설적 입장을 내포하는 것이다. 이것은 실제로 서방 교회의 기독론을 요약해 놓은 것이다.

(3) 칼케돈 공의회의 결정

몇몇 지역적인 공의회들이 소집되어서 유티케스(Eutyches)를 지지하기도 하고 단죄하기도 한 이후에, 교회연합적인 칼케돈 공의회가 주후 451년에 소집되어서, 그리스도의 인격에 관한 교리를 담은 저 유명한 선언문을 내놓았다. 이 선언문은 다음과 같이 되어 있었다.

"우리는 거룩한 교부들을 따라서 만장일치로 사람들에게 다음 사항을 고백하도록 가르친다: 한 분 동일한 아들이신 우리 주 예수 그리스도는 신성에 있어서 완전하시고, 인성에 있어서도 완전하시다; 그는 참 하나님과 참 인간, 곧 이성의 기능을 지닌 영혼과 몸을 지니신 분이고, 신성에 대해서는 성부와 동일 본질이시고, 인성에 대해서는 우리와 동일 본질이시다; 모든 점에서 우리와 같으시되 죄는 없으시다; 신성으로는 모든 세대 전에 성부에게서 나셨고, 인성으로는 이 마지막 날들에 우리와 우리의 구원을 위하여 하나님의 어머니 동정녀 마리아에게서 나셨다; 그는 한 분 동일한 그리스도, 아들, 주, 독생자로서 두 본성 안에서 혼동도 없고 변함도 없고 분할도 없고 분리도 없으시다; 본성들의 구별은 그 연합에 의해서 결코 제거되지 않고, 도리어 각각의 본성의 속성이 보전되며, 두 본성이 하나의 인격과 하나의 실체 속에서 함께 작용하고 두 인격으로 분리되거나 나누어지지 않는다; 옛적에 선지자들이 그에 관하여 밝히 말하였고, 주 예수께서 친히 우리에게 가르치셨으며, 교부들의 신조가 우리에게 전해준 대로, 그는 한 분 동일한 아들, 독생자, 말씀이신 하나님, 주 예수 그리스도이시다."

이 선언문이 내포하고 있는 가장 중요한 함의(含意)들은 다음과 같은 것들이다: (a) 전지(全知)와 제한된 지식 등과 같은 두 본성의 속성들은 한 인격의 것으로 돌릴 수 있다; (b) 이 신인(神人)이 지닌 신성은 고통을 느낄 수 없지만, 그의 감수성은 진정으로 무한한 것으로 여겨질 수 있다; (c) 그리스도의 인격의 뿌리이자 토대를 이루는 것은 인성이 아니라 신성이다; (d) 로고스는 개별 인간이 아니라 인간 본성 자체와 결합되어 하나가 되었다; (e) 먼저 한 개별 인간이 있었고, 삼위일체 하나님의 제2위가 자신을 그 인간과 결합시킨 것이 아니었다. 이 연합은 동정녀의 태중에서 인성의 실체와 이루어졌다.

2) 논쟁의 제2단계

(1) 칼케돈 공의회의 결정 이후의 혼란

A. 단성론자들. 니케아 공의회가 삼위일체 논쟁어 종지부를 찍지 못했듯이, 칼케돈 공의회는 기독론 논쟁에 종지부를 찍지 못하였다. 이집트, 시리아, 팔레스타인은 유티케스주의적인 확신을 지닌 수많은 광신적인 수도사들의 온상이었던 반면에, 로마는 점점 더 정통 신앙의 본산이 되어갔다. 사실, 교리적 발전의 주도권은 동방 교회로부터 서방 교회로 빠르게 넘어가고 있었다. 칼케돈 공의회 이후에 키릴루스와 유티케스의 추종자들은 두 본성의 연합이 이루어진 후에 그리스도는 하나의 합성된 본성을 지니고 있었고 두 구별되는 본성을 지니고 있지는 않았다고 주장하였기 때문에 단성론자들(Monophysites)로 불렸다. 그들은 두 구별되는 본성을 인정하는 것은 두 개의 인격을 인정하는 것이 될 수밖에 없다고 보았다. 여러 분파들 사이에서 다소 꼴사나운 싸움이 길게 이어졌다. 단성론자들 사이에서조차도 견해는 통일되어 있지 않았다.

그들은 오르(Orr) 박사가 말하듯이 그 이름만 들어도 "등골이 오싹한" 여러 분파들로 나뉘어져 있었다. 테오파시트파(Theopaschitists)는 하나님이 고난을 받은 것이라는 사실을 강조하였다. 프싸르톨라트라이파(Phthartolatrists, 이 명칭은 "부패할 수 있는 자를 숭배하는 자들"을 의미함)는 칼케돈 신조와 가장 가까운 입장을 지녔던 분파로서 그리스도의 인성은 우리의 인성과 마찬가지로 고난을 받을 수 있다는 사실을 강조하였기 때문에, 부패한 것을 숭배한다는 말을 들었다. 아프싸르토도케이타이파(Aphthartodocetists, 이 명칭은 "부패할 수 없는 자의 가현"을 의미함)는 정반대로 그리스도의 인성은 우리와 동일한 본질을 지니고 있지 않았고 도리어 신적인 속성들을 부여받았기 때문에 죄가 없으시고 썩지 않으며 타락할 수 없었다고 주장하였다.

B. 비잔티움의 레온티우스. 칼케돈 신학을 가장 유능하고 탁월하게 옹호하였던 인물은 비잔티움의 레온티우스(Leontius of Byzantium)였다. 그는 칼케돈 신조에서 교리적으로 구성된 그리스도론에 한 가지 요소를 더하였고, 이 요소는 다메섹의 요한(John of Damascus)에 의해서 좀 더 상세하게 해명되었다. 요지는 이렇다: 네스토리우스주의에 대한 거부는 그리스도의 인성의 독립적인 무인격적(impersonal) 실존이라는 사상으로 귀결될 수도 있다. 이러한 사상은 '아누포스타시스'(무인격성)와 '아누포스타시아'(무인격적, impersonal)라는 용어들의 사용을 통해서 촉진되기 쉬웠다. 그러므로 레온티우스는 그리스도의 인성은 성육신이 이루어진 순간부터 하나님의 아들이라는 위격 속에서 그 인격적 실존을 지니기 때문에 무인격인 것이 아니라 인격이 된 것('에누포스타시아,' in-personal)이라는 사실을 강조하였다.

주후 53년에 유스티니아누스 황제는 콘스탄티노플에서 제5차 에큐메니칼 공의회를 소집하였는데, 이 공의회는 테오도루스의 저작들을 단죄했다는 점에서는 단성론자들에게 호의적이었고, 칼케돈 공의회가 단죄한 오류들을 단죄하지 않고 도리어 지지하였다고 말하는 자들을 출교하였다는 점에서는 단성론자들에게 호의적이지 않았다. 따라서 단성론자들은 이 공의회의 결과에 만족하지 못하였고, 도리어 이 공의회는 단성론자들이 제국의 교회로부터 어느 정도 결정적으로 이탈하는 계기가 되었다.

(2) 단의론 논쟁

공의회를 통해서 단성론에 관한 논쟁에 종지부를 찍으려던 시도는 결국 논쟁 당사자들 간의 화해를 이끌어 내지 못하였다는 것이 곧 분명해졌다. 몇 가지 중대한 문제들이 여전히 대답되지 않은 채로 남아 있었다. 그리스도 안에서 두 본성이 어떻게 존재하느냐에 관한 문제가 여전히 풀리지 않은 채로 남아 있었을 뿐만 아니라, 인격 속에는 어떤 것들이 포함되어 있고 본성 속에는 어떤 것들이 포함되어 있느냐는 추가적인 문제가 생겨났다. 이것과 관련하여 매우 중요한 문제, 즉 의지는 전자 또는 후자 중 어디에 속하느냐는 문제가 제기되었다. 이것은 그리스도 안에는 오직 하나의 의지만이 존재하는 것인지, 아니면 두 의지가 존재하는지를 묻는 것이었다. 오직 하나의 의지만이 존재한다고 말하는 것은 그리스도에게서 인간의 참된 의지를 박탈하고 그의 흠 없는 인성을 훼손시키는 것인 것처럼 보였다. 반면에, 두 의지가 존재한다고 말하는 것은 곧장 네스토리우스주의 진영으로 들어가는 것으로 보았다.

그 결과, 단성론자들 가운데서 **단의론자들**(Monothelites)이라 불린 새로운 분파가 생겨났다. 명칭이 보여주듯이, 그들은 인격의 단일성이라는 전제에서 출발하여, 그리스도 안에는 오직 하나의 의지만이 존재한다고 단언하였다. 이러한 가르침은 두 가지 형태를 취하였다: 인간적 의지가 신적 의지에 녹아들어가서 오직 후자만이 활동하게 되었다는 견해와 신적 의지와 인간적 의지가 융합된 결과 합성된 의지가 탄생되었다는 견해. 단의론을 반대한 사람들은 **양의론자들**(Duothelites)이라 불렸다. 이들은 두 본성이 존재한다는 입장을 취하였고, 그리스도 안에 두 의지가 존재한다고 단언하였다. 단의론자들은 그들이 그리스도의 인격적 삶의 단일성을 파괴한다고 비난하였다.

이 논쟁 속에서 한동안 '텔레마' (의지)라는 용어보다 '에네르게이아' (힘)라는 용어가 더 많이 사용되었지만, 좀 더 명확한 용어였던 전자가 곧 보편적으로 사용되게 되었다. 하지만, 명심해야 할 것은 "의지"라는 단어가 넓은 의미로 사용되었다는 것이다. 엄밀하게 말해서, 우리는 "의지"라는 단어를 의지를 행사하고 스스로 결정하며 선택하는 능력(faculty)이라는 의미로 사용한다. 그러나 이 단어는 흔히 본능들, 욕구들, 욕망들, 애착들과 그 반대의 것들을 포함하는 좀 더 넓은 의미로 사용된다. 고대의 논쟁 속에서 "의지"라는 용어는 이 모든 것들을 다 포괄하였기 때문에, 이 논쟁이 던진 질문 속에는, 그리스도가 두려워할 수 있었고 고난과 죽음을 겁내어 피하고자 했을 수 있는지를 묻는 것도 포함되어 있었다. 그러므로 그리스도 안에 인간적 의지가 존재하였다는 것을 부정하는 것은 그의 인성에 어느 정도 가현설적인 성격을 부여하는 것이 된다.

제6차 콘스탄티노플 공의회(주후 680년)는 로마 감독의 협력 하에 그리스도 안에는 두 개의 의지('텔레마')와 두 개의 힘('에네르게이아')이 존재한다는 교리를 채택하였지만, 인간적 의지는 언제나 신적 의지에 종속된 것으로 보아져야 한다는 결정도 아울러 하였다. 이렇게 해서 확정된 견해는, 인간적 의지는 신적 의지와의 연합에 의해서 덜 인간적인 것이 되지 않았고, 도리어 이러한 연합에 의해서 승화되고 완전해졌으며, 두 의지는 항상 완전한 조화 속에서 활동한다는 것이었다.

(3) 다메섹의 요한의 기독론

다메섹의 요한에게서 동방 교회의 신학은 최고의 발전에 도달하였기 때문에, 그가 그리스도의 인격에 관한 가르침을 어떤 식으로 구성하였는지를 살펴보는 것은 아주 중요하다. 그의 견해에 의하면, 인간 예수가 로고스를 입은 것이 아니라, 로고스가 인성을 입은 것이다. 이것은 두 본성의 연합을 이루어냄에 있어서 로고스가 주도적인 역할을 했다는 것을 의미한다. 로고스는 한 개별 인간이나 일반적인 인성을 입은 것이 아니라, 아직 하나의 인격으로 발전되지 않은 한 잠재적 개별 인간, 하나의 인성을 입은 것이었다. 마리아의 태중에서 로고스와 이 잠재적 인간이 연합됨으로써 이 잠재적 인간은 개체로서의 실존을 얻었다. 그리스도의 인성은 독자적인 인격을 지니고 있지 않고, 로고스 안에서 및 로고스를 통해서 인격적 실존을 지니고 있다. 그 인성은 무인격적인(impersonal) 것이 아니라 인격적인 것이 되었다(in-personal). 요한은 인간 안에서 몸과 영혼이 연합되어 있는 것을 예로 들어서 그리스도 안에서의 두 본성의 연합을 설명한다. 그리스도 안에는 신성과 인성의 상호 내재(circumincession)가 존재하여서, 신적 속성들이 인성에 전달되기 때문에, 인성은 신적인 것이 된다. 따라서, 우리는 하나님이 육신을 입고서 고난을 당하였다고 말할 수 있다. 오직 인성만이 수용적이고 수동적이기 때문에 이렇게 고난을 당할 수 있다. 이제 완전한 인성을 포함한 하나님의 아들이 교회의 예배 대상이다. 예수의 인성을 로고스의 단순한 기관(organ) 또는 도구로 축소시키는 경향이 존재하긴 하지만, 두 본성의 협력(co-operation)이 존재한다는 것과, 한 인격이 각각의 본성 속에서 활동하고 의지를 행사한다는 것이 인정되고 있다. 의지는 본성에 속해 있는 것으로 여겨지지만, 그리스도 안에서 인간적 의지는 성육신한 하나님의 의지가 되었다고 주장된다.

(4) 서방 교회의 기독론

서방 교회는 동방 교회를 휩쓸고 있었던 기독론 논쟁에 의해서 비교적 영향을 받지 않은 채로 있었다. 전체적으로, 서방 교회의 지성들은 동방 교회를 분열시켰던 아주 깊고 미묘한 문제들에 관한 논의 속에서 적극적인 역할을 하였던 온갖 종류의 정교한 철학적 구별들에 그다지 친숙하지 않았던 것으로 보인다.

기독론적 사상의 새로운 운동은 스페인에서 주후 7-8세기에 출현하였고, 이 운동은 양자론(養子論) 논쟁(Adoptionist Controversy)이라 불렸다. 톨레도 공의회가 주후 675년에 그리스도는 양자에 의해서가 아니라 본성적으로 하나님의 아들이었다고 선언하였기 때문에, "양자"(adoption)라는 용어는 스페인에서 이미 친숙한 것이었다. 양자설을 주창한 인물은 우르겔라(Urgella)의 감독이었던 펠릭스(Felix)였다. 그는 그리스도는 신성과 관련해서는 로고스이기 때문에 본성상 하나님의 독생자이지만, 인간적 측면에서는 양자에 의해서 하나님의 아들이 된 것이라고 보았다. 아울러, 그는 사람의 아들(인자)은 수태된 때로부터 하나님의 아들이라는 위격과 하나가 되었다는 것을 강조함으로써 그리스도의 인격의 단일성을 보전하고자 하였다.

이 이론은 본성적인 아들과 양자적인 아들을 구별하고, 전자를 그리스도의 신성에 적용하고, 후자를 그리스도의 인성에 적용한다. 펠릭스와 그의 추종자들은 그들의 견해를 지지해 주는 근거로 다음과 같은 것들을 들

었다: (a) 그리스도 안에서 두 본성이 구별되어 있다는 것은 두 가지 양태의 아들됨이 존재한다는 의미를 내포하고 있다는 것; (b) 인간으로서의 그리스도가 성부에 비해 열등하다는 것을 보여주는 성경 구절들; (c) 신자들은 양자에 의해서 하나님의 아들들이 되었고, 그리스도의 "형제들"이라 불린다는 사실. 이것은 인성적인 측면에서 볼 때에 그리스도는 신자들에게 적용되는 것과 동일한 의미에서 하나님의 한 아들이었다는 의미를 함축하고 있는 것으로 보인다는 것이다. 양자론을 좀 더 깊이 설명하기 위해서 그들은 베들레헴에서의 그리스도의 자연적 출생(natural birth)과 세례를 받을 때에 시작되어서 부활에서 최고조에 달했던 영적 출생(spiritual birth)을 구별하였다. 이 영적 출생이 그리스도를 하나님의 양자로 만들었다.

양자론을 반대한 자들은 양자론자들이 그리스도 안에 두 인격이 있다고 가르치는 명백한 오류를 범하였다고 비난하지는 않았지만, 바로 그것이 두 가지 양태의 아들됨에 관한 가르침의 논리적 결과가 될 것임을 단언하였다. 샤를마뉴(Charlemagne) 시대의 저명한 학자였던 앨퀸(Alcuin)은 펠릭스의 견해에 이의를 제기하고, 펠릭스가 그리스도를 두 아들로 나누었다고 비난하였다. 그는 그 어떤 아버지에게도 본성상으로 아들이면서 동시에 양자에 의해서 아들이 된 그런 한 아들이 있을 수 없다고 주장하였다. 의심할 여지 없이, 양자론자들은 그리스도가 하나님의 특별한 입양 행위에 의해서 하나님의 아들이라는 지위를 얻게 될 때까지의 그리스도의 인성에 일종의 이질적인 지위를 부여하는 오류를 범하였다. 이러한 오류는 주후 794년에 열린 프랑크푸르트 교회회의에서 단죄되었다.

심화학습을 위한 질문들

아폴리나리스(Apollinaris)의 입장은 아리우스주의 속에서 접촉점을 발견하였는가? 그는 어떤 것들을 지키고자 하였는가? 그의 이론 속에서는 플라톤주의와 마니교로부터 영향을 받은 어떤 흔적들이 발견되는가? 로고스가 인류의 원형(原型)이라는 그의 특이한 견해는 구체적으로 어떤 것이었는가? 그의 이론에 대한 주된 반론들은 어떤 것들이었는가? 네스토리우스주의는 어떤 의미에서 아폴리나리스주의에 대한 반발이었는가? 테오도루스(Theodore)는 얼마나 많은 종류의 내주(indwelling)을 구별하였는가? 무엇이 '테오토코스'(하나님의 어머니)라는 용어를 마리아에게 적용하게 만들었는가? 키릴루스(Cyril)는 정말 두 본성을 혼동하였는가? 우리는 이 점에 대해 많은 오해가 있다는 것을 어떻게 설명할 수 있는가? 네스토리우스주의의 강점은 무엇이었는가? 교회는 그 오류에 어떻게 대처하였는가? 그리스도의 인격의 단일성과 그리스도 안에서의 두 본성의 관계에 대한 키릴루스의 견해는 어떤 것이었는가? 유티케스주의(Eutychianism)의 특별한 관심은 무엇이었는가? 이 분파는 어떤 점에서 잘못되었는가? 레오(Leo)는 그의 『공한』에서 그리스도론을 어떻게 구성하였는가? 비잔티움의 레온티우스(Leontius of Byzantium)는 그리스도론의 정립에 어떤 요소로 기여하였는가? 단성론 논쟁은 어떻게 생겨났는가? 그 논쟁은 무엇을 포함하였고, 어떻게 해결되었는가? 양자론은 무엇을 근거로 삼았는가? 양자론들은 실제로 네스토리우스주의적인 견해를 지니고 있었는가?

2. 후기의 기독론적 논의들

1) 중세 시대

중세 시대에는 그리스도의 인격에 관한 교리는 전면에 부각되지 않았다. 죄와 은혜에 관한 교리들, 구속 사역에 관한 교리와 관련된 문제들이 관심의 초점이 되었다. 토마스 아퀴나스(Thomas Aquinas)의 기독론이 보여주는 가장 두드러진 점들을 간략하게 살펴보는 것만으로도 이 문제가 종교개혁 시대에 어떤 상황에 있었는지를 짐작하기에 충분하다.

그리스도 안에서 두 본성의 연합(union)에 대해서 토마스 아퀴나스는 공인된 신학에 충실하였다. 로고스의 인격은 성육신 때의 연합 이후에 합성적인(composite) 것이 되었고, 이 연합은 인성이 독립적인 인격에 도달하는 것을 "가로막았다." 그리스도의 인성은 로고스와의 연합 덕분에 두 가지 은혜를 나누어 받았다: (a) 단회적 은혜(gratia unionis), 즉 인성이 신성과 연합됨으로써 존엄이 생겨났고, 이로 인해 인성도 예배의 대상이 되었다; (b) 지속적 은혜(gratia habitualis), 즉 인간으로서의 그리스도에게 주어져서 하나님과의 관계 속에서 그의 인성을 떠받치고 있었던 성화(sanctification)의 은혜. 그리스도의 인간적 지식은 주입된 지식(scientia infusa)과 획득된 지식(scientia acquisita), 이렇게 두 가지였다. 전자 덕분에 그리스도는 사람들이 알 수 있는 모든 것과 계시를 통해서 사람들이 알 수 있는 모든 것을 알 수 있었는데, 이 지식은 그 본질에 있어서는 완전하였지만 피조물로서의 한계에 종속되어 있는 지식이었다. 후자 덕분에 그리스도는 지적 능력을 통해서 알 수 있는 모든 것을 아셨다. 추상적인 두 본성 간의 속성들의 교류는 존재하지 않지만, 인간적 속성과 신적 속성은 둘 다 그리스도의 인격에 귀속된다. 그리스도의 인성은 전능하지 않았고, 근심이나 슬픔, 두려움, 놀라움, 분노 같은 인간적 감정들에 종속되어 있었다. 그리스도 안에는 두 의지가 존재하였지만, 궁극적인 원인으로 작용한 것(ultimate causality)은 신적 의지였다. 인간적 의지는 언제나 신적 의지에 종속되어 있었다.

2) 종교개혁 시대

(1) 루터의 기독론: 속성들 간의 교류

루터의 기독론이 지닌 한 가지 특이한 내용은 특별히 주목할 필요가 있다. 루터는 로고스의 인격 안에 두 본성이 분리될 수 없게 연합되어 있다는 교리를 굳게 견지하였다. 그러나 그는 성찬과 관련하여 실재적 임재설

(doctrine of the real presence)을 주장하였기 때문에 승천 후에 그리스도의 인성은 어디에나 동시에 존재할 수 있다는 견해를 필요로 하였다. 이것은 속성들 간의 교류(communicatio idiomatum)라는 루터파의 견해를 낳았는데, 이 견해는 "그리스도의 각각의 본성은 다른 쪽 본성에 스며들고('페리코레시스' = 상호 충만), 그의 인성은 그의 신성의 속성들에 참여한다"(Neve, *Lutheran Symbolics*, p. 132)는 것을 의미하였다. 그러나 전지(全知), 편재(遍在), 전능(全能) 같은 몇몇 신적 속성들은 인성에 쉽게 돌려졌지만, 인간적 속성들을 신성에 돌리는 것에는 상당한 망설임이 있었고, 세월이 흐르면서 이 측면은 완전히 탈락되었다. 일치 신조(Formula of Concord, 협화신조)에 의하면, 신성은 그 속성들을 인성에 나누어 주지만, 이 속성들을 행사할 것이냐의 여부는 하나님의 아들의 의지에 달려 있다. 하지만, 우리는 이 신조가 그 진술들이 실제로 일관되지 못하다고까지는 할 수 없더라도 아주 모호하게 진술되어 있다는 것을 유념하여야 한다(cf. Schmid, *Doctrinal Theology*, p. 340). 따라서 루터파 신학자들 내에서도 이 주제에 관하여 서로 견해가 일치하지 않는다는 것은 별로 이상한 일이 아니다.

  속성들 간의 교류설은 루터파 내에서 논쟁의 불씨가 되었다. 루터파 신학자들은 논리상으로 두 본성이 연합되는 바로 그 시점에 속성들 간의 교류가 이루어졌다고 보아야만 한다는 것을 분명하게 깨달았다. 그러나 그렇게 전제하게 되었을 때, 그들은 즉시 복음서에 묘사되고 있는 그리스도의 낮아지셨을 때(humiliation, 겸비 또는 비하)의 삶을 어떻게 설명해야 하는가라는 문제에 직면하게 되었다. 이것은 기센(Giessen) 학파와 튀빙겐(Tuebingen) 학파 간의 논쟁을 불러왔다. 전자는 그리스도는 성육신 때에 받은 신적 속성들을 옆으로 제쳐놓거나 오직 가끔씩만 사용하였다고 주장하였고, 후자는 신적 속성들을 항상 지니고 있었지만 숨겨 놓았거나 오직 은밀하게만 사용하였다고 주장하였다. 켐니츠(Chemnitz)는 전자의 가장 중요한 대표자였고, 브렌츠(Brenz)는 후자의 대표자였다. 일치신조(협화신조)는 전체적으로 켐니츠 편으로 기울어 있어서, 그의 견해는 점차 루터파 내에서 보편화되었다. 이 가르침의 최종적인 형태를 완성시킨 켄스테트(Quenstedt)는 그의 저작에서, 그리스도 안에서 엄밀하게 신적인 능력들은 단지 잠재력(potentiality)으로만 존재하였다고 말한다. 오늘날 루터파 내의 일부 학자들은 그들에게 특유한 견해인 속성들 간의 교류(communicatio idiomatum)라는 개념을 버리고, 각각의 본성이 지닌 속성들은 그리스도의 인격에 돌려질 수 있다는 개혁파의 견해에 동조하는 뚜렷한 경향을 보여준다. *Lectures on the Augsburg Confession*, p. 91f.; Sprecher, *Groundwork of a System of Evangelical Lutheran Theology*, p. 458을 참조하라.

(2) 개혁파의 기독론: 제2차 스위스 신앙고백

그리스도론과 관련된 개혁파의 입장에 대한 가장 완전하고 공식적인 진술은 1566년에 나온 제2차 스위스 신앙고백(Second Helvetic Confession)에서 찾아볼 수 있다. 이 신앙고백문 중에서 이 주제와 가장 관련이 있는 몇몇 진술들을 인용해 보자: "그러므로 하나님의 아들은 그의 신성에 관하여 성부와 동등하고 동일본질이며, 단지 명목상으로나 양자에 의해서나 특별한 은총에 의해서만이 아니라 본질과 본성에 있어서 참 하나님이시다 … 그러므로 우리는 하나님의 아들에 대한 아리우스(Arius)의 신성모독적인 교설을 혐오한다 … 또한, 우리는 영원한 하나님의 영원한 아들이 아브라함과 다윗의 자손인 인자(人子)가 되셨는데, 에비온이 주장하듯이 그 어떤 사람을 통해서가 아니라 성령으로 말미암아 지극히 순결하게 잉태되어 동정녀 마리아에게서 나셨다고 가르치고 믿는다 … 또한, 우리 주 예수 그리스도는 아폴리나리스(Apollinaris)가 가르쳤듯이 감각이나 이성 없는 영혼이나, 유노미우스(Eunomius)가 가르쳤듯이 영혼 없는 육신을 지니신 것이 아니라 이성을 지닌 영혼과 감각을 지닌 육신을 지니셨다 … 그러므로 우리는 한 분 예수 그리스도 우리 주님 안에는 두 본성 — 신성과 인성 — 이 존재함을 인정한다. 우리는 이 둘이 삼

켜지거나 혼동되거나 한데 뒤섞이지 않고 도리어 한 인격 안에서 연합되어 있는 방식으로 결합 또는 연합되어 있어서(각각의 본성의 속성들은 안전히 여전히 그대로인 채), 우리는 둘이 아니라 … 한 분 그리스도, 우리 주님을 예배한다고 말한다 … 그러므로 우리는 한 분 그리스도를 둘로 만들어서 인격의 단일성(union)을 해소한 네스토리우스(Nestorius) 이단을 혐오하는 것처럼, 인성의 타당성을 뒤집어 버리는 유티케스(Eutyches)와 단성론자들과 단의론자들의 광기를 혐오한다. 그러므로 우리는 그리스도 안에서 신성이 고난을 당하였다거나 그리스도께서 그의 인성을 따라 아직 세상에 있고, 그것도 도처에 있다고 가르치지 않는다. 우리는 그리스도께서 영광을 받으신 후에 그의 몸이 참된 몸이기를 그쳤다거나, 그 몸이 신적인 것이 되어서 몸이나 영혼과 관련된 속성들을 벗어버리고 완전히 신성이 되어 오직 하나의 본질이 되기 시작하셨다고 생각하거나 가르치지 않는다. 그러므로 우리는 이 문제에 대하여 슈벵크펠트(Schwenkfeldt)나 그 밖의 다른 헛된 말씨름꾼의 교묘한 언사(言辭)들과 복잡하게 얽히고 모호하며 일관되지 않은 논쟁들을 용납하거나 받아들이지 않으며, 또한 우리는 슈벵크펠트파가 아니다."

3) 19세기

18세기에는 그리스도의 인격에 관한 연구에서 두드러진 변화가 생겨났다. 이 때까지의 연구는 통상적으로 그 출발점을 신론에서 찾았고 그 결과로 나온 기독론도 하나님 중심적인 것이었다. 그리스도론을 구성하고자 한 학자들은 로고스, 즉 삼위일체 하나님의 제2위를 그 출발점으로 삼은 후에, 구주의 인격이 단일하고(unity) 두 본성이 흠 없이 진정으로 존재한다는 것(integrity and veracity)을 보여주는 방식으로 성육신을 해석하고자 하였다. 그러나 18세기 동안에 이것이 최선의 방법이 아니고, 좀 더 가까운 곳에서 시작함으로써, 즉 역사적 예수를 연구함으로써 더 만족스러운 결과들을 얻을 수 있지 않나 하는 확신이 점차 커져갔다. 새로운 기독론 시대가 도래하였다. 한 세기 이상 관심은 복음서들이 우리에게 제시하고 있는 구주의 모습에 집중되었고, 많은 사람들은 이러한 연구의 결과에 아주 만족해서, 그것을 예수의 재발견이라고 말한다. 그들의 관점은 인간론적인 것이었고, 그 결과도 인간 중심적인 것이었다. "'인간 중심적'이라는 형용사는 '인도주의적'이라는 형용사와 혼동될 수 없기" 때문에 "이러한 형용사들은 궁극적인 결론들과 관련하여 심각한 견해 차이가 있을 수 있다는 의미를 내포하지 않는다"는 매킨토쉬(Mackintosh)의 말은 참일 수 있지만, 실제로는 새로운 방법론은 건설적인 결과가 아니라 파괴적인 결과를 낳는 데에 사용되었다. 이 방법론은 권위와 초자연적인 것에 대한 강력한 혐오, 이성과 경험에 끈질기게 호소하는 것과 손을 잡고서 활용되었다. 성경이 그리스도에 관하여 우리에게 가르치는 것이 아니라 그리스도의 삶의 현상들을 탐구하면서 우리가 발견해낸 것들과 그리스도에 대한 우리의 경험이 예수에 대한 인식을 형성하는 데에 결정적인 요인이 되었다. 복음서 기자들이 묘사한 역사적 예수와 교회의 신조들 속에 반영되어 있는 바울 시대 이후의 신학적 사상가들의 풍부한 상상력의 산물인 신학적 그리스도는 철저하고 광범위하게 구별되었고, 이러한 구별은 치명적으로 해로운 것이었다. 영광의 주(主)는 초자연적인 모든 것 또는 그런 것에 가까운 모든 것을 빼앗겼고, 그리스도론은 예수의 가르침에 길을 내주었다. 교회에 의해서 언제나 신적 예배의 대상으로 여겨져 왔던 그리스도는 이제 단순한 도덕 교사로 전락하였다. 하지만, 예수 그리스도가 지닌 종교적 의미를 어느 정도 유지시키고자 하는 시도들이 없지는 않았지만, 예수 그리스도는 당시의 시대 정신에 따라 해석되었다. 여기서는 그리스도에 관한 당시의 몇몇 두드러진 견해들을 간략하게 살펴보는 것으로 만족하기로 하자.

(1) 슐라이어마허의 견해

슐라이어마허(Schleiermacher)의 기독론 속에서 예수는 거의 인간 이상의 존재가 아니다. 인격으로 말하자면, 예수는 신적인 것과의 연합에 대한 완전하고 중단 없는 의식을 소유하고 있었고, 죄가 없고 완전한 그의 인격 속에서 인간이 나아갈 길을 온전히 깨닫고 있었다. 예수는 둘째 아담이었고 첫째 아담과 마찬가지로 진정한 사람이었지만, 좀 더 유리한 상황 속에 두어져서, 계속해서 죄가 없었고 순종이 완전하였다. 예수는 인류의 새로운 영적 머리로서 온 인류의 좀 더 높은 차원의 삶을 활성화시키고 지탱해 줄 수 있는 존재이다. 예수의 초월적인 존엄은 그의 안에서의 하나님의 특별한 임재, 그의 지고한 하나님 의식(God-consciousness)으로 설명될 수 있다. 예수는 완벽하게 종교적인 인간, 모든 참된 종교의 원천이다. 예수에 대한 살아 있는 믿음을 통해서 모든 사람들은 온벽하게 종교적이 될 수 있다. 그리스도가 특출한 인격을 지니고 있었다는 것은 그가 이례적인 기원을 지니고 있었다는 사실을 보여준다. 왜냐하면, 그리스도 안에는 죄악된 성향을 만들어내는 유전적 영향력이 존재하지 않았기 때문이다. 굳이 동정녀 탄생을 받아들일 필요는 없다. 그리스도의 인격은 인간적 본성을 이상적이고 완전한 차원으로 끌어올린 창조적 행위에 의해서 형성된 것이기 때문이다.

(2) 칸트와 헤겔의 인식

독일의 사변적 합리주의도 본질적으로 기독교적인 가르침들에 공감하고, 그 가르침들 속에서 합리적 진리의 큰 보고(寶庫)를 발견한다.

A. 칸트가 생각한 그리스도. 칸트(Kant)에게 있어서 그리스도는 다른 무엇보다도 단지 추상적인 이상(理想), 윤리적 완전의 이상이었다. 인간을 구원하는 것은 이 이상에 대한 믿음이지 하나의 인격으로서의 예수에 대한 믿음이 아니다. 교회는 원래 윤리적 이상에 속하는 형용사들과 개념들을 예수에게 적용함으로써 잘못을 저질렀다. 예수는 단지 윤리적 이상을 상징하는 존재일 뿐이다. 태초부터 하나님의 사고(mind) 앞에서 어른거렸던 하나님의 아들이라 불리는 이 윤리적 이상은 하늘로부터 내려와서, 그 이상이 완전한 인성을 통해서 이 땅에서 실현될 수 있는 정도만큼 성육신

되었다. 이 윤리적 이상은 이성의 진리들 속에서 계시되는 합리적 신앙의 내용이고, 예수는 이 합리적 신앙의 가장 탁월한 전도자이자 선구자였다. 이 윤리적 이상을 진정으로 자기 것으로 만들기만 한다면, 그 사람이 예수 그리스도와 그 어떤 인격적 관계를 맺지 않았어도 이 윤리적 이상은 그 사람을 구원해 줄 것이다. 이러한 견해는 신약의 복음을 제거해 버리고, 우리에게서 우리의 신적인 주님을 도둑질해 가서, 우리에게 오직 도덕을 설파한 예수만을 남겨준다.

B. 헤겔이 생각한 그리스도. 헤겔에게 있어서 예수 그리스도의 인격에 관하여 교회가 믿는 것들은 단지 존재론적 개념들을 사람이 더듬거리며 말한 것들, 형이상학적인 진리를 표현하고 있는 상징들일 뿐이다. 그는 인간의 역사를 하나님이 완성되어 가는 과정, 시간과 공간이라는 조건 아래에서 이성의 자기 전개(self-unfolding) 과정으로 본다. 이것이 말씀이 육신이 되어 우리 가운데 거한 것이 지니는 유일한 의미이다. 하나님은 인성을 입고 성육신되는데, 이 성육신은 하나님과 사람이 하나라는 것을 표현하는 것이다. 헤겔 연구자들은 헤겔이 성육신을 순전히 민족적인 것으로 보았는지, 아니면 예수 그리스도의 독특한 성육신을 성육신의 절정으로 보았는지에 대해서는 견해가 서로 다르긴 하지만, 아마도 후자가 정확한 해석인 것으로 보인다. 헤겔에 의하면, 그리스도 안에서 하나님이 역사상에 나타난 사건을 바라보는 두 가지 서로 다른 방식이 존재한다. 일반적인 사람들은 예수를 하나님 나라에 관한 가르침과 최고의 도덕 규범을 가져다 주고, 죽기까지 그 가르침에 따라 살므로써 우리에게 모범을 보여준 인간적 교사(a human teacher)로 여긴다. 그러나 신자들은 좀 더 높은 차원의 견해를 지니고 있다. 신앙은 예수를 신적인 존재로서 하나님의 초월성에 종지부를 찍은 분으로 인식한다. 예수가 행하는 모든 것은 하나님의 계시가 된다. 예수 안에서 하나님은 친히 우리에게 가까이 다가와서 우리와 접촉하여 우리를 신적인 의식(the divine consciousness)으로 이끈다. 우리는 그리스도에 관한 가르침 속에서 인간적인 것과 신적인 것이 범신론적으

로 동일하다는 증언을 만난다. 물론, 교회는 이러한 사상을 오직 상징적이고 불완전한 방식으로만 표현할 뿐이고, 철학은 이 사상에 좀 더 완전한 표현을 부여한다고 헤겔은 말한다.

(3) 케노시스론

A. 케노시스론의 토대.   케노시스(Kenosis)론이라 불리는 가르침 속에서 그리스도의 인격에 관한 가르침에 대한 신학적 구성을 개선해 보고자 하는 주목할 만한 시도가 행하여졌다. '케노시스' 라는 용어는 그리스도께서 "자기를 비워 종의 형체를 가지사"라고 말씀하고 있는 빌립보서 2:7에서 유래되었다. 여기에서 "비워"로 번역된 헬라어는 동사 '케노오' 의 단순과거인 '에케노센' 이다. 이 구절을 잘못 해석한 것이 고린도후서 8:9과 더불어서 케노시스론의 성경적 토대가 되었다. 이 구절들은 그리스도가 성육신 때에 그의 신성을 비우거나 벗어 버렸다고 가르치는 것으로 해석되었다. 그러나 이러한 해석에는 중대한 반론들이 제기된다: (a) 워필드 (Warfield) 박사가 보여주었듯이, "자기를 비워"라는 번역은 "자신을 하찮은 존재로 만들다"라는 이 단어의 통상적인 의미와 어긋난다 (*Christology and Criticism*, p. 375); (b) 여기에 표현된 행위의 암묵적인 대상은 그리스도의 신성이 아니라, 능력과 영광에 있어서 하나님과 동등하였던 그리스도 자신의 존재이다. 영광의 주는 종이 됨으로써 자신을 하찮은 존재로 만들었다. 하지만, 케노시스파는 이 구절과 고린도후서 8:9을 근거로 해서, 로고스는 자신을 전적으로 또는 부분적으로 비워서 인간의 차원들로 내려감으로써 문자 그대로 인간으로 변한 후에 마침내 다시 신적 본성을 입을 때까지 지혜와 능력을 키워 나갔다는 이론을 전개하였다.

B. 케노시스론의 여러 형태.   이 이론은 두 가지 동기, 즉 (a) 그리스도가 사람이 되었다는 것이 사실이고 진정한 사람이 되었다는 것(the reality and integrity of the manhood of Christ)을 보전하고자 하는 욕구와 (b) 부요하신 분으로서 우리를 위하여 가난하게 되신 그리스도의 낮아지심

(humiliation)이 얼마나 위대한 일이었는지를 강하게 부각시키고자 하는 욕구로부터 나왔음이 분명하다. 이 이론은 몇 가지 형태를 취하였다.

토마시우스(Thomasius)에 의하면, 신적인 로고스는 절대적 능력 또는 자유, 거룩함, 진리와 사랑이라는 자신의 내재적인 또는 도덕적 속성들을 그대로 유지한 채 전능(omnipotence), 편재(omnipresence), 전지(omniscience)라는 자신의 상대적 속성들만을 일시적으로 버렸지만, 부활 후에는 그러한 속성들을 되찾았다.

게스(Gess)의 교설은 좀 더 완전무결하고 일관되며 더 인기가 있었던 것이었는데, 그는 로고스는 성육신의 때에 문자 그대로 자신의 우주적인 기능들, 자신의 영원한 의식을 버리고서, 자신을 절대적으로 인간의 조건과 한계로 축소시켰기 때문에, 그의 의식은 순전히 인간 영혼의 의식이 되었다고 말한다. 이것은 아폴리나리스(Apollinaris)의 견해와 아주 흡사하다.

개혁파 학자였던 **에브라르트**(Ebrard)는 로고스의 이중적 삶을 전제하였다. 로고스는 한편으로는 자신을 인간의 차원들로 축소시켜서 순전히 인간적 의식을 소유하였지만, 다른 한편으로는 그 어떤 중단(interruption)도 없이 삼위일체적인 삶 속에서 그의 완전한 신적 속성들을 그대로 유지하고 행사하였다. 동일한 자아(ego)가 영원한 형태와 시간적 형태로 동시에 존재하고, 무한함과 동시에 유한하다.

마르텐센(Martensen)은 로고스가 낮아져 있을 동안에 서로 교류되지 않는 두 곳으로부터 이중적 삶을 살았다고 전제한다. 로고스는 하나님의 아들로서 아버지의 품 속에 살면서 자신의 삼위일체적이고 우주적인 기능들을 계속해서 지니고 있었지만, 능력을 버린 로고스로서는 그러한 기능들을 전혀 알지 못하였고, 오직 그러한 지식이 인간이 된 후에도 잠재되어 있었다는 의미에서만 자기가 하나님이라는 것을 알았다.

C. 케노시스론에 대한 반론들. 이 이론은 이런저런 형태로 한때 아주 인기가 있었고 지금도 여전히 일부 사람들에 의해서 옹호되고 있기는 하지만 이제는 그 매력의 많은 부분을 잃은 상태이다. 이 이론은 삼위일체론을

파괴하고, 하나님의 불변성(immutability)에 어긋나며, 역사적 예수에게 신적 속성들을 돌리고 있는 성경 구절들에 부합하지 않는다. 그것이 가장 완전무결하고 일관된 형태로 된 것이라고 하더라도 케노시스론은 라투셰(La Touche)의 말대로 "신의 자살에 의한 성육신"을 가르칠 뿐이다.

(4) 도르너의 성육신 개념: 점진적인 성육신

도르너(Dorner)는 그리스도론에 관한 중도파의 대표자라 할 수 있다. 그는 하나님과 인간은 동족(同族)처럼 유사하다는 것, 하나님의 본질적인 본성 속에는 자신을 인간에게 나누어 주고자 하는(communicate) 충동이 존재한다는 것을 강조한다. 이러한 사실에 비추어 볼 때, 성육신은 초월적으로나 역사적으로나 필연적인 일이었고, 죄가 세상에 들어오지 않았더라도 반드시 일어났을 일이었다. 그리스도의 인성은 새로운 인성으로서, 거기에서 신성을 받아들이는 인성의 수용성(受容性)은 최고조에 달하였다. 그리스도는 구속받은 인류의 머리가 되기로 예정되어 있었기 때문에, 이것은 필연적인 것이었다. 이제 천지 창조 이전에 하나님 안에 있던 계시와 자기 수여(self-bestowal)의 원리였던 로고스가 이 인성과 결합되었다. 그러나 로고스가 새로운 인성에게 자신을 수여한 것은 단번에 완성된 것이 아니었다. 성육신은 점진적인 성격을 지니는 것이었다. 성육신의 정도는 각 단계에서 신성을 받아들일 수 있는 인성의 수용성이 얼마나 커졌느냐에 따라 결정되었고, 이 과정은 부활의 때에 최종적인 단계에 도달하였다. 이 이론은 성육신을 단순한 한 인간이 출생해서 점진적으로 신인(God-man)이 되어간 것으로 보기 때문에 성경을 짓밟는 이론이다. 이것은 사실 옛 네스토리우스 이단이 교묘한 형태로 새롭게 등장한 것이다. 또한, 이 이론은 그리스도 안에서의 연합(union)을 두 인격의 연합으로 봄으로써 연합에 대한 이해를 한층 더 어렵게 만들고 있다.

(5) 그리스도의 인격에 관한 리츨의 견해

슐라이어마허 단 한 사람을 제외한다면, 알브레히트 리츨(Albrecht Ritschl)보다 오늘날의 신학에 더 큰 영향력을 행사한 인물은 아무도 없었다. 자신의 기독론에서 그는 그리스도의 인격이 아니라 그리스도의 사역을 출발점으로 삼고서, 후자를 전자보다 훨씬 더 강조한다. 그리스도의 사역은 그의 인격의 존엄함을 결정짓는다. 그리스도는 단순한 한 인간이지만, 그가 이룬 일과 그가 한 섬김으로 인하여 우리는 그에게 하나님이라는 수식어를 붙일 수 있다. 그리스도는 하나님의 일을 하였기 때문에, 그를 하나님이라는 견지에서 묘사하는 것은 적절하다. 그리스도는 그의 은혜와 진리와 구속의 능력 속에서 하나님을 계시하였기 때문에 인간에게 하나님의 가치를 지니고, 따라서 신적인 공경을 받을 자격이 있다. 리츨은 선재(pre-existence), 성육신, 그리스도의 동정녀 탄생은 그리스도인들의 공동체의 신앙 체험 속에서 그 어떤 접촉점도 없다는 이유로 그런 것들에 대해서는 말하지 않는다. 그리스도에 관한 그의 견해는 사실 단지 역사적 예수에 대한 사모사타의 바울(Paul of Somosata)의 이해를 오늘날에 옮겨 온 것에 불과하다.

(6) 오늘날의 신학에 있어서의 그리스도

하나님은 어디에나 있다는 오늘날의 범신론적인 사고를 토대로, 그리스도의 인격에 관한 가르침은 오늘날 흔히 철저하게 자연주의적인(naturalistic) 방식으로 설명된다. 설명들은 각기 다르지만, 하나님과 인간은 본질적으로 하나라는 기본적인 사상은 일반적으로 동일하다. 그리스도가 다른 사람들과 달랐던 것은 단지 자기 안에 내재해 있는 하나님을 더 잘 의식해서 자신의 말과 행위를 통해서 그 최고의 존재를 가장 높은 차원에서 계시하였다는 것뿐이다. 하나님은 모든 사람 안에 내재해 있기 때문에 본질적으로 모든 사람은 신적인 존재이다. 사람들은 모두 하나님의 아들들이고, 오직 정도에 있어서만 그리스도와 다를 뿐이다. 그리스도는 신성을 받아들이는 더 큰 수용성과 최고의 하나님 의식(God-consciousness)을 지니고 있었다는 점에서만 다른 사람들과 거리가 있었다.

심화학습을 위한 질문들

로스켈리누스(Roscellinus)와 아벨라르(Abelard)는 어떠한 옛적의 오류들을 실질적으로 재현하였는가? 아벨라르의 제자들 사이에서 유행하였던 기독론적 허무주의(the Christological Nihilism)는 어떤 것이었는가? 페트루스 롬바르두스(Peter the Lombard)는 그리스도를 어떻게 보았는가? 스콜라 신학자들은 새로운 점들을 부각시켰는가? 스콜라 신학자들이 일반적으로 받아들인 인격에 관한 보에티우스(Boethius)의 정의는 무엇이었는가? 루터는 속성들 간의 교류(Conmunicatio idiomatum)라는 루터파 특유의 견해가 생겨날 수 있는 원인을 제공하였는가? 우리는 루터파의 공식적인 기독론을 어떻게 찾을 수 있는가? 협화신조의 앞뒤가 맞지 않는 듯이 보이는 진술들은 어떻게 설명될 수 있는가? 루터파 내에는 어떠한 기독론적 차이들이 존재하였는가? 신적 속성들이 인성에 돌려질 수 있다는 루터파의 견해에는 어떠한 반론들이 있는가? 루터파와 개혁파는 빌립보서 2:5-11에 대한 해석에서 어떻게 달랐는가? 개혁파의 기독론은 루터파와 어떻게 다른가? 개혁파와 루터의 기독론적 논의들과 앞선 세대들의 기독론적 논의들 간의 주된 차이들은 무엇인가? 칸트(Kant)와 헤겔(Hegel)의 기독론은 슐라이어마허(Schleiermacher)와 리츨(Ritschl)의 기독론과 어떻게 다른가? 케노시스론에는 어떠한 반론들이 있는가? 모더니즘(Modernism)의 기독론의 특징들 중에서 이의를 제기할 만한 것들로는 어떤 것들이 있는가?

제 5 장

죄론과 은혜론, 그리고 관련된 교리들

1. 교부 시대의 인간론

1) 인간론적 문제들의 중요성

동방 교회에서는 기독론 논쟁이 들끓고 있는 동안, 서방 교회에서 전면에 등장하고 있었던 것은 죄와 은혜, 자유의지, 신적인 예정 등과 같은 문제들이었다. 실천적 기독교라는 관점에서 볼 때, 이러한 문제들의 중요성은 아무리 높이 평가해도 지나침이 없을 것이다. 이 문제들이 구속 사역에 대하여 갖는 연관성은 기독론적 문제들보다 한층 더 직접적으로 분명하였다. 기독교를 동서로 크게 갈라놓은 주된 원인은 바로 이 분야에서 찾아볼 수 있다. 커닝햄(Cunningham)는 이렇게 말한다: "하나님의 아들의 신성이 부정되었던 곳에서는 실제로 참되고 인격적인 경건이 그리 많이 나타나지 않았지만, 참된 경건이 거의 없는 곳에서도 하나님의 아들의 신성에 관한 건전한 교리는 흔히 고백되었고 오랫동안 유지되어 왔다. 반면에, 펠라기우스 논쟁에 내포되어 있는 쟁점들과 관련하여 전체적으로 건전한 교리를 고백하지 않은 곳에서는 참된 경건이 그리 많이 나타나지 않았을 뿐만 아니라, 참된 경건이 약해지면 언제나 [인간론과 관련된] 이 쟁점들에 관한 가르침에 있어서 상당한 정도의 오류가 생겨났다 — 바로 이 점이 기독론의 경우와 대비되는 점이다. 참된 경건과 이 [인간론적] 쟁점들 간의 작용과 반작용은 신속하고 분명하게 나타난다"(*Historical Theology*, I, p. 321).

2) 헬라 교부들의 인간론

(1) 헬라 교부들의 죄론

헬라 교부들의 주된 관심사는 신론과 기독론에 있었고, 인간론적 문제들을 다루기는 하였지만 단지 가볍게 건드리는 정도였다. 죄와 은혜에 관한 그들의 사상 속에는 일정 정도 이원론(dualism)이 존재하였고, 이것은 아우구스티누스의 가르침이 아니라 나중에 등장한 펠라기우스(Pelagius)의 가르침과 분명한 유사성을 보여주는 가르침들이 압도적인 가운데 정리가 안 되고 다소 혼란스러운 여러 가지 가르침들이 공존하는 결과를 가져왔다. 이러한 가르침들은 펠라기우스주의(Pelagianism)가 출현할 수 있는 길을 어느 정도 마련해 준 것이라고 할 수 있다. 우리의 간략한 논의 속에서는 그들 가운데서 널리 퍼져 있던 주된 사상이나 개념들을 있는 그대로 보여주는 것으로 충분할 것이다.

그들의 죄관(罪觀)은 특히 처음에는 육체는 필연적으로 악하다고 주장하며 자유의지를 부정하였던 영지주의를 반대하고자 하는 동기에 의해서 크게 영향을 받았다. 그들은 아담이 하나님의 형상을 따라 창조되었을 때에 인간의 윤리적 완전성은 거기에 포함되어 있지 않았고, 단지 인간 본성이 도덕적으로 완전해질 수 있는 가능성만이 포함되어 있었다고 강조하였다. 아담은 범죄할 수 있었고, 아울러 실제로 범죄하였기 때문에, 사탄과 죽음과 죄악된 타락의 세력 아래 놓이게 되었다. 이러한 육체적 타락은 인류 속에서 유전되었지만, 그 자체가 죄는 아니고, 인류가 죄책(罪責) 가운데 있다는 것을 의미하지도 않았다. 엄밀한 의미에서의 원죄는 존재하지 않는다. 그들은 인류의 연대성(solidarity)을 부정하지 않고, 인류가 아담과 육신적으로 연결되어 있다는 것을 인정한다. 하지만, 이러한 연결성은 아버지로부터 아들에게로 유전되는 육신적이고 감각적인 본성에만 적용되고, 모든 경우에 있어서 하나님의 직접적인 창조물인 더 높고 이성적인 인간 본성의 측면에는 적용되지 않는다. 그러한 인간 본성의 측면은 의지에 직접적인 영향력을 행사하지 않고, 오직 지성(intellect)을 통해서 간접적으로 의지에 영향을 미친다. 죄는 언제나 인간의 자유로운 선택에서 유래하고, 연약함과 무지(無知)의 결과이다. 따라서 유아들은 오직 육체적 타락만을 물려받은 것이기 때문에 죄책이 있다(guilty)고 할 수 없다.

(2) 오리게네스의 인간론

하지만, 유의해야 할 것은 이러한 일반적인 견해로부터 이탈한 몇몇 견해들도 있었다는 것이다. 오리게네스(Origen)는 모든 사람이 태어날 때에 모종의 유전적인 부패를 가지고 나온다는 것을 인정하고서, 그것을 출생 이전 또는 시간이 생기기 이전에 영혼이 타락하였기 때문이라고 설명함으로써, 원죄론에 아주 근접하게 되었다. 니사의 그레고리우스(Gregory of Nyssa)는 원죄론에 한층 더 가까이 접근하였다. 그러나 위대한 인물이었던 아타나시우스(Athanasius)와 크리소스토무스(Chrysostom)조차도 주도면밀하게 원죄론을 회피하였다.

(3) 헬라 교부들의 은혜론

헬라 교부들의 가르침 속에서 통용되었던 은혜론은 당연히 그들의 죄 개념에 의해서 지대한 영향을 받았고 결정되었다. 전체적으로 주된 강조점은 하나님의 은혜의 역사(役事)가 아니라 인간의 자유의지에 두어졌다. 중생(regeneration)에서 주도권을 쥐고 있는 것은 하나님의 은혜가 아니라 인간의 자유의지이다. 그러나 인간의 자유의지는 중생 과정을 개시시키기는 하지만, 하나님의 도움 없이는 그 과정을 완성할 수 없다. 하나님의 능력은 인간의 의지와 협력하여, 인간의 의지가 악에서 떠나고 하나님을 기쁘게 해드리는 것을 행할 수 있게 해준다. 헬라 교부들은, 자연인(自然

人)이 행할 수 있는 선과, 성령의 능력의 개입이 반드시 요구되는 영적인 선을 항상 분명하게 구별하지는 않는다.

3) 서방 교회에서 또 다른 견해의 점진적인 출현

(1) 라틴 교부들의 인간론
헬라 교부들이 이러한 인간론은 주후 2-3세기에 서방 교회에도 어느 정도 영향을 미치긴 하였지만, 장차 서방 교회에서 통용될 운명이었던 교리의 씨앗이 주후 3-4세기에 특히 테르툴리아누스, 키프리아누스, 힐라리우스, 암브로시우스의 저작들 속에서 점진적으로 출현하였다.

(2) 테르툴리아누스의 공헌
테르툴리아누스는 헬라 신학의 창조설(creationism) 대신에 영혼유전설(traducianism)을 주장하였고, 이것은 선천적인 악(惡)과 구별되는 선천적인 죄(罪)에 관한 가르침을 위한 길을 닦아 놓았다. 그의 유명한 공리(公理)는 "영혼이 유전되면서 죄도 유전된다"(tradux animae, tradux peccati)는 것이었다. 그는 유전설을 실재론과 결합시켜서, 하나님은 몸과 영혼으로 이루어진 일반적 인간 본성을 창조한 후에, 그것을 생식 과정을 통해서 개별화하는 것이라고 말하였다. 이 과정 속에서 일반적 인간 본성은 그 독특한 특질들을 잃지 않고, 모든 시점에서와 개별화된 모든 인간 존재 속에서 계속해서 지적이고 이성적이며 자발적이기 때문에, 이 본성의 활동들은 이성적이고 책임 있는 활동들이기를 그치지 않는다. 본래의 인간 본성이 지닌 죄는 그 본성의 모든 개별적 실존들 속에서도 계속해서 죄로 남는다. 테르툴리아누스는 라틴 신학의 인간론의 시작에 불과한 것이어서, 그의 표현들 중 일부는 여전히 헬라 교부들의 가르침의 흔적들을 지니고 있다. 그는 유아들의 무죄성(無罪性, innocence)에 대하여 말하기는 하지만, 그것을 유아들은 실제적인 죄(자범죄)들로부터 자유롭다는 상대적인 의미로만 받아들이고 있고, 자유의지를 완전히 부정하지 않는다. 그는 중생에 있어서 인간의 기여를 최소화하고 있기는 하지만, 종종 중생과 관련된 협력설(協力說), 즉 중생에 있어서 하나님과 인간이 함께 일한다는 이론의 냄새를 풍기는 표현들을 사용한다.

(3) 키프리아누스, 암브로시우스, 힐라리우스의 인간론

키프리아누스의 저작들 속에는 인간의 본래적인 죄성(罪性)과 오직 하나님의 능력에 의한 영혼의 중생과 관련된 가르침을 향하여 점점 더 나아가는 경향이 존재한다. 그는 원죄의 죄책(guilt)은 실제적 죄(자범죄)의 죄책만큼 크지 않다고 주장하는 것으로 보인다. 부패한(corrupt) 본성과는 구별되는 죄악된(sinful) 본성에 관한 가르침은 암브로시우스와 힐라리우스의 저작들 속에서 한층 더 분명하게 단언된다. 그들은 모든 사람이 아담 안에서 범죄하였기 때문에 죄 가운데서 태어난다는 것을 분명하게 가르친다. 아울러, 그들은 인간 의지의 전적 타락을 고수하지 않기 때문에, 중생과 관련된 협력설을 지지한다 — 물론, 그들은 이전의 몇몇 교부들보다 이 문제에 있어서 더 불확실하고 모순되는 진술들을 하는 것 같기는 하지만. 전체적으로 보아서, 우리는 그들을 통해서 죄와 은혜에 관한 아우구스티누스의 견해가 점진적으로 준비되어 가고 있다는 것을 발견한다.

심화학습을 위한 질문들

초기 헬라 신학의 주된 대표자들은 누구였는가? 영지주의에 대한 그들의 반대는 그들의 인간론에 어떤 영향을 미쳤는가? 플라톤 사상은 그들의 인간론에 영향을 미쳤는가? 그들은 인간의 원래의 상태를 어떻게 이해하였는가? 그들의 가르침 속에서 인간의 타락은 적절하게 강조되고 있는가? 그들이 죄를 죄책(guilt)이 아니라 부패(corruption)로 인식한 것은 어떻게 설명될 수 있는가? 그들은 죄의 번식을 어떻게 이해하였는가? 초기 라틴 신학의 주된 대표자들은 누구였는가? 그들의 인간론은 동방 교회의 것과 어떻게 달랐는가? 그 차이는 어떻게 설명될 수 있는가? 창조설과 유전설은 어떻게 다른가?

2. 펠라기우스와 아우구스티누스의 죄론과 은혜론

1) 아우구스티누스와 펠라기우스

(1) 아우구스티누스의 초기의 삶

아우구스티누스(Augustine)의 죄론과 은혜론은 상당 부분 그로 하여금 극심한 영적 싸움을 통과해서 마침내 복음의 온전한 빛 속으로 들어가게 해준 그의 깊은 신앙 체험들에 의해서 형성되었다. 그는 『고백록』(Confessions)에서 자기가 도덕과 신앙의 길에서 멀리 떠나 방황하면서 마니교(Manichaeism)에서 도피처를 구하다가 거의 그 덫에 걸려 넘어질 뻔 하다가 마침내 그리스도께로 돌아왔다고 말한다. 그는 방황하던 시절에도 결코 가만히 앉아 있지 않았고, 암브로시우스는 그가 신앙으로 돌아오는 데에 도구로 사용되었다. 그의 회심은 밀라노의 한 정원에서 깊은 고뇌와 통곡과 기도 후에 일어났다. 그는 주후 387년에 세례를 받았고, 주후 395년에 히포(Hippo)의 감독이 되었다. 어떤 이들은 그가 인간 본성을 근본적으로 악하다고 암울하게 본 것이나 자유의지를 부정한 것이 마니교의 영향을 받은 흔적들이라고 본다. 하지만, 그런 것들은 그로 하여금 일시적으로 마니교에 빠지게 만들었던 그의 내재적인 악과 영적인 속박에 대한 그의 인식을 그대로 표현한 것일 가능성이 더 많다. 왜냐하면, 그는 바로 그 점들과 관련된 마니교의 가르침들과 싸우면서, 인간의 본성은 본래적이고 필연적으로 악한 것은 아니었다고 주장하였고, 인간의 책임의 근거로서 일정 정도의 자유를 역설하였다.

(2) 아우구스티누스와 펠라기우스의 비교

펠라기우스(Pelagius)는 아우구스티누스와는 완전히 다른 유형의 인물이었다. 이 두 사람을 비교해서 위거스(Wiggers)는 이렇게 말한다: "그들의 인간됨과 성품은 정반대였다. 펠라기우스는 불타는 야심이나 신비주의와는 상관이 없는 조용한 사람이었다. 이 점에서 그의 사고와 행동의 방식은 아우구스티누스와 전적으로 달랐음에 틀림없다 … 그러므로 이 두 사람은 완전히 다른 정신적 특성에 따라서 서로 다르게 사고하였다. 또한, 두 사람은 외적인 계기가 주어지자마자 곧바로 서로 충돌하게 되었음이 분명하다"(*Augustinianism and Pelagianism*, p. 47). 펠라기우스는 영국의 수도사로서 엄격한 삶을 살고 흠 없는 성품과 한결같은 기질을 지닌 인물이었고, 바로 그 때문에 아우구스티누스의 사상을 형성하는 데에 지대한 영향을 끼쳤던 영혼의 갈등, 죄와의 싸움, 모든 것을 새롭게 하는 은혜에 대한 깊은 체험 같은 것에 낯설었던 인물이었다.

아우구스티누스주의(Augustinianism)는 단지 펠라기우스주의(Pelagianism)에 대한 반발의 산물이었기 때문에 대체로 정반대의 것을 말해야 한다는 기류 속에서 결정된 것은 아닌가라는 질문이 종종 제기된다. 하지만, 이 두 견해의 원래의 형태는 두 사람이 서로의 가르침을 알게 되기 전에 독립적으로 발전되었다고 할 수 있다. 하지만, 두 사람이 생사를 건 싸움에 돌입하였을 때에 아우구스티누스주의에 관한 공식적인 진술은 그 몇몇 세부적인 내용들에 있어서 펠라기우스주의에 대항하기 위하여 결정되었고, 펠라기우스주의도 마찬가지였다는 것은 부정할 수 없다. 이 두 사람은 초기 교부들의 저작들 속에 이미 존재하였던 요소들을 대변하였다.

2) 펠라기우스의 죄론과 은혜론

(1) 죄론

펠라기우스와 아우구스티누스 간에 벌어진 논쟁에서 가장 중요한 문제들은 자유의지와 원죄라는 문제였다. 펠라기우스에 의하면, 아담은 하나님에 의해서 지음받았을 때에 거룩함을 수여받지 않았다. 그의 원래의 상태는 거룩하지도 않고 죄악되지도 않으며, 선할 수도 있고 악할 수도 있는 중립의 상태였다. 그는 선과 악 중 어느 쪽을 동일한 수고를 들여서 선택할 수 없게 해주는 자유롭고 전혀 결정되어 있지 않은(entirely undetermined) 의지를 지니고 있었다. 그는 자신의 뜻대로 범죄할 수도 있었고, 범죄하는 것을 피할 수도 있었다. 죽을 수밖에 없는 그의 운명은 그가 선을 선택하느냐 악을 선택하느냐에 좌우되는 것이 아니었다. 왜냐하면, 그는 이미 사망의 법에 종속되어 있었다는 의미에서 죽을 수밖에 없는 존재로 지음받았기 때문이다. 그의 삶의 방향을 어떤 식으로든 결정지을 수 있는 어떤 선행적인 악이 그의 본성 속에 있지 않았는데도, 그는 범죄하는 쪽을 택하였다. 그가 범죄하여 타락하였어도 그 자신 외에는 아무도 해를 입지 않았고, 인간 본성은 여전히 전혀 손상되지 않았다. 죄악된 본성 또는 죄책의 유전적인 전이(轉移)는 존재하지 않고, 따라서 원죄 같은 것도 존재하지 않는다. 인간은 지금도 여전히 타락 이전의 아담과 동일한 상태로 태어난다. 인간은 죄책으로부터만이 아니라 부패로부터도 자유롭다. 인간의 본성 속에는 필연적으로 범죄를 불러올 수밖에 없는 악한 성향과 욕구가 존재하지 않는다. 아담과 그 이후의 사람들 간의 유일한 차이는 사람들은 자기 앞에 악한 모범을 갖게 되었다는 것뿐이다. 죄는 잘못된 감정들 또는 욕구에 있는 것이 아니라 오직 의지의 개별적인 행위들에 있다. 죄는 모든 경우에 있어서 인간의 자발적인 선택에 달려있다. 사실, 인간은 범죄할 수밖에 없는 것이 아니다. 인간은 아담과 마찬가지로 완전한 자유의지, 선택하거나 무관심할 자유를 수여받았기 때문에, 어떤 순간에서도 선을 택할 수도 있고 악을 택할 수도 있다. 하나님이 인간에게 선한 것을 행하라고 명령하였다는 바로 그 사실은 인간이 선을 행할 수 있다는 것을 보여주는 증거이다. 인간은 자신의 능력의 한도 내에서 책임을 지게 되어 있다. 이 모든 것에도 불구하고 죄가 보편적이라면 — 펠라기우스는 이것을 인정한다 — 그것은 단지 잘못된 교육, 나쁜 모범, 오랫동안 굳어져 온 범죄의 습관 때문이다.

(2) 은혜론

악에서 선으로 돌이킬 때에 인간은 하나님의 은혜에 의존하지 않는다

— 물론, 하나님의 은혜가 역사하면, 의심할 여지 없이 인간은 이점(利點)을 얻게 되고, 자신의 삶 속에서 악을 극복하는 데에 도움을 받게 되겠지만. 그러나 펠라기우스가 이와 관련하여 말하고 있는 은혜라는 것은 내면에서 역사하는 신적 에너지, 또는 다른 말로 하면 의지를 불러일으키고 인간이 선을 행할 수 있도록 힘을 주는 성령의 감화가 아니라, 단지 인간의 이성적 본성, 성경 속에서의 하나님의 계시, 예수 그리스도의 모범 같은 외적인 은사들과 천부적으로 수여받은 것들을 가리킨다. 그러한 신앙 체계 속에 유아 세례가 들어설 여지가 거의 없는 것처럼 보이긴 하지만, 어쨌든 펠라기우스는 유아들도 세례를 받아야 한다고 주장한다. 그러나 그는 유아 세례를 단지 성별 의식(聖別儀式) 내지 장래의 죄 사함을 앞당겨 미리 선포하는 의식으로 본다. 그는 아이들은 영생이라 불리는 낮은 차원의 지복(至福)의 삶으로는 들어갈 수 있지만 천국으로부터는 배제된다는 다소 앞뒤가 맞지 않는 입장을 취한다.

3) 아우구스티누스의 죄론과 은혜론

아우구스티누스의 죄론과 은혜론은 그의 초기의 신앙 체험들과 펠라기우스의 정반대의 신앙 체계에 의해서 어느 정도 영향을 받았다는 것은 의심할 여지가 없지만, 일차적으로는 로마서에 대한 그의 주의 깊은 연구와 하나님에 대한 영혼의 관계에 관한 그의 전반적인 인식에 의해서 결정되었다. 그는 인간은 타락하지 않은 상태에 있었을 때조차도 그에게 주어진 운명(destiny)을 실현하기 위해서는 하나님을 절대적으로 의지해야 한다고 보았다.

(1) 죄론

아우구스티누스는 마니교에 대항하여 죄의 자발적(voluntary) 성격을 아주 강조한다. 아울러, 그는 죄의 행위로 인해서 영혼은 하나님에게서 끊어져서 악할 수밖에 없는 상태에 놓이게 되었다고 믿는다. 죄가 세상에 들어온 결과로 인간은 하나님의 사랑에 뿌리를 둔 참된 선에 대한 의욕을 더 이상 가질 수 없고, 자신의 참된 운명을 실현할 수 없으며, 도리어 속박(bondage)의 상태로 점점 더 깊이 빠져들어간다. 이것은 인간이 하나님에 대한 모든 지각을 다 잃어버렸다는 것을 의미하지는 않는다. 왜냐하면, 사실 인간은 계속해서 하나님을 찾아 신음하기 때문이다.

아우구스티누스는 죄를 어떤 적극적인 것이 아니라 결여 또는 결핍으로 본다. 죄는 인간에게 더해진 실질적인(substantial) 악이 아니라 선의 결핍(privatio boni)이다. 그는 하나님 사랑을 자기애(self-love)로 대체해 버린 것, 즉 하나님을 사랑해야 할 것을 자기를 사랑하게 된 것이 죄의 뿌리가 된 원리라고 본다. 인간의 변절이 가져온 일반적인 결과는 이성의 법과 반대되는 육욕과 감각적인 욕구들이 인간의 영혼 속에서 전횡(專橫)을 일삼게 된 것이다. 죄와 그 죄로 인해 들어온 혼란으로부터 죽음이 왔다. 인간은 죽지 않은 존재로 지음받았다. 물론, 이것은 인간에게 죽음의 힘이 미칠 수 없게 지음받았다는 것을 의미하는 것이 아니라 자신의 몸이 죽지 않고 영원히 살 수 있게 할 수 있는 역량(capacity)을 부여받았다는 것을 의미한다. 만약 인간이 하나님께 순종을 인정받았다면, 인간은 거룩함 속에서 견고해졌을 것이고, 범죄하지 않고 죽지 않을 능력(posse non peccare et mori)의 상태로부터 범죄할 수 없고 죽을 수 없는 능력(non posse peccare et mori)의 상태로 옮겨갔을 것이다. 그러나 인간은 범죄하였고, 그 결과 범죄하지 않을 수 없고 죽지 않을 수 없는 능력(posse non peccare et mori)의 상태로 들어갔다.

아담과 그의 자손들 간의 유기적 연결관계를 통해서 아담은 그의 타락한 본성을 거기에 붙은 죄책 및 부패와 더불어서 그의 후손들에게 물려준다. 아우구스티누스는 인류가 하나가 되어 있다는 것(unity)을 단순한 연합이 아니라 실재론적인 의미로 이해한다. 온 인류는 첫 번째 사람인 아담 안에 배아(胚芽)로서 존재하였기 때문에 아담 안에서 실제로 범죄하였다. 인류는 개인들로(individually), 즉 비교적 독립적인 수많은 개인들로 구성되어 있는 것이 아니라, 유기적으로(organically), 즉 아담 안에 존재하였던 원래의 일반적 인간 본성의 유기적 부분들인 수많은 개별화된 존재들로 구성되어 있다. 그러므로 원래의 일반적 인간 본성의 죄는 그 본성이 개체로 분화된 모든 존재들의 죄이기도 하였다.

죄의 결과로 인간은 전적으로 타락하여서 그 어떤 영적인 선도 행할 수 없다. 아우구스티누스는 인간의 의지가 여전히 일정 정도의 본성적인 자유(natural freedom)를 지니고 있다는 것을 부정하지 않는다. 인간의 의지는 여전히 자연적으로 선한 행위들, 저급한 관점에서 볼 때에는 심지어 칭찬받을 만한 행위들을 할 수 있다. 이와 동시에, 그는 하나님에게서 분리되어 있고 죄책을 짊어지고 있으며 악의 지배 아래 있는 인간은 하나님이 보시기에 선한 것에 대한 의욕을 가질 수 없다고 주장한다. 그는 하나님에 대한 사랑의 동기에서 나오는 것만이 하나님이 보시기 선한 것이라고 말한다.

(2) 은혜론

인간의 의지는 새롭게 될 필요가 있는 상태에 있고, 이것은 처음부터 끝까지 오로지 하나님의 역사(役事), 하나님의 은혜의 역사이다. 우리는 여기에서 있을 수 있는 오해를 반드시 경계하여야 한다. 아우구스티누스가 인간이 새롭게 되는 것은 오직 하나님의 은혜에 의해서라고 하면서 이와 관련하여 "불가항력적 은혜"라는 말을 할 때, 그것은 하나님의 은혜가 자유로운 행위자로서의 인간의 본성에 어긋나게 인간의 의지를 강제한다는 것이 아니라 하나님의 은혜가 인간의 의지를 변화시켜서 인간이 자발적으로 선한 것을 선택한다는 것을 의미한다. 이렇게 해서 인간의 의지는 새롭게 되고 그 참된 자유로 회복된다. 하나님은 인간의 의지에 역사하여 인간이 자신의 자유로운 선택을 따라 미덕과 거룩함을 향하게 할 수 있고, 또 실제로 그렇게 한다. 이런 식으로 하나님의 은혜는 인간에 있어서 모든 선의 원천이 된다.

지금까지 말한 것들로부터 도출되는 결론은, 아우구스티누스의 중생론

(重生論)은 철저하게 하나님의 단독적 사역을 주장하는 단세론적(單勢論的, monergistic)이라는 것이다. 성령의 역사(役事)는 단지 인간의 부족한 능력을 메워주기 위해서만이 아니라 인간의 내적 소질과 성향을 완전히 새롭게 하여서 하나님의 법을 영적으로 따르게 만들기 위해서도 반드시 필요하다. 셰드(Shedd)는 이렇게 말한다: "하나님이 은혜를 죄악된 인간에게 나누어 주시는 것은 인간이 믿기 때문이 아니라 인간이 믿을 수 있게 하기 위해서이다. 왜냐하면, 믿음 자체도 하나님의 선물이기 때문이다." 중생을 위한 하나님의 역사는 죄인의 회심을 불러오는데, 이 점에서 인간은 협력한다고 할 수 있다. 아우구스티누스는 하나님의 은혜의 역사를 몇 단계로 구분해서, 선행적 은혜(prevenient grace), 주용적 은혜(operative grace), 협력적 은혜(co-operative grace)라 부른다. 첫 번째 단계에서 성령은 율법을 활용해서 죄의식과 죄책감을 낳고, 두 번째 단계에서는 복음을 사용하여 칭의 및 하나님과의 화목을 가져다 주는 그리스도와 그의 속죄 사역에 대한 믿음을 낳으며, 세 번째 단계에서는 인간의 새로워진 의지가 하나님과 협력하여 일생에 걸친 성화(聖化) 사역에 참여한다. 은혜의 역사는 인간을 하나님의 형상으로 완전히 새롭게 하는 것과 죄인이 성도로 영적인 변화를 일으키는 것을 포함한다. 그가 교회를 어느 정도 독립적으로 하나님의 은혜를 나누어 주는 존재로 묘사하고, 세례에 의한 중생을 말한 것은 그의 주된 사상과 거의 부합하지 않는다.

(3) 예정론

아우구스티누스는 하나님의 은혜를 구원의 유효한 원인이라고 설명함으로써 그의 예정론에 도달하게 되었다: 하나님은 때에 맞춰서 은혜로 죄인을 새롭게 하시는데, 그것을 이미 그의 영원한 계획 속에서 예정하셨다. 처음에 아우구스티누스는 예정(predestination)을 하나님의 예지(豫知, 미리 아심)에 의해서 일어나는 것이라고 생각해서, 하나님은 어떤 사람들이 믿게 될지를 아시기 때문에 바로 그런 사람들을 택정(擇定)하시는 것이라고 설명하는 경향을 보여주었다. 그렇게 해서, 예정은 실제로 예지된 인간의 자유의지에 종속되어 버렸다. 하지만, 그는 곧 성경의 관련 구절들을 일관되고 공정하게 해석하려면 인간이 선이 선택하고 그리스도를 믿는 것 자체가 하나님의 은혜의 효과로 보아야 한다는 것을 깨닫게 되어서, 그것에 맞춰서 그의 예정론을 수정하였다. 그는 통상적으로 예정을 죄인의 구원과 관련하여 바라보았고, 예정은 영원의 관점에서(sub specie aeternitatis) 바라본 구원이라 불릴 수 있다고까지 주장하였다. 택함받지 못한 자들과 관련해서 그는 하나님의 작정(decree)은 오직 간과(看過, pretermission)를 작정하신 것으로 이해한다. 이 점에서 유기(遺棄, reprobation)는 의도된 결과를 확보하기 위한 하나님의 어떤 직접적인 개입이 수반되지 않기 때문에 택정(election)과 다르다. 그러나 아우구스티누스는 엄격한 예정론자이지만, 그의 가르침들 속에는 그의 주된 사상에 이질적인 요소, 즉 중생의 은혜는 또다시 상실될 수 있다는 사상도 들어 있다. 그는 중생하고서 끝까지 신앙을 지킨(persevere) 자들과 중생의 은혜를 상실한 후에 다시 회복한 자들만이 최종적으로 구원을 받는다고 주장한다. 하지만, 택함받은 자들은 중생되지 못한 상태로는 결코 죽지 않는다는 그의 단언은 앞에서의 결점을 보충할 수 있을 만한 장점이다.

4) 펠라기우스 논쟁과 반(半)펠라기우스 논쟁

펠라기우스 논쟁을 통해서 아우구스티누스의 죄론과 은혜론은 시험대에 올랐다. 그의 견해들이 반대에 직면했다는 것은 별로 이상한 일이 아니다. 왜냐하면, 그의 견해들 속에 내포되어 있던 문제점들은 그 때까지 한 번도 제대로 논의되지 못하였기 때문이다. 동방 교회는 숙명이나 운명 같은 이교적 사상에 반대하여 인간 본성에 있어서의 자유의 요소를 강조하기를 좋아하였다. 그들은 인간의 의지가 부패하여, 사탄과 감각과 관련된 시험이나 유혹들, 죽음에 종속되게 되었고, 세례를 통해서 새로운 삶이 전해진다는 것을 인정하였다. 전체적으로, 헬라 교부들은 하나님의 은혜와 자유의지를 나란히 열거하는 것으로 만족하였다.

(1) 펠라기우스주의의 전파와 단죄

이 모든 것에 비추어 볼 때, 자유의지를 비롯해서 모든 것을 하나님의 은혜로부터 도출해낸 아우구스티누스의 입장이 펠라기우스를 통해 대변된 정반대의 입장과 충돌한 것은 너무도 당연한 일이었다. 이 두 신앙 체계는 완전히 상반되는 것이었다. 펠라기우스는 주후 409년에서 411년까지 로마에서 자신의 견해들을 처음으로 제시하였다. 그의 교리 체계는 그의 문도였던 켈레스티우스(Celestius)에 의해서 북아프리카 교회에 소개되었다. 이와 동시에, 펠라기우스는 팔레스타인으로 가서 자신의 견해들을 전파하였다. 그가 교회에서 일반적으로 받아들여진 가르침들로부터 떠나 있는 문제는 몇몇 공의회들에서 다루어졌다. 주후 412년에 켈레스티우스는 카르타고에서 이단으로 단죄되었고, 자신의 견해들을 철회하기를 거부하자 출교당하였다. 펠라기우스는 예루살렘과 디오스폴리스의 교회회의들 앞에서(그리고 팔레스타인에서도) 이단으로 그소되었지만, 그럴 듯하게 해명하고 자신의 일부 발언들을 약간 수정함으로써 재판관들을 흡족하게 만드는 데에 성공하여 무죄로 방면되었다(주후 414-416년). 주후 416년에 펠라기우스주의는 밀레브(Mileve)와 카르타고 교회회의에서 이단으로 단죄되었고, 이 결정은 우유부단하였던 로마의 감독 조시무스(Zozimus)에 의해서 최종적으로 재가되었다(주후 418년) — 조시무스는 처음에는 펠라기우스에게 정통이라는 증명서를 고부하였었다. 마침내, 주후 431년에 네스토리우스주의를 단죄하였던 에베소 공의회는 펠라기우스주의에 대한 단죄문도 통과시켰다.

(2) 반(半)펠라기우스주의

아우구스티누스주의와 펠라기우스주의라는 두 극단(極端) 사이에서 역사 속에서 반(半)펠라기우스주의로 알려진 운동이 일어났다. 실제로, 이 어중간한 입장은 강력한 논리적 통일성을 지닌 아우구스티누스주의 같은 체계만이 펠라기우스의 맹공격을 성공적으로 막아내고 자신의 입지를 견고히 지켜낼 수 있다는 것을 분명하게 보여주는 데에 기여하였다 — 이 일은 다른 그 어떤 것도 해낼 수 없었을 것이다. 반(半)펠라기우스주의는 하나님의 은혜와 인간의 의지 양쪽이 모두 인간을 새롭게 함에 있어서 대등한 요인들이라는 것을 인정하고, 예지(豫知)된 믿음과 순종에서 예정론의 토대를 찾음으로써 모든 난점을 비켜나가고자 하는 헛된 시도를 하였다. 이 입장은 인간의 부패를 부정하지 않았고, 인간의 본성이 타락에 의해서 치명적인 상처를 입은 것이라기보다는 약화되거나 병들었다고 보았다. 타락한 인간 본성은 자유의 요소를 여전히 지니고 있고, 바로 이것 덕분에 하나님의 은혜와 협력할 수 있다. 중생은 이 두 요인의 협력의 산물이지만, 중생의 역사를 개시시키는 것은 하나님이 아니라 인간이다.

(3) 교회에 의해서 받아들여진 아우구스티누스주의

반(半)펠라기우스주의적인 견해들은 특히 골(Gaul) 지방에서 퍼져나갔다. 이 견해들의 주된 대표자는 마실리아(마르세이유)의 대수도원장이었던 카시아누스(Cassian)였다. 그 밖에도 이 견해들을 옹호한 유능한 인물들로는 레기움의 파우스투스(Faustus of Rhegium)와 마실리아의 겐나디우스(Gennadius of Massilia) 등이 있었다. 그러나 반(半)펠라기우스주의는 내적인 통일성이 결여되어 있어서, 아우구스티누스주의 같이 치밀하게 구성된 교리 체계를 당해낼 수 없었다. 반(半)펠라기우스주의는 온건한 아우구스티누스주의를 지지한 저 중요한 오랑주(Orange) 공의회에서 단죄되었다.

아우구스티누스의 죄론과 은혜론은 서방 교회의 인간론으로 채택되었다 — 하지만, 거기에서조차도 일반적으로 받아들여진 것은 결코 아니었지만. 레오(Leo), 그레고리우스(Gregory), 비드(Bede), 앨퀸(Alcuin) 등과 같은 영향력 있는 인물들이 그러한 죄론과 은혜론을 지지하였다. 하지만, 그들은 아우구스티누스만큼 강력하게 멸망받을 자들(the lost)의 간과(看過, preterition)와 유기(遺棄, reprobation)를 단언하지는 않았다. 그들은 인간의 의지가 노예 상태에 있어서 인간이 새롭게 되기 위해서는 하나님의 은혜가 절대적으로 필요하다는 것을 대단히 강조하였다. 교회의 가장 중요한 지도자들은 아우구스티누스 이후 2-3세기 동안 아우구스티누스의 인간론 중에서 가장 실천적인 부분에 충실하였다고 할 수 있다. 오랑주 교회회의는 온건한 아우구스티누스주의를 교회의 공식적인 가르침으로 채택하였다. 펠라기우스주의와 반(半)펠라기우스주의는 둘 다 정통에 어긋나는 것으로 단죄되었다. 오직 은혜로 말미암는 구원에 관한 아우구스티누스의 가르침은 승리를 거두었지만, 예정에 의한 불가항력적 은혜에 관한 가르침은 세례에 의한 성례적 은혜에 관한 가르침으로 대체되었다. 아울러, 이중 예정설 — 악으로의 예정 — 도 주후 529년에 폐기되었다. 점차 로마 가톨릭 교회가 전반적으로 사양길에 접어들자 반(半)펠라기우스주의로 표류하는 경향이 짙어졌고, 동방 교회에서는 반(半)펠라기우스주의가 오래 전부터 어느 정도 확고한 발판을 확보한 상태였다. 세월이 흐르면서, 라틴 교회는 헬라 교회의 인간론을 채택하였고, 그 이후로 계속해서 그 인간론을 지지하였다.

심화학습을 위한 질문들

동방 교회의 인간론은 어떤 점에서 서방 교회의 것과 달랐는가? 펠라기우스주의와 아우구스티누스주의는 교회에서 새로운 것이었는가? 펠라기우스의 근본적인 오류는 무엇이었는가? 그의 자유의지론은 죄론과 은혜론에 어떠한 영향을 미쳤는가? 왜 그는 인간의 자유의지를 강조하였는가? 그의 자유의지론은 심리학적으로 유지될 수 있는 교설인가? 죄의 보편성에 관한 그의 설명은 왜 미흡한가? 그는 하나님의 은혜를 어떻게 이해하였는가? 그는 하나님의 은혜에 어떤 가치를 부여하였는가? 그는 내적인 영적 에너지로서의 은혜를 완전히 부정하였는가? 그는 자신의 가르침과 관련하여 어떠한 성경적 근거를 가지고 있었는가? 아우구스티누스는 타락 이전과 이후의 의지(willing)의 자유를 어떻게 이해하였는가? 그는 죄의 자발적 성격을 인정하였는가? 그는 육욕(肉慾)을 죄로 여겼는가?

결핍으로서의 죄에 대한 그의 강조는 어떻게 설명될 수 있는가? 그의 원죄론은 이전 교부들의 것을 뛰어넘었는가? 만약 그랬다면, 어떤 식으로 그러하였는가? 그는 죄의 전이(轉移)를 어떻게 이해하였는가? 그의 죄론과 은혜론은 어떤 식으로 그의 예정론으로 이어졌는가? 유기(遺棄, reprobation)가 작정되었다는 그의 인식은 어떤 것이었는가?

3. 중세 시대의 인간론

1) 대(大) 그레고리우스의 견해

주후 540년경에 로마에서 태어난 대(大) 그레고리우스(Gregory the Great)는 아우구스티누스, 히에로니무스(Jerome), 암브로시우스에게서 사사(師事)한 부지런하고 성실한 연구자였다. 종교적 성향이 짙은 인물이었던 그는 세상을 버리고, 부친이 죽은 후에는 자신의 재산을 좋은 일들, 특히 오로지 관상(觀想) 생활을 목적으로 하는 수도원들을 짓는 데에 바쳤다. 그는 주후 590년에 만장일치로 교황에 선출되었지만, 크게 망설이다가 교황직을 받아들였다. 그는 독창적인 사상가는 아니었지만 저술가로 높은 명성을 얻었고 건전한 가르침을 전파하기 위하여 많은 일을 하였다. 아우구스티누스 다음으로 그는 교회에서 가장 영향력 있는 권위자였다. 사실, 아우구스티누스는 중세 시대 초기에는 오직 대 그레고리우스(1세)에 의해서 해석된 모습으로 소개되었다. 바로 그런 이유 때문에 중세 시대의 교리사는 그에게서 시작되지 않으면 안 된다.

(1) 인간론

대 그레고리우스는 아우구스티누스의 신학을 어느 정도 희석시키고 완화시켜서 소개하였다. 그는 인간의 연약함(weakness)으로 말미암아 죄가 세상에 들어오게 된 것이라고 설명한다. 아담이 범한 최초의 죄는 자유의지에 의한 행위였는데, 이 자유로운 행위를 통해서 그는 하나님을 사랑하는 마음을 버리고 영적인 맹목(blindness)과 영적인 죽음에 굴복하였다. 첫 번째 사람의 죄로 말미암아 모든 사람이 죄인이 되었고, 그 결과 정죄(condemnation)를 받았다. 여기까지는 꽤 아우구스티누스적인 냄새가 난다. 그러나 대 그레고리우스는 이러한 개념들을 일관되게 끝까지 끌고가지 못하였다. 그는 죄를 죄책(罪責)이라기보다는 연약함 또는 질병으로 보았고, 인간은 타락으로 인해서 자유가 아니라 단지 의지가 지닌 선함(goodness)만을 잃었을 뿐이라고 가르쳤다. 아울러, 그는 은혜 없이는 그 어떤 구원이나 인간의 그 어떤 공로도 있을 수 없다는 것을 강조하였다. 구속의 역사(役事)는 하나님의 은혜로 말미암아 시작된다. 선행적 은혜는 인간으로 하여금 선에 대한 의지를 갖게 만들고, 후속적인 은혜는 선을 행할 수 있게 만든다. 인간 속에서의 변화는 믿음을 생기게 하고 과거의 죄들이 지닌 죄책을 무효화시키는 세례에서 시작된다. 의지는 새로워지고, 마음은 하나님의 사랑으로 가득하게 되어서, 인간은 하나님에게 공로에 의해서 뭔가를 얻을 수 있게 된다.

(2) 예정론

대 그레고리우스는 아우구스티누스의 예정론을 오직 수정된 형태로만 유지하였다. 그는 불가항력적 은혜, 일정한 수를 택정한 하나님의 비밀스런 계획이라는 의미에서의 예정을 얘기하지만, 그것은 결국 단지 예지(豫知)에 근거한 예정일 뿐이다. 하나님은 구원받을 일정한 수를 정하는데, 이는 그들만이 복음을 받아들일 것을 아시기 때문이다. 그러나 자기 자신이나 다른 사람이 택함받았다는 것은 그 누구도 확실히 알 수 없다.

2) 고트샬크 논쟁

(1) 고트샬크의 예정론

아우구스티누스는 종종 이중 예정에 대하여 여기하였고, 세비야의 이시도루스(Isidore of Seville)도 예정이 이중의 것이라고 썼다. 그러나 주후

7-9세기의 많은 아우구스티누스주의자들은 예정의 이중적 성격을 보지 못하고, 예정을 대 그레고리우스가 해석한 대로 받아들였다. 그 때에 아우구스티누스의 택정 교리 속에서 비로소 자신의 영혼의 안식과 평안을 발견하였던 고트샬크(Gottschalk)라는 인물이 등장하여, 이중 예정, 멸망 받을 자들(the lost)의 예정과 구원받을 자들(the saved)의 예정을 열렬히 주장하였다. 하지만, 그는 조심스럽게 하나님의 역사를 구속의 일과 거룩을 만들어내는 일로 제한하고, 죄를 단지 용인(容認)의 작정 — 하지만, 이 작정은 확실한 것이다 — 의 대상으로만 본다. 그는 예지(豫知)에 근거한 예정은 하나님의 작정을 인간의 행위들에 의존하게 만든다는 이유로 그러한 예정 개념을 분명하게 거부하였다. 예지는 예정을 수반하고, 예정의 정당성을 입증해 준다.

(2) 고트샬크에 대한 반대

그는 아주 많은 부당한 반대를 받았다. 그의 대적들은 그를 이해하지 못하고, 그의 가르침은 하나님을 죄의 원천으로 만들었다는 친숙한 비난을 그에게 퍼부었다. 그의 가르침은 주후 848년에 마이앙스(Mayence)에서 단죄되었고, 그 이듬해에 그는 채찍질을 당하고 종신형에 처해졌다. 논쟁은 계속되었고, 프루덴티우스(Prudentius), 라트람누스(Ratramnus), 레미기우스(Remigius) 등과 같은 몇몇 영향력 있는 신학자들은 이중 예정론을 아우구스티누스적인 것이라고 옹호하였던 반면에, 특히 라바누스(Rabanus)와 랭스의 앙크마르(Hincmar of Rheims)는 이중 예정론을 맹렬히 공격하였다. 그러나 이 논쟁은 결국 말장난에 지나지 않는다는 것이 입증되었다. 이중 예정론의 지지자들이나 반대자들은 둘 다 실제로는 반(半) 아우구스티누스주의자들이었다. 그들은 동일한 사상을 서로 다른 방식으로 표현한 것일 뿐이었다. 전자는 아우구스티누스와 마찬가지로 이중 예정론에 대하여 말하였지만 예지(豫知)에 의한 유기(遺棄)에 토대를 두었고, 후자는 "예정"이라는 용어를 오직 생명으로의 택정에만 적용하였으나 역시 예지(豫知)에 의한 유기(遺棄)에 토대를 둔 것은 마찬가지였다. 두 진영은 모두 성례적 은혜라는 개념에 동의하였고, 엄격한 예정론이 성례의 영적 가치를 빼앗아버리고 단순한 형식들로 만들어 버릴 것을 두려워하였다.

퀴어시(Quiercy) 교회회의와 발랑스(Valence) 공의회의 결정은 이러한 평가와 완전히 맥을 같이하는 것으로서, 전자는 반대자들의 견해를 수용하고, 후자는 지지자들의 견해를 수용하였다. 발랑스 공의회의 선언문은 이렇게 되어 있다: "우리는 택함받은 자들이 생명으로 예정되었고 악인들이 사망으로 예정되었지만, 구원받은 자들의 택정에 있어서 하나님의 긍휼이 선한 공로보다 선행(先行)하며 멸망받을 자들의 정죄에 있어서 악한 공로가 하나님의 의로우신 심판보다 선행한다는 것을 고백한다. 그러나 (우리는) 예정에 있어서 하나님께서 거저 베푸시는 긍휼이나 의로운 심판에 있어서 오직 그 자신이 행하고자 하시는 것들만을 결정하셨다는 것을 (고백한다) … 그러나 (우리는) 악인에 있어서 하나님은 악(惡)이 그들로부터 나오기 때문에 그 악을 미리 아신 것이고, 그 악이 하나님으로부터 나오는 것이 아니므로 하나님이 그 악을 예정하시는 것이 아님을 (고백한다)"(Seeberg, *History of Doctrines*, II, p. 33에서 재인용). 퀴어시 교회회의는 주후 853년에, 발랑스 공의회는 주후 855년에 열렸다.

3) 안셀무스의 기여

중세 시대 동안에 아우구스티누스의 인간론을 단순히 재현만 한 것이 아니라 거기에 적극적인 기여를 한 한 명의 위대한 사상가가 있었는데, 그는 캔터베리의 안셀무스(Anselm of Canterbury)였다.

(1) 죄론

그는 원죄론을 강조하지만, 원죄(原罪, original sin)라는 표현에서 "원"(原)이라는 말은 인류의 기원(origin)이 아니라 현재의 상태에 있어서 개인의 기원을 가리키는 것이라는 사실을 강조한다. 그의 견해에 의하면, 원죄는 본성적 죄(peccatum naturale)라고도 할 수 있다 — 하지만, 원죄는 인간 본성 자체에 속하는 것이 아니라, 인간 본성이 창조 이래로 들어가게 된 상태를 나타내는 것이기는 하지만. 인간은 타락으로 인해서 죄책을 지게 되고 부패하게 되었고, 이 죄책(guilt)과 부패(pollution)는 아버지로부터 자녀로 전해진다. 실제적인 죄(자범죄)든 원죄이든 모든 죄는 죄책을 구성한다.

  죄는 자유의지의 행사를 전제한다고 보았기 때문에, 그는 어떻게 아이들에게 죄를 돌릴 수 있는가, 왜 유아들이 죄 사함을 받기 위해서 세례를 받아야 하는가라는 질문을 제기한다. 그는 인간 본성이 창조 이후에 신앙을 떠나 변절되었다는 사실에서 그 설명을 찾는다. 아우구스티누스와 마찬가지로, 그는 각각의 아이는 아담이 지녔던 저 일반적 인간 본성(general human nature)의 개별화된 부분이기 때문에 모든 아이는 아담 안에서 실제로 범죄하였고, 따라서 죄책이 있고 부패된 것이라고 보았다. 만약 아담이 타락하지 않았다면, 인간 본성은 신앙을 떠나 변절되지 않았을 것이고, 거룩한 본성은 아버지에게서 아들로 전해졌을 것이다. 하지만, 현재의 상태 속에서는 죄악된 본성이 생식을 통하여 번식된다. 그러므로 원죄는 본성의 죄에 그 기원이 있고, 자범죄는 그 성격이 완전히 개인적이다.

  안셀무스는 첫 번째 조상의 죄와 마찬가지로 직계 조상들의 죄도 후손들에게 전가되는 것인가라는 질문을 제기한다. 그의 대답은 부정적이다. 직계 조상들의 죄는 아담 안에 있었던 인간 공통의 본성에 의해서 저질러진 것이 아니기 때문이다. 아담의 죄는 유일무이한 것이었고, 그 이후에는 그런 성격을 지닌 죄는 없었다. 아담의 죄는 인류 전체를 자기 자신 안에 포함하고 있던 한 개인의 범죄였기 때문이다. 이것은 의심할 여지 없이 안셀무스의 체계에 있어서 하나의 약점이다. 왜냐하면, 아담 이후의 모든 조상들이 범한 죄들도 비록 개별화되긴 했지만 여전히 동일한 인간 본성에 의해서 저질러진 것이고, 안셀무스의 해법은 왜 오직 아담의 **첫 번째** 죄만이 그의 후손들에게 전가되고 아담이 나중에 지은 죄들은 전가되지 않는 가라는 질문에 대답해 주지 못한다. 추가적으로, 그는 아담의 경우에는 본성의 죄책, 즉 원죄는 개인의 죄책에 의거한 것이지만, 그의 후손들의 경우에는 개인의 죄책은 본성의 죄책에 의거한 것이라는 사실을 환기시킨다. 아담이라는 인격 안에서 인류 전체가 시험을 받았다. 이 점에서 그는 후대의 언약 개념에 가까이 접근해 있다.

(2) 자유의지론

안셀무스는 자유의지에 관한 문제도 다루면서, 몇 가지 귀중한 제안들을 내놓는다. 그는 자유를 범죄하거나 범죄하지 않을 힘, 또는 양쪽 모두의 가능성(possibilitas utriusque partis)으로 정의하는 통속적인 정의는 부적절하다고 분명하게 말한다. 그런 정의는 거룩한 천사들에게는 맞지 않는다. 천사들은 완전한 도덕적 자유를 지니고 있지만, 범죄할 수 없다. 그는, 외부의 강제 없이 스스로 옳은 것을 행하겠다고 아주 단단히 결심하여 옳은 길을 떠날 수 없게 된 의지는, 옳은 일을 행하겠다는 결심이 아주 약해서 의의 길에서 쉽게 떠날 수 있는 의지보다 더 자유롭다고 주장하였다. 그러나, 그런 주장이 옳다면, 천사들과 우리의 첫 번째 조상들의 배교를 자유의지에 의한 행위라고 할 수 있는가라는 문제가 생겨난다. 이 문제에 대해서 안셀무스는 우리의 첫 번째 조상들의 행위는 분명히 자발성과 순수한 자기 의지에 의한 행위였지만 참된 자유의지에 의한 행위는 아니었다고 답변한다. 그들은 그들이 지닌 자유 때문이 아니라 자유가 있었음 불구하고 범죄의 가능성(possibilitas peccandi)이 그들에게 있었기 때문에 범죄한 것이었다. 그들이 행한 것과 다르게 행할 수 있는 능력이 있었다는 것은 그들의 자유에 그 어떤 것도 더해주지 않았다. 왜냐하면, 그들은 그런 능력 없이도 자발적으로 거룩하였기 때문이다.

안셀무스는 참된 자유와 의지의 능력(voluntary faculty) 자체를 구별한다. 전자는 상실되었지만, 후자는 상실되지 않았다. 의지의 참된 목적과 용도는 선이나 악 중 어느 것을 선택하는 것이 아니라 선을 선택하는 것이다. 창조주가 인간에게 의지의 능력을 준 의도는 다른 것이 아니라 바로 옳은 것에 대한 의지를 가지라는 것이었다. 의지의 참된 자유는 거룩을 향한 의지의 자기 결단에 있다. 이것은 자유는 제멋대로 하는 것(caprice)이고 의지는 가치 중립적인 자유를 지닌 채 창조되었다는 개념을 거부한다는 것을 의미한다. 의지는 창조되면서부터 오직 하나의 대상, 즉 오직 거룩만을 선택하도록 되어 있었다. 그러나 이러한 목적을 받아들이는 것은 외부로부터의 강제가 아니라 자기 결단이야 한다. 시험(試驗)의 목적으로 주어진 잘못된 것을 선택할 수 있는 능력은 불법적인 선택의 위험성에 노출되어 있기 때문에 진정한 자유의 완전함으로부터 제외된다.

4) 로마 가톨릭의 인간론이 지닌 특징들

로마 가톨릭 교회는 분명히 반(半)아우구스티누스주의와 반(半)펠라기우스주의라는 두 가지 경향성을 지니고 있었는데, 그 중에서 후자가 점차 세력을 장악하게 되었다. 여기에서는 스콜라 신학자들이 벌인 모든 논의를 다 다룰 수 없기 때문에, 점차적으로 등장한 특징적인 가르침들만을 살펴보기로 하자.

(1) 원의론(原義論)

원의(original righteousness)는 본성적인 것이 아니라 초자연적으로 주어진 것이라는 견해가 점차 득세하였다. 인간은 원래 육신(flesh)과 영(spirit)으로 구성되어 있는데, 이러한 다양한 또는 상반된 두 소질(素質) 때문에 갈등(육욕, concupiscence)이 일어나서, 흔히 옳은 행위를 행하는 것이 어려워진다. 인간의 본성이 지닌 이러한 본래적인 무기력의 약점을 상쇄시키기 위하여 하나님은 인간에게 모종의 주목할 만한 은사, 즉 원의를 더하였는데, 이 원의는 인간의 열등한 요소가 원래의 목적대로 우월한 요소에게, 또 우월한 요소는 하나님에게 복종하도록 견제하는 역할을 하였다. 이 원의는 적극적인 의나 적극적인 불의가 없이 지음받은 인간의 본성에 더해진 그 무엇, 초자연적 은사(donum superadditum)였다.

(2) 원의의 상실에 관한 견해

죄가 세상에 들어오자, 인간은 이 원의를 상실하였다. 이것은 배교로 인해서 인간이 본성적으로 주어진 것들은 하나도 상실하지 않았고, 단지 인간의 본성에 대하여 이질적이었던 초자연적인 은사만을 상실하였다는 것을 의미한다. 원의는 상실되었고, 인간은 육신과 영의 제어되지 않는 갈등의 상태로 빠져들었다. 인간의 본성 안에서 열등한 요소에 대한 우월한 요소의 지배력은 치명적으로 약화되었다. 인간은 죄 되지도 않고 거룩하지도 않은 중립적인 상태로 되돌아갔지만, 인간의 본성이 지닌 구조로 인해서 육신과 영의 갈등에 종속되게 되었다.

(3) 원죄론

인류의 머리인 아담은 그의 모든 후손들의 대표자로 세워졌기 때문에, 아담의 후손들은 모두 아담 안에서 범죄하였고, 원죄를 짊어진 채 세상으로 들어온다. 원죄의 성격에 관한 스콜라 신학자들의 견해는 천차만별이긴 했지만, 유력한 견해는 원죄는 적극적인 그 무엇이 아니라 있어야 할 것이 없는 것, 특히 원래의 정의(original justice)의 결여 또는 결핍이라는 것이었다 — 어떤 이들은 여기에 하나의 적극적인 요소, 즉 악에 이끌리는 성향(an inclination to evil)을 추가하기도 하지만. 원래의 정의는 인간에게 초월적으로 더해진 저 원의(original righteousness)로 이해되기도 하고, 원의 외에도 자연적 의(justitia naturalis, 본성적 의)로 불리는 것을 추가하여 이해하기도 한다. 첫 번째 조상으로부터 나온 원죄는 보편적이고 자발적인 성격을 지닌다. 원죄는 육욕(concupiscence, 정욕)이나 인간 속에 현존하는 악한 욕망들과 정욕들과 동일시되어서는 안 된다. 이러한 것들은 본래적인 의미에서의 죄가 아니다.

(4) 신인협력설

로마 가톨릭은 인간이 영적으로 무능력하다는 것과 새로워지기 위해서는 전적으로 하나님의 은혜에 의존해야 한다는 사상을 거부한다. 그들은 중생에 있어서 신인협력설(synergism), 즉 인간은 영혼을 영적으로 새롭게 함에 있어서 하나님과 협력한다는 교설을 채택하고 있다. 인간은 주입된 의(infused righteousness)라 불리는 칭의의 은혜를 받기 위해서 스스로를 준비시킨다. 종교개혁 시대에 개혁자들의 단세설(單勢說, monergism)은 로마 가톨릭 교회로부터 다른 그 어떤 교리보다도 아주 격렬하게 공격을 받았다.

심화학습을 위한 질문들

왜 교회는 엄격한 아우구스티누스주의를 받아들이기를 망설였는가? 교회는 처음에는 어떤 방향으로 움직였고, 어떠한 견해가 점차 득세하게 되었는가? 대 그레고리우스의 견해들은 아우구스티누스의 것과 어떻게 달랐는가? 고트샬크(Gottschalk)는 유기(遺棄)된 자들이 죄를 범하도록 하나님이 예정하였다고 주장하였는가? 그의 가르침에 의해서 어떠한 실천적인 관심들이 위태롭게 되고 있다고 생각되었는가? 안셀무스의 원죄관은 어떤 점에서 결함이 있었는가? 그는 죄의 전이(轉移)에 대하여 적절하게 설명하였는가? 자유의지에 관한 그의 이해는 펠라기우스의 것과 어떻게 달랐는가? 스콜라 신학자들 사이에서는 어떠한 서로 다른 원죄관들이 유포되어 있었는가? 로마 가톨릭은 인간의 타락이 인간의 본래적인 본성에 영향을 미쳤다는 것을 믿는가? 그들은 원죄를 어떻게 정의하는가? 원죄는 육욕(또는, 정욕)과 어떻게 다른가? 그들은 타락 이후에도 의지가 자유를 가지고 있다고 보는가? 어떤 의미에서 그러한가?

4. 종교개혁 시대의 인간론

1) 종교개혁자들의 인간론

(1) 아담과 그의 후손들의 관계에 관한 견해

종교개혁자들은 죄론과 은혜론을 구성함에 있어서 아우구스티누스와 안셀무스의 체계를 약간 수정해서 받아들였다. 그들은 테르툴리아누스, 아우구스티누스, 안셀무스의 실재론(實在論)을 언약 개념으로 대체함으로써 아담의 죄와 그의 후손들의 죄의 관계를 좀 더 정확하게 정의하였다. 그들이 이 개념을 온전히 발전시키지 않았다는 것은 사실이지만, 그들은 아담과 그의 후손들의 관계를 정의하는 데에 이 개념을 활용하였다. 베자(Beza)는 특히 아담이 본성에 있어서 인류의 자연적인 머리(the natural head)일 뿐만 아니라 하나님이 인류와 맺은 언약의 대표자(federal representative)였고, 그 결과 그의 최초의 죄는 그의 모든 후손들에게 죄책으로 전이된다는 사실을 강조하였다. 모든 사람이 아담 안에서 죄책을 지기 때문에, 그들은 부패된 상태로 태어난다.

(2) 죄론

칼빈은 원죄는 결여나 결핍(privation)일 뿐만 아니라 인간 본성의 전적 부패이기도 하다는 사실을 강조하였다. 아우구스티누스는 이러한 부패를 감각적 욕구들 속에서 찾았던 반면에, 칼빈은 원죄가 영혼의 열등한 기능들과 우월한 기능들 모두 속에 자리잡고 있으면서 그러한 기능들을 통해서 적극적인 악으로 활동한다고 지적하였다. 로마 가톨릭의 입장에 반대하여 종교개혁자들은 원죄는 원시적 정의(正義)의 단순한 결여 이상의 것이고, 죄의 방향으로 나아가는 욕망들의 최초의 움직임들은 의지의 동의를 받기 이전에도 단순히 죄의 거품들 또는 연료인 것이 아니라 실제적으로 죄라고 주장하였다. 그것들은 인간을 죄책이 있게 만들고 정죄를 받게 만드는 내주하는(indwelling) 죄들이다. 칼빈과 종교개혁자들 전반에 의하면, 원죄는 인간 본성의 유전된 타락과 부패로서 인간을 하나님의 진노를 받게 만들고 인간 안에서는 육체의 일들을 만들어낸다. 우리는 아담 안에서 본성적으로 죄책을 지니고 있고 부패되어 있으므로, 하나님이 보시기에 정죄된 상태에 있다.

(3) 전적 타락설

종교개혁자들 사이에서 일반적으로 통용되던 견해는 타락의 결과로 인간은 전적으로 타락하여 그 어떤 영적인 선을 행할 수 없고, 따라서 자신의 회복을 향하여 조금도 앞으로 나아갈 수 없다는 것이었다. 루터(Luther)와 칼빈(Calvin)은 이 점을 직접 강력하게 표현하고 있고, 츠빙글리(Zwingli)는 겉보기에는 원죄를 본래적인 의미에서의 죄라기보다는 질병이나 상태로 보는 것 같지만 이 점에 있어서 전체적으로 그들의 견해에 동의한다. 멜란히톤(Melanchthon)조차도 처음에는 이 견해에 동의하였다가, 나중에 가서야 자신의 견해를 수정하였다. 그러나 종교개혁자들은 전적 타락(total depravity)의 교리를 유지하면서도, 중생하지 못한 자들이라도 여전히 시민적 의(civil righteousness), 즉 사람들의 사회적 관계들 속에서 하나님이 인정하시는 의를 행할 수 있다고 주장하였다. 인간의 영적 무능력에 대하여 예외적으로 강력한 표현들을 사용하는 루터조차도 세속적인 일들에 있어서는 인간이 선을 행할 수 있다는 것을 분명하게 인정한다. 멜란히톤은 루터나 칼빈보다 한층 더 나아가서, 인간으로 하여금 시민적 의를 행할 수 있게 해주는 하나님의 보통 은혜(common grace)가 존재한다는 것을 다른 누구보다도 더 역설하였다.

(4) 은혜의 필요성에 관한 견해

전적 타락설로부터 당연히 따라나오는 가르침은 인간은 새로워지기 위해서 하나님의 은혜에 전적으로 의존한다는 것이다. 루터와 칼빈, 츠빙글리는 이 점에서 있어서 견해가 일치하지만, 멜란히톤은 루터의 견해에 완전히 동의하다가, 의지의 속박(the bondage of the will)에 관한 가르침에 반대해야 한다는 압박감 아래에서 의지가 일정 정도의 실질적인 자유 또는 영적 능력을 지니고 있다고 주장하고서, 중생에 있어서 신인협력설을 가르쳤다.

(5) 예정론

앞에서의 모든 설명에 비추어 볼 때, 종교개혁자들이 엄격한 예정론들일 수밖에 없었다는 것은 너무도 당연하였다. 루터와 칼빈은 둘 다 이중 예정을 믿었다. 하지만, 루터는 칼빈만큼 이 교리를 부각시키지 않았고, 종종 유기(遺棄, reprobation)에 관한 가르침을 부정하거나, 유기는 예지(豫知, foreknowledge)에 의한 것이라고 주장하는 경향을 보여주기도 하였다. 츠빙글리도 명확한 용어들을 사용하여 이 교리를 가르쳤고, 하나님의 개입(the divine agency)과 죄의 관계를 설명함이 있어서는 칼빈만큼 신중하거나 세심하지 않았지만, 유기(遺棄)를 유효한 작정(efficient decree)이라고 역설한다. 물론, 멜란히톤은 죄와 중생에 관한 그의 가르침에서와 마찬가지로 여기에서도 이리저리 흔들렸다. 그는 가능한 한 예정이라는 주제를 회피하였다.

종교개혁 이후에 언약 개념은 특히 불링거(Bullinger), 폴라누스(Polanus), 고마루스(Gomarus), 클로펜부르크(Cloppenburg), 코케이우스(Cocceius)의 저작들 속에서 더 상세하게 발전되었다. 아담은 단순히 본성적으로 인류의 머리일 뿐만 아니라 하나님이 인류와 맺은 언약의 머리, 그의 모든 후손들의 도덕적·법적 대표자였다는 것이 분명해졌다. 그 결과, 모든 사람이 아담 안에서 문자 그대로 및 사실적으르 범죄하였다는 사상은 모든 사람이 아담 안에서 대표의 원리에 의해서 범죄하였다는 사상으로 바뀌었다. 첫 번째 인간이 그의 모든 후손들의 법적 대표자로서 범죄하였기 때문에, 그의 죄로 인한 죄책(guilt)은 그들에게 전가되고, 따라서 그들도 부패한 채로 태어난다. 실재론(實在論)은 루터파 진영에서보다도 개혁파 진영에서 더 일반적으로 폐기되었고, 죄의 전이(transmission)를 설명하는 데에는 실재론 대신에 언약 개념이 활용되었다.

2) 소키누스주의의 입장

소키누스주의(Socinianism)는 종교개혁의 가르침어 대한 반발을 대표하는 것으로서 그 죄론과 은혜론에 있어서는 단지 옛 펠라기우스 이단이 부활한 것일 뿐이었다. 그들에 의하면, 인간이 하나님의 형상대로 지음받았다고 할 때에 그것은 단지 열등한 피조 세계에 대한 인간의 지배권을 의미하는 것이지, 그 어떤 도덕적 완전함이나 본성의 탁월함을 의미하지는 않는다. 아담은 적극적인 의나 거룩을 지니고 있지 않았기 때문에 죄의 결과로 그러한 것들을 상실하는 일도 일어날 수 없었다. 인간은 범죄하였고 하나님의 진노를 불러일으켰지만, 인간의 도덕적 본성은 여전히 아무런 손상도 입지 않은 채 그대로 보전되었고, 그의 후손들에게도 손상되지 않은 채로 전이(轉移)된다. 인간이 죽는 것은 아담의 죄 때문이 아니라 인간이 죽을 존재로 지음받았기 때문이다. 사람들은 지금도 죄에 대한 소질이나 성향을 지니고 있지 않다는 점에서 본성상 아담과 같지만, 그들이 보고 듣는 죄의 모범들로 인하여 좀 더 불리한 상황 속에 놓여 있다. 이러한 상황 때문에 그들이 죄에 빠질 기회는 더 늘어나고 있지만, 그들은 죄를 완전히 피할 수 있고, 그들 중 일부는 실제로 그렇게 하고 있다.

또한, 그들이 죄에 빠져서 범죄로 인한 죄책을 지니고 있다고 하더라도, 그들은 그것 때문에 하나님의 진노를 불러일으키지는 않는다. 하나님은 그들의 연약함을 알고 그들이 회개하는 마음으로 그에게 나아오면 언제든지 그들의 죄를 사해 줄 준비가 되어 있는 인자하고 긍휼에 풍성한 아버지이시다. 그들은 구원을 얻기 위하여 구주(救主)나 하나님의 어떤 비상한 중재를 필요로 하지 않는다. 그들의 도덕적 본성에 있어서의 어떤 변화도 요구되지 않고, 그러한 변화를 가져오기 위한 어떤 방편도 행해지지 않았다. 하지만, 그리스도의 가르침과 모범은 그들을 올바른 방향으로 이끄는 데에 도움이 된다.

3) 아르미니우스주의의 인간론

주후 17세기 초에 칼빈주의의 죄론과 은혜론은 아르미니우스주의 논쟁의 중심지가 된 네덜란드에서 강력한 반대에 부딪쳤다. 베자(Beza)의 제자였던 아르미니우스(Arminius)는 처음에는 엄격한 칼빈주의자였다가 나중에는 보편 은혜와 자유의지에 관한 교설을 신봉하는 자가 되었다. 그는 유기설(遺棄說)을 부정하였고, 원죄론을 완화시켰다. 라이덴(Leyden)에서의 그의 후계자였던 에피스코피우스(Episcopius), 그리고 오이텐보가에르트(Uytenbogaert), 그로티우스(Grotius), 림보르흐(Limborch) 등과 같은 그의 추종자들은 공인된 교회론에서 한층 더 멀리 이탈하였고, 마침내 다섯 개 조(條)로 이루어진 항변서를 통해서 그들의 견해를 구체화하였다.

(1) 죄론

아르미니우스주의자들이 취한 입장은 실질적으로 반(半)펠라기우스주의의 입장이다. 그들은 아담의 범죄가 그의 모든 후손들의 영적 상태에 악영향을 미쳤다는 것을 믿긴 하지만, 종교개혁의 교회들에 의해서 가르쳐진 대로의 원죄론을 거부한다. 그들은 아담의 죄로 인한 부패(pollution)는 대물림되지만 그 죄책은 그의 후손들에게 전가되지 않는다고 주장한다. 그들은 이 부패를 본래적인 의미에서의 죄로 보지 않고 단지 질병이나 연약함으로 본다. 그 부패는 인간을 정죄의 상태 아래에 놓이게 만드는 것이 아니라, 단지 인간의 본성을 약화시켜서, 하나님의 은총을 다시 회복하거나 스스로의 힘으로 구원의 길을 발견해서 영생을 얻을 수 없게 만들 뿐이다. 그들은 종종 인간 본성의 전적 부패를 믿는 듯이 말하긴 하지만 실제로는 그것을 믿지 않고, 인간은 실질적인 자유의지, 즉 영적으로 선한 일을 할 수 있는 자연적인 힘 또는 능력을 자기 속에 지니고 있어서 일정 정도 스스로 하나님에게 돌이켜서 하나님의 뜻을 행할 수 있다고 말한다.

(2) 은혜론

또한, 그들은 교회의 신조들과는 본질적으로 다른 은혜론을 제시하면서, 세 가지 서로 다른 정도의 은혜를 구별한다: (a) 선행적 은혜 또는 보통 은혜; (b) 복음적 순종의 은혜; (c) 견인(堅忍)의 은혜. 성령은 모든 사람에게 유전된 부패의 효과를 상쇄시키고 중생에 있어서 하나님의 은혜와 협력할 수 있게 해주는 충족적 은혜(sufficient grace)를 수여한다. 어떤 사람이 중생하지 못하였다면, 그것은 그의 인간적 의지가 하나님의 의지와 협력하는 데에 실패하였기 때문이다. 이러한 충족적 은혜 또는 가능 은혜(enabling grace)를 제대로 사용하는 자는 하나님의 유효한 은혜(efficient grace)의 대상이 된다. 그는 좀 더 높은 복음적 순종의 은혜를 받고, 순종을 해나가다 보면 한층 더 높은 견인의 은혜에 참여하는 자가 될 수 있다.

충족적 은혜에 관한 이러한 이론은 인간 책임론을 보호해 주는 것으로 여겨진다. 원죄는 인간에게 하나의 책임져야 할 잘못으로 전가될 수 없기 때문에, 하나님은 능력을 주시는 은혜의 수여와는 상관없이 인간에게 믿음을 요구할 수 없다. 그러나 하나님이 인간에게 인간의 영적 무능력을 제거해 주는 은혜를 수여한다면 — 실제로 그렇다 — 하나님은 믿음을 요구할 수 있는 완전한 권리를 갖는다. 인간이 하나님의 이러한 은혜를 거역하고 그 은혜에 협력하기를 거부한다면, 그는 당연히 자기가 중생하지 못한 것에 대하여 책임이 있다.

(3) 예정론

아르미니우스주의자들은 이러한 견해들과 맥을 같이하여 절대적 선택(election)이나 절대적 유기(遺棄, reprobation)를 믿지 않았고, 믿음과 순종과 견인에 대한 (예지(豫知)를 토대로 한) 택정과; 불신앙, 불순종, 죄 안에 그대로 머무는 것에 대한 (예지를 토대로 한) 유기를 주장하였다. 그런 점에서 그들은 예정을 부정한다면 당연히 예지도 부정해야 한다는 것을 분명히 알았던 소키누스파보다 그 일관성이 훨씬 떨어졌다.

4) 도르트 교회회의의 입장

이 교회회의는 1618년에 네덜란드의 국무성에 의해서 소집되었고, 84명의 정식 회원들과 18명의 총대(總代)들로 구성된 대단한 총회였다. 그 중에서 48명은 네덜란드인이었고, 나머지는 잉글랜드, 스코틀랜드, 독일의 팔츠, 헤센(Hessen)과 브레멘, 나사우(Nassau), 엠덴(Emden), 스위스를 대표하는 외국인들이었다. 프랑스와 브란덴부르크의 사절들은 참석하지 않았다. 아르미니우스주의자들은 정식 회원이 아니라 피고들로 자리하였다. 총 154번의 회의가 열렸고, 이것은 아주 많은 회의였다. 이 교회회의는 지금까지 소집된 회의들 중에서 가장 대표적인 것이었다. 이 교회회의는 교리 문제들과 관련된 안건을 다룰 때에 타협을 하지 않았다: 이 회의는 항변파(Remonstrance)의 다섯 개 조(條)를 거부하고, 다섯 개의 철저하게 칼빈주의적인 교회법(Canons)을 채택하였는데, 논란이 되고 있던 사항들과 관련된 종교개혁, 특히 칼빈의 교리들을 명료하고 정확하게 제시하고, 아르미니우스주의의 오류들을 드러내어 거부하였다.

(1) 예정론

이 교회회의는 신앙과 불신앙에 대한 예지(豫知)가 아니라 하나님의 선하심과 기뻐하심에 근거를 둔 이중 예정론을 천명하였다. 그러므로 선택(election)과 유기(reprobation)는 둘 다 절대적이다. 선택은 아담의 죄로 인하여 정죄 아래 놓이게 된 타락한 인류 가운데서의 선택이고, 유기(遺棄)는 간과(看過, preterition), 즉 타락한 인류의 일정 수를 간과하여서 그들의 죄로 인한 멸망과 정죄 가운데 그들을 내버려두는 것으로 이루어진다.

(2) 원죄와 인간의 타락

이 회의는 엄밀한 의미에서의 원죄론을 옹호하고 단언하였다. 아담은 그의 모든 후손들의 법적 대표자였기 때문에, 그의 첫 번째 죄로 인한 죄책은 그의 후손들에게 전가되고, 그 결과로 인간 본성의 부패도 생식을 통해 그들에게 전이된다. 그들은 전적으로 부패되어 있다. 즉, 그들은 그들의 존재의 모든 부분에서 부패되어 있기 때문에 그 어떤 영적 선도 행할 수 없고, 하나님과의 깨어진 관계를 회복하고자 하는 그 어떤 노력도 할 수 없다. 아울러, 교회법은 이렇게 말한다: "하지만, 타락 이래로 인간 속에는 자연적인 희미한 빛이 여전히 남아 있어서, 이를 통하여 인간은 하나님, 자연적인 것들, 선과 악의 차이를 아는 약간의 지식을 지니고 있고, 미덕, 사회의 선한 질서, 단정한 외적인 행실을 유지하는 것에 대한 약간의 존중심을 드러낸다. 그러나 이러한 자연의 빛은 인간에게 하나님을 아는 구원의 지식을 가져다 주기에는 턱 없이 부족해서, 인간은 자연적이고 시민적인 일들 속에서조차도 그 빛을 올바르게 사용할 수 없다"(III과 IV, 제4조).

(3) 중생론

중생은 철저하게 하나님의 단독 사역에 의한(monergistic) 것으로 보아지고, 결코 하나님과 인간의 협력 사역으로 보아지지 않는다. 중생을 위한 은혜 없이는 그 누구도 하나님에게로 돌이킬 수 없고, 선택에 근거를 둔 하나님의 유효한 행위가 없이는 아무도 구원의 초청을 받아들일 수 없다. 그렇지만, 구원은 복음을 듣는 모든 자들에게 믿음과 회개라는 조건을 달아서 극히 진지하게 제안된다. 멸망받는 것은 전적으로 그들 자신의 책임이다.

도르트 교회회의의 결정들은 여러 가지 이유로 대단히 중요하였다: (a) 이 결정들은 그 때까지 그렇게 세심하게 고찰된 적이 없었던 개혁 신학의 몇몇 가장 중요한 점들에 대한 공식적인 견해들이었다; (b) 이 결정들은 어느 점으로 보아도 지금까지 소집되었던 공의회들 중에서 가장 대표적인 집단이자 당시의 가장 유능한 신학자들이 다수로 구성된 사실상 교회 연합적인 공의회에 의한 공식적인 견해들이었다; (c) 이 결정들은 네덜란드의 교회들 속에서 팽배하였던 불확실성, 다른 나라들에서도 느껴졌던 불확실성을 종식시키고, 개혁 신앙을 위협하였던 커다란 위험을 막아내었다; (d) 이 결정들은 후대의 웨스트민스터 신앙고백(Westminster Confession)을 작성하는 데에 결정적인 영향을 끼쳤다.

5) 소뮈르(Saumur) 학파의 입장

소뮈르 학파(the School of Saumur)는 도르트 교회회의가 채택한 칼빈주의를 특히 두 가지 점에서 약화시키고자 시도하였다. 아미랄두스

(Amyraldus)는 보편적이고 조건적인 작정(decree)과 제한적이고 무조건적인 작정을 구별하였다. 전자를 통해서, 하나님은 예수 그리스도의 중보를 통해서 보편적 구원을 마련하고서 모든 사람을 똑같이 믿음을 조건으로 한 구원으로 초청하기로 작정하였고, 후자를 통해서는 그 누구도 스스로는 믿지 않으리라는 것을 알고서 일부 사람들을 영생으로 택정하여 그들에게 믿음과 회개를 위해 필요한 은혜를 주기로 작정하였다. 이 학파의 또 다른 대표자였던 플라카이우스(Placaeus)는 아담의 죄가 그의 후손들에게 직접적으로 전가된다는 것을 부정하였다. 사람들은 아담 안에서 죄책이 있는 것으로 여겨져서 부패한 채로 태어나는 것이 아니라, 아담으로부터 본성의 부패함을 끌어오고, 이것이 이제 그들에게 죄책으로 전가된다. 플라카이우스는 이것을 간접적 및 결과적 전가(mediate and consequent imputation)라고 부른다.

아미랄두스(Amyraldus)의 주장은 세 개의 교회회의들에서 다루어졌지만 그는 단죄되지 않았고, 단지 그의 견해가 가져올 수도 있는 오해들을 경계할 필요가 있다는 견해만이 표명되었다. 반면에, 플라카이우스(Placaeus)의 주장은 1644년에 샤랑통(Charenton) 교회회의에서 거부되었다. 이 두 사람에 대항하여 스위스 일치 신조(Formula Consensus Helvetica)가 하이데거(Heidegger), 투레틴(Turretin), 게넬러(Geneler)에 의해서 작성되었는데, 개혁파의 입장을 분명하게 진술해 놓은 이 신조는 한동안 스위스에서 공식적인 표준으로 받아들여졌다. 이 신조 중에서 아미랄두스 및 플라카이우스의 입장과 관련된 조항들은 Shedd, *History of Doctrine* II, pp. 472-473에 인용되어 있다.

심화학습을 위한 질문들

칼빈과 루터는 예정론과 관련해서 어떻게 달랐는가? 언약 개념은 원죄를 설명할 때에 어떤 이점이 있는가? 종교개혁자들이 가르친 전적 타락은 절대적 타락과 동일한 것인가? 아르미니우스주의의 죄론과 은혜론은 어떤 것인가? 그것은 반(半)펠라기우스주의와는 다른 것인가? 이 교리들과 관련해서 웨슬리파의 아르미니우스주의는 원래의 아르미니우스주의와 어떻게 다른가? 이 점들에 있어서 도르트 교회회의의 입장은 하이델베르크 요리문답(the Heidelberg Catechism)의 입장과 다른가? 아미랄두스의 입장에 대해서는 어떤 반론들이 있는가? 간접적 전가와 직접적 전가의 차이는 무엇인가?

5. 종교개혁 이후 시대의 인간론적 견해들

종교개혁 이후 시대의 인간론은 길게 다룰 필요가 없다. 새로운 요소들을 전면에 부각시킨 논쟁들도 없었고, 새로운 교리들을 공식적으로 만들어낸 교회회의나 공의회도 열리지 않았다. 하지만, 종교개혁의 가르침들로부터 이탈한 두 가지 견해를 소개하고, 마지막 두 세기 동안에 개별 신학자들에 의해서 제기된 죄에 관한 가장 중요한 교설들을 간략하게 살펴보는 것이 좋을 것이다.

1) 종교개혁의 가르침과 다른 견해들

우리가 특별히 살펴볼 가치가 있는 것들로는 다음 두 가지가 있다.
(1) 아르미니우스주의의 견해를 수정한 웨슬리파의 아르미니우스주의
아르미니우스가 도르트 교회회의 때의 그의 추종자들만큼 성경의 진리나 종교개혁자들의 가르침에서 멀리 떠나지 않았다는 것은 잘 알려져 있는 사실이다. 심지어 모우지즈 스튜어트(Moses Stuart)는 아르미니우스가 아르미니우스주의자가 아니었다는 것을 증명하는 것도 가능하다고 생각하였다. 그런데 18세기 중반에 생겨난 웨슬리파의 아르미니우스주의 (Wesleyan Arminianism)는 사실 몇 가지 점에서 아르미니우스와도 다르긴 했지만 어쨌든 후대의 아르미니우스주의가 아니라 아르미니우스 자신을 계승하고 있다고 자처하였다. 셸던(Sheldon)은 이렇게 말한다: "그 신학은 따뜻한 복음적 경건에 의해서 형성되었고, 하나님을 철저히 의지하는 마음과 인간의 자유 및 책임을 진지하고 실천적으로 존중하는 태도를 지니고 있다"(*History of Christian Doctrine*, II, p. 263).

그들의 신학은 다음과 같은 점들에서 이전의 아르미니우스주의의 죄론이나 은혜론과 달랐다: (a) 그들은 원죄는 단지 엄밀한 의미에서의 죄라고 할 수 없는 본성의 질병이나 부패가 아니라 실제로 그리고 진정으로 죄이고, 인간을 하나님이 보시기에 죄책이 있게 만든다는 것을 강조한다. 아담의 죄로 인한 죄책은 실제로 그의 후손들에게 전가된다. 그러나 그들은 아울러 이 원래의 죄책이 그리스도 안에서 모든 사람이 의롭다 하심을 입음으로써 무효화되었다고 주장한다. 이것은 원래의 죄책이라는 개념이 결국 그들의 교리 체계 속에서 이론상으로 존재한다는 것을 의미한다. 왜냐하면, 원래의 죄책의 무효화는 속죄의 보편적 혜택들 중의 하나이기 때문이다; (b) 그들은 인간이 본성상으로 하나님의 은혜와 협력할 수 있는 어떤 능력이라는 것을 지니고 있다는 것을 부정하고, 인간은 도덕적으로 전적인 타락의 상태에 있기 때문에 구원을 위해서는 하나님의 은혜에 절대적으로 의존하여야 한다고 말한다. 그러나 그들은 아울러 그 누구도 실제로는 바로 그러한 무능력의 상태로 존재하지 않는다고 주장한다. 그리스도로 말미암은 구속의 보편적 효과에 의거해서 하나님은 각 사람에게 충분히 구원받을 수 있는 은혜를 주기 때문에, 각 사람은 믿음과 회개를 통해서 하나님에게 돌이킬 수 있다. 원래의 아르미니우스주의자들은 인간이 구원을 위한 어떤 영적인 능력이 없는데도 책임을 져야 한다는 것은 말이 되지 않기 때문에 하나님은 인간에게 믿고 회개할 수 있는 능력을 주었음에 틀림없다고 주장하였었다. 하지만, 웨슬리파의 아르미니우스주의자들은 이것을 하나님 편에서의 값없는 은혜의 문제로 본다.

(2) 뉴잉글랜드에서 나타난 개혁파 견해들의 수정

뉴잉글랜드 신학자들의 인간론은 몇 가지 점에서 종교개혁자들이나 개

혁 교회의 것과 다르다. 그 차이들 중에서 가장 중요한 것들로는 다음과 같은 것들이 있다:

A. 하나님의 의지와 인간의 타락의 관계. 조나단 에드워즈(Jonathan Edwards)는 인간의 타락과 하나님의 연관성 속에서 유효성(efficiency)이라는 범주를 배제하였다. 그러나 그의 추종자들 중 일부는 그리 세심하지 않아서, 악의 산출과 관련된 하나님의 유효적 행위가 존재한다는 것을 직간접적으로 밝혔다. 홉킨스(Hopkins)가 한 몇몇 진술들 속에는 그러한 의미가 함축되어 있는 것으로 보이고, 에몬스(Emmons)는 그것을 명시적으로 가르친다. 티머시 드와이트(Timothy Dwight)와 테일러(N. W. Taylor) 같은 인물들에 의해서 대표된 후대의 뉴잉글랜드 신학 또는 뉴헤이븐(New Haven) 신학 속에는 죄가 세상에 들어오게 된 것과 하나님의 연관성을 모든 것을 포괄하는 하나님의 섭리와 모순이 되지 않는 범위 내에서 최소한도로 축소시키고자 하는 강력한 경향이 존재하였다. 그들의 일반적인 견해는 도덕적 세계를 창조하고자 한 하나님의 결정은 당연히—도덕적인 것과 반대되는 것을 선택할 수도 있는 능력을 지닌—자유로운 도덕적 행위자들의 창조도 포함하였기 때문에, 죄는 가능하게(possible) 되었지만 반드시 죄가 존재할 수밖에 없게(certain) 된 것은 아니었다는 것인 것 같다. 이와 동시에, 죄는 "최선의 체계에 대하여 반드시 부수적으로 일어날 수밖에 없는" 것으로 여겨지기도 한다.

B. 인간의 자유의지. 조나단 에드워즈는 의지가 이미 결정되어 있다는 것을 약간 지나치게 강조함으로써 결정론(determinism)이라는 비난을 자초하였다. 하지만, 그가 자유는 하나님만이 알고 있는 자체적인 법(法)들을 지니고 있고, 이것에 비추어 볼 때에 자유는 확실성(certainty)과 전혀 모순되지 않는다고 강조한 것은 전적으로 옳다. 하나님에 의해 지음받은 그대로의 인간은 도덕적 자유를 소유하고 있었고 지금도 소유하고 있다. 인간이 죄를 세상에 들어오게 한 것은 바로 이 자유를 행사하는 과정에서 일어난 일이었다. 하지만, 인간은 진정한 자유(real freedom)도 소유하고

있었다. 즉, 인간의 의지는 그의 본성의 본래적인 그성에 의해서 선과 거룩의 방향으로 결정되어 있었다. 이 진정한 자유를 인간은 죄로 말미암아 상실하였다. 후대에 뉴잉글랜드 신학자들은 정반대의 것을 선택할 수 있는 능력은 자유롭고 책임 있는 도덕적 존재의 한 속성이라고 해야 한다는 사실을 강조하였다. 그들은 아르미니우스주의적 관점에 가까웠지만, 일정한 선행적 행위들이 있다면 일정한 후속적 행위들이 있게 될 것이고, 그 결과를 다르게 할 능력은 결코 사용되지 않으며, 하나님의 예지(豫知)는 선행적 행위들로부터 나오는 필연적이지 않고 가변적인 일련의 후속적 행위들에 의존되어 있다는 견해에 동의하였다.

C. 죄의 전이(轉移). 에드워즈는 실재론을 채택하였다. 우리는 마치 가지들이 하나의 나무와 연결되어 있듯이 아담과 연결되어 있고, 그 결과로 아담의 죄는 우리의 죄이기도 하기 때문에 우리에게 전가된다. 하지만, 이러한 견해는 그에게 특유한 것은 아니다. 이 견해는 루터파들 사이에서도 큰 지지를 얻고 있고, 스미스(H. B. Smith)나 셰드(W. G. T. Shedd) 같은 개혁파 학자들에 의해서도 지지를 받고 있다. 우즈(Woods)나 타일러(Tyler) 같은 몇몇 뉴잉글랜드 신학자들은 플라카이우스(Placaeus)의 간접적 전가설을 옹호하였다. 인간은 본성에 있어서 아담과 연결되어 있기 때문에 도덕적 부패를 물려받고, 이것은 인간에게 죄책으로 전가되며 인간을 정죄받기에 합당한 존재로 만든다.

2) 오늘날의 죄론들

(1) 철학적 죄론

18-19세기의 몇몇 저명한 철학자들은 죄의 본질과 기원에 대한 자신의 견해를 밝혔고, 이것은 신학 사상에 일정 정도 영향을 미쳤다. **라이프니츠**(Leibnitz)는 세상의 죄를 윤리적인 것이라기보다는 형이상학적인 것으로 보고서, 죄는 피조물이 지닌 필연적 한계의 자연스러운 결과물일 뿐이라

고 말하였다. **칸트**(Kant)는 인간 속에는 근본적인 악, 인간에 의해서 결코 박멸될 수 없는 악에 이끌리는 근본적인 소질(素質)이 있다는 것을 전제함으로써 당시의 시대 정신과 불협화음을 일으켰다. 그것은 모든 경험적 행위들에 선행하지만, 자율적인 의지에 뿌리를 두고 있어서 죄책을 내포한다. 그는 원죄에 관한 역사적 설명이나 원죄의 육체적 유전에 관한 사상을 모두 거부하기 때문에 이 "근본적인 악"을 일반적으로 원죄라 불리는 것과 동일시하지 않는다. 그에게 있어서 죄는 설명을 허용하지 않는 그 무엇이다.

헤겔(Hegel)은 죄를 자의식(自意識)을 지닌 정신(spirit)으로서의 인간의 진화 과정 속에서 필연적인 단계로 보았다. 인간의 원래의 상태는 선이나 악을 알지도 못하고 단지 자연과의 연합 속에서 존재하였던 소박한 순수(naive innocence) — 거의 짐승과 같은 상태 — 의 상태였다. 이 상태는 짐승들에게는 자연스러운 것이었을지라도 인간에게는 자연스러운 것이 아니었고, 따라서 이상적인 것도 아니었다. 인간은 이 상태로부터 벗어나서 자의식을 지닌 정신이 되도록 되어 있었다. 자연적 상태에서 도덕적 상태로의 이행은 지식에 의해서 가능해졌다. 선악을 알게 해주는 나무를 먹고서 인간은 낙원의 지복(至福) 상태에서 빠져나오게 되었다. 자의식적인 삶이 일깨워지고 자아 의식(ego-sense)이 시작되면서, 인간은 타의적으로 자신의 자연적인 욕망들을 따르게 되고, 새롭게 발견된 자아(self)를 이 욕망들의 중심으로 삼게 된다. 즉, 인간은 자기중심적(selfish)이 되고, 따라서 악하게 된 것이다. 하지만, 이것은 인간이 자기 발전과정(self-development)에서 반드시 통과해야만 하는 단계이다. 이 자기중심성은 죄악된 것이지만, 인간이 자기중심성을 뛰어넘어야 하고 자기중심적인 인간은 인간의 마땅한 모습이 아니라는 것을 깨닫고나서도 의도적으로 자기중심성을 선택할 때까지는 그 자기중심성은 인간에게 진정으로 죄책이 될 수 없다. 이 자기중심성에 맞선 투쟁이 바로 덕(virtue)으로 가는 길이다.

(2) 신학적 죄론

슐라이어마허(Schleiermacher)는 죄를 인간이 지닌 감각성(感覺性)의 필연적인 산물, 영혼이 육체적 유기체와 결합된 결과로 본다. 죄는 육체의 욕구들이 영혼이 그 고유한 기능을 수행하는 것을 방해하고, 감각성이 주도적인 영향력을 행사할 때에 발견된다. 하지만, 그는 죄의 객관적 실재(實在)를 부정하고, 죄는 오직 주관적으로만 존재하는 것이라고 말한다. 즉, 그는 죄를 우리의 의식(意識) 속에만 존재하는 것이라고 본다. 인간 내면에서의 죄의식 또는 갈등 의식은 감각성이 주도하면서 자신의 하나님 의식이 부적절하게 되면서 생겨난다. 하나님은 인간이 이러한 결핍감(feeling of deficiency)에 대하여 죄의식을 느끼도록 정하였는데, 이는 그 결핍감이 실제로 죄이기 때문이 아니라 사람에게 구속의 기회를 갖도록 해주기 위한 것이다. "원죄"는 단지 점진적으로 형성되어 온 획득된 습성일 뿐인데, 이 원죄는 이제 모든 실제적 죄(자범죄)의 원천이 된다.

칸트의 제자이자 중도학파(the Mediating School)의 대표자였던 **율리우스 뮐러**(Julius Mueller)는 죄론에 관한 중요한 연구서를 썼다. 그는 칸트와 마찬가지로 죄를 도덕법에 불순종한 의지의 자유로운 행위라고 본다. 하지만, 그는 죄의 기원을 설명하려는 시도 속에서는 칸트를 뛰어넘었다. 쾨니히스베르크(Koenigsberg) 출신의 이 철학자는 죄의 기원을 조명하는 것이 불가능하다는 것을 발견하였다. 뮐러는 칸트가 말했던 "근본적인 악"이 인간 본성 속에 날 때부터, 또는 적어도 의지가 그 어떤 의식적인 결단 ― 이것이 없이는 그 어떤 죄도 없다 ― 을 하기 이전에 존재한다고 보았다. 그는 시간 내에서는 원죄의 기원을 발견할 수 없었기 때문에 그것을 무시간적인 상태에서 또는 시간 이전에 이루어진 의지의 결단에서 찾고자 하였다. 어떤 이전의 실존 속에서 그 선택은 이루어졌고, 그 때문에 인간은 죄책을 지니고 타락한 채 태어난다. 이러한 견해는 극히 사변적이고 도저히 검증될 수 없는 것이었기 때문에 거의 받아들여지지 않았다.

리츨(Ritschl)은 헤겔과 마찬가지로 죄를 일종의 무지(無知)라고 봄과 동시에 인간의 도덕적 발전과정 속에서 필연적인 한 단계로 보았다. 그는 슐라이어마허처럼 인간은 오직 종교적 의식이라는 관점에서만 죄를 안다고 주장한다. 인간은 지고한 선(善)인 하나님의 나라를 구하여야 하지만, 완전한 선에 대한 무지 속에서 정반대의 것을 행한다. 자범죄 — 이것은 리츨이 인정하는 유일한 죄이다 — 는 하나님의 나라를 대적한다. 이상(理想)을 아는 지식이 늘어갈수록 인간이 자기 자신에게 죄책(罪責)으로 전가하는 죄의식도 늘어간다. 하지만, 오르(Orr)가 말하듯이, 사실 "이러한 행위들에 더해지는 죄책은 단지 죄인 자신의 의식 속에서 일어나는 느낌일 뿐이지만, 이것은 그를 하나님으로부터 갈라놓고, 복음이 보여주는 아버지로서의 하나님의 사랑에 관한 계시는 그로 하여금 이 죄책을 극복할 수 있게 해준다"(*The Christian View of God and the World*, p. 179). 하나님은 우리가 지금 무지 속에서 살고 있다는 것을 아시기 때문에 죄책으로서의 죄를 우리에게 전가하지 않는다. 하나님이 죄인에게 화가 나 계시다고 생각하는 것은 순전히 상상일 뿐이다.

테넌트(Tennant)는 "죄의 기원과 번식"에 관한 그의 헐스 강좌(Hulsean Lectures)에서 진화론의 관점에서 죄론을 발전시킨다. 그는 인간이 짐승으로부터 물려받은 충동들, 욕구들, 특질들은 죄악되다고 할 수 있다는 것을 부정한다. 그러한 것들은 단지 죄의 재료를 구성할 뿐이고, 그것들이 윤리적 제재(制裁)에 대항하기 전까지는 실제적인 죄가 되지 않는다. 인간은 자신의 발전과정 속에서 점차 결정되어 있지 않은(indeterminate) 의지를 지닌 윤리적 존재가 되었고(테넌트는 그러한 의지가 진화의 법칙에 종속되어 있는 존재에게서 어떻게 가능한지를 설명하지 않는다), 이 의지가 바로 죄의 유일한 원인이다. 죄는 "개인의 양심, 선하고 옳은 것에 대한 개인의 관념, 도덕법과 하나님의 뜻에 대한 개인의 지식에 어긋나는 생각이나 말, 또는 행위를 통해서 표현되는 의지의 활동"으로 정의된다. 인류가 발전해 가는 정도만큼 윤리적 기준은 더 엄격해지고, 죄의 흉악성은 더 늘어난다. 테넌트는 죄의 보편성을 인정하고, 우리의 본성과 환경은 우리의 더 선한 자아의 실현을 "엄청나게 어려운 일"로 만든다는 것을 인정한다.

심화학습을 위한 질문들

인간의 영혼의 기원에 관한 어떠한 이론들이 제기되었는가? 영혼유전설(traducianism)은 어떤 진영들에서 지지를 받았는가? 개혁파 교회들은 왜 영혼 창조설(creationism)을 지지하는가? 언약 개념은 죄의 전이를 설명하기 위해서 점차 활용되었는가? 실재론적 설명은 어디에서 만날 수 있는가? 뉴잉글랜드에서는 타락과 하나님의 연관성에 관하여 어떠한 극단들을 만날 수 있는가? 우리는 죄를 인간의 삶 속에서 필연적인 것으로 인식하면서도 인간의 책임을 주장할 수 있는가? 죄로 인한 죄책은 단지 우리의 주관적인 의식의 문제라는 견해에 대해서는 어떠한 반론들이 있는가? 진화론은 인간의 타락을 받아들이는가? 진화론 속에는 죄책으로서의 죄가 들어설 여지가 있는가?

제 6 장
속죄론 또는 그리스도의 사역론

1. 안셀무스 이전의 속죄론

1) 헬라 교부들의 신학

(1) 사도 교부들의 구속 사역론

사도 교부들은 통상적으로 성경적인 용어들을 사용해서 일반적으로 그리스도의 사역에 관하여 말한다. 가장 의미 있는 진술은 디오그네투스 서신(the Epistle to Diognetus)에서 찾아볼 수 있는데, 그 진술은 인간의 죄는 형벌을 받아 마땅하다는 사상, 하나님이 죄를 위한 대속물로 자기 아들을 주셨다는 사상, 그 결과 그리스도의 의(義)로 말미암아 죄가 덮여졌다는 사상을 결합시킨다. 변증가들의 저작들에는 이 주제에 관하여 중요한 진술이 거의 나오지 않는다. 그리스도는 구속주로 묘사된다고 하더라도, 그것은 통상적으로 마귀의 세력으로부터 구속을 가져다 주는 구속주로 묘사된다. 영지주의 체계들 속에서 그리스도에 의해서 이루어진 구속은 어둠의 나라, 물질의 세계로부터의 구속이다. 마르키온에게 있어서 그리스도의 죽음은 사랑의 하나님이 세상의 창조주로부터 사람들을 살 때에 지불한 대가(代價)이다.

(2) 이레나이우스의 속죄론

동방 교회와 서방 교회의 중간쯤에 서 있었던 이레나이우스(Irenaeus)는 변증가들과 마찬가지로 인간이 어둠의 권세에 의해서 종이 되었다고 생각하고서, 구속을 부분적으로는 사탄의 권세로부터 건져내는 것으로 본다 — 물론, 그는 구속을 사탄에게 마땅히 치러야 할 배상금을 주고 만족시킨 것으로 보지는 않지만. 도리어, 그의 사상은 그리스도의 죽음은 하나님의 공의를 만족시켜서 인간을 해방시킨다는 것이었다. 아울러, 그는 **발생반복설**(또는 총괄갱신설, recapitulation theory), 즉 "그리스도는 인간의 삶의 모든 단계들 및 죄인으로서의 우리의 상태에 속하는 것들을 포함해서 이 단계들의 모든 경험들을 자기 자신 안에서 반복한다"(Orr)는 사상을 크게 부각시킨다. 이런 식으로 그리스도는 자신의 성육신과 인간으로서의 삶을 통해서 아담이 죄를 짓고 인류의 삶을 시작한 과정을 되짚어 올라가서 인류의 삶 속에서 새 누룩이 된다. 그리스도는 믿음으로 말미암아 자기와 연합한 자들에게 영원히 죽지 않는 삶(immortality)을 전해주고, 그들의 삶 속에서 윤리적 변화를 일으키며, 자신의 순종을 통해서 아담의 불순종을 보상한다.

(3) 알렉산드리아의 클레멘스와 오리게네스의 속죄론

알렉산드리아 학파에서 우리는 몇 가지 견해들을 발견한다. 알렉산드리아의 클레멘스는 자신의 짤막한 저작들 중의 하나에서 그리스도의 죽음을 인간의 빚을 갚은 것이자 속전(贖錢, ransom)이라고 설명한다. 그러나 그는 자신의 주요한 저작들에서는 교사로서의 그리스도가 사람들에게 참된 지식을 주어서 사랑과 참된 의의 삶을 살도록 고무시키는 것을 통해서 사람들을 구원한다는 사상을 더 부각시킨다.

오리게네스는 몇 가지 서로 다른 견해들을 제시할 뿐이고, 그것들을 결합시켜서 하나로 종합하지는 않는다. 그리스도는 성육신을 통해서 인성을 신적인 것으로 만들고, 자기희생의 지고한 모범을 제시해서 사람들로 하여금 자기와 비슷한 희생의 삶을 살도록 고무시키며, 자신의 목숨을 죄를 속(贖)하기 위한 희생제물로 내어주어, 사람들을 사탄의 권세로부터 구속함으로써 구원을 행한다. 마귀의 권세로부터의 인간의 구속이라는 사상과 관련해서 오리게네스는 새로운 사상, 즉 사탄이 이 거래에서 속임을 당하였다는 사상을 도입한다. 그리스도는 자신을 사탄에게 속전(또는, 대속물)으로 바쳤고, 사탄은 그리스도의 신적 능력과 거룩으로 인하여 자기가 그리스도를 손댈 수 없으리라는 것을 깨닫고 못한 채 그 속전을 받았다. 사탄은 그리스도의 인성(人性)이라는 미끼를 덥석 물었다가 그리스도의 신성이라는 바늘에 코가 꿰어버린 것이었다. 이렇게 해서 모든 사람 — 심지어 음부(hades)에 있는 자들조차도 — 의 영혼은 사탄의 권세에서 놓여나게 되었다.

(4) 아타나시우스의 속죄론

속죄 사역에 관한 최초의 체계적인 논문은 아타나시우스의 『성육신론』(*De Incarnatione*)이었다. 이 저작도 몇 가지 서로 다른 견해들을 담고 있다. 로고스는 죄로 인하여 상실되어 버린 하나님을 아는 참된 지식을 인간에게 회복시키기 위해서 성육신하게 되었다. 또한, 성육신한 로고스는 죄의 형벌을 견딤으로써 인간의 빚을 대신 갚은 것으로 묘사된다. 이러한 배상적 속죄의 필요성은 하나님의 공의가 아니라 하나님의 진실성(veracity)에 근거한 것이다. 그리고 그 속전(贖錢)은 사탄에게 지불된 것으로 말해지지 않는다. 하지만, 이 저작 속에서 특히 부각되고 있는 것은 로고스가 육체를 신적인 것으로 만들어서 영원히 살도록 하기 위하여 육체를 입었다는 이레나이우스의 사상이다. 동시에, 아타나시우스의 설명은 두 가지 점에서 이레나이우스의 것과 다르다: (a) 구원 과정 속에서 성육신은 그리스도의 죽음 및 부활과 더 직접적으로 연결된다; (b) 이 과정 속에서 강조점은 육체적 요소가 아니라 윤리적 요소에 두어진다. 그리스도는 그의 말씀과 모범을 통해서 인간의 마음에 역사한다.

(5) 니사의 그레고리우스와 나지안주스의 그레고리우스의 속죄론

아타나시우스의 참된 계승자들은 세 명의 카파도키아 교부들이었다. 바실리우스(Basil)는 속죄론에 거의 기여를 하지 못하였다. 그의 동생이었던 니사의 그레고리우스는 두 번째로 그리스도의 사역을 체계적으로 다룬 중요한 저작인『대요리문답』(Great Catechism)의 저자로 대단히 중요한 인물이다. 그는 사탄이 속은 것이라는 사상을 되풀이하면서, 이 속임수를 두 가지 근거 위에서 정당화한다: (a) 이 속이는 자 사탄은 이번에는 자기가 속음으로써 합당한 응징을 받은 것일 뿐이다; (b) 이 속임수를 통해서 사탄 자신도 구원을 받게 되어 있기 때문에 결국에는 이 속임수로 말미암아 스스로도 유익을 얻은 것이다.『대요리문답』의 밑바닥에 깔려 있는 사상은 아타나시우스로부터 빌려온 사상, 즉 하나님은 우리의 본성을 죽음에서 해방시키기 위하여 성육신을 통해서 자기 자신을 우리의 본성과 결합시켰다는 사상이다. 하지만, 그는 죽음만이 아니라 죄도 멸해졌다는 점을 지적한다.

나지안주스의 그레고리우스는 사탄에게 속전이 바쳐졌다는 사상을 경멸하고 분노하는 태도로 거부한다. 그러나 그는 성부 하나님이 속전을 요구하였다는 사상도 아울러 거부한다. 나머지 부분에 있어서 그는 사실상 아타나시우스의 가르침들을 되풀이한다.

요한 크리소스토무스(John Chrysostom)와 알렉산드리아의 키릴루스(Cyril of Alexandria)는 그리스도의 죽음이 지닌 이루 헤아릴 수 없이 큰 가치를 강조한다. 후자의 주된 기여는 신적 위격의 죽음인 그리스도의 죽음이 지닌 무한한 가치를 강조한 데에 있다. 바우어(Baur)는 그에게서 실제적으로 배상적 속죄(satisfaction)의 온전한 개념을 발견할 수 있다 — 배상적 속죄를 하나님 및 하나님의 의와 명시적으로 연결시키는 것을 제외하고는 — 고 말한다.

(6) 다메섹의 요한의 구속론

헬라 교부들의 신학은 다메섹의 요한에게서 절정에 달한다. 그는 그리스도의 사역에 관한 이전의 사상들을 취합해 놓지만, 독자적인 사상을 추가하지는 않는다. 그 때까지의 발전을 요약하자면, 우리는 그리스도의 사역에 관한 가르침은 헬라 신학에서 두 가지 주된 측면에서 출현한다: (a)

한편으로, 구원은 성육신의 직접적인 결과, 또는 인간에게 주어진 새로운 신적 계시, 또는 (그리스도의 죽음 및 부활과 더불어서) 새 생명을 인류에게 전해 준 것으로 보아진다; (b) 다른 한편으로, 구원은 하나님에 대한 희생제사, 또는 하나님의 공의를 만족시킨 것, 또는 사탄에게 지불된 속전 등과 같이 어떤 객관적인 조건들을 성취한 결과로 보아진다. 우리가 헬라 교부 시대의 특징이 될 만한 어떤 교설들을 굳이 들어 본다면, 매킨토쉬(Mackintosh)가 "헬라 교회의 대단히 통속적인 속죄론"이라 부른 것, 즉 마귀에게 지불된 속전이라는 교설, 그가 "발생반복설이라는 비의적(秘儀的)인 교설"이라고 표현한 것을 들 수 있을 것이다.

2) 라틴 교부들의 신학

(1) 테르툴리아누스의 구속론

라틴 교부들의 신학에서 그리스도의 사역에 관한 가르침은 몇 가지 점에서 초기 헬라 신학의 것과 공통점을 지니고 있기는 하지만, 이 초기 시대에서조차도 몇몇 중요한 차이들이 나타나기 시작한다. 특유의 라틴 신학은 테르툴리아누스에게서 시작된다. 그는 일정 정도 이레나이우스의 발생반복설(총괄갱신설)을 채택하지만, 성육신이 주로 교훈과 모범을 통해서 인류에게 영향을 끼친 것으로 이해한다. 그렇지만, 이러한 사상 전체는 어느 정도 뒷전으로 밀려나 있고, 그는 십자가 위에서의 그리스도의 죽음을 그리스도의 사역의 절정이자 진정한 종결로 보고서 그 죽음이 지닌 중심적인 의미를 이레나이우스보다 훨씬 더 강조한다. 그가 그리스도의 죽음에 관한 가르침을 명확하게 정형화함에 있어서 이레나이우스를 훨씬 뛰어넘었다고 말할 수는 없다. 하지만, 그의 진정한 중요성은 그가 그리스도의 사역에 관한 가르침을 신학적으로 발전시킴에 있어서 나중에 아주 큰 역할을 하였던 "죄책(guilt)," "배상적 속죄(satisfaction)," "공로(merit)" 등등과 같은 몇몇 법률 용어들을 신학에 도입하였다는 사실에 있다. 하지만, 우리가 주의해야 할 것은 그는 이러한 용어들을 아직 그리스도의 희생제사적 사역에는 적용하지 않았고, 단지 세례 이후에 범한 죄들을 없애기 위해서 해야 하는 회개와 선행들에 적용하였다는 것이다. 그는 로마 가톨릭 교회에서 고해(penance) 교리가 발전될 수 있는 토대를 놓았다.

(2) 힐라리우스와 암브로시우스의 구속론

테르툴리아누스 다음으로 우리는 동방 교회의 사상을 서방 교회에 해석해 주었던 푸아티에의 힐라리우스(Hilary of Poitiers)와 암브로시우스(Ambrose)를 만나게 된다. 힐라리우스는 성육신을 통한 인간성의 회복이라는 동방 교회의 개념을 그 누구보다도 더 많이 대변한다. 하지만, 그는 그리스도의 죽음에 가장 명확한 의미를 부여한다. 테르툴리아누스와는 달리 그는 그리스도의 죽음을 하나님에게 드려진 배상적 속죄(satisfaction)로 보기까지 한다. 그리스도는 인간이 마땅히 받아야 형벌을 대신 받기 위해서 자발적으로 죽음을 택하였다. 힐라리우스는 아타나시우스와 마찬가지로 이러한 배상적 속죄의 필요성을 하나님의 공의가 아니라 하나님의 진실성(veracity)에서 찾는다.

암브로시우스도 이레나이우스의 견해를 따르면서, 아울러 그리스도가 사탄에게 속전을 지불하여 사탄을 속였다는 오리게네스의 견해를 되풀이한다. 아울러, 그는 그리스도의 죽음은 하나님에 대한 희생제사였다는 사실을 대단히 강조하고, 이 희생제사는 죄악된 인류에 대해 내려진 하나님의 사형 선고에 대한 배상적 속죄라고 본다. 하지만 그는 왜 이 희생제사가 꼭 필요하였는지를 설명하지는 않는다.

(3) 아우구스티누스의 구속론

우리는 당연히 서방 교회의 가장 위대한 교부였던 아우구스티누스가 그리스도의 사역에 관한 가르침에 내용적으로나 형식적으로나 크게 기여했을 것이라는 기대감을 갖게 된다. 그러나 사실은 그렇지 않았다. 그의 주된 업적은 다른 곳에 있다. 그는 이전의 발전과정을 집약하면서, 여러 가지 다양한 견해들을 제시한다. 거기에는 성육신을 통하여 인간의 본성이 신적인 것으로 되었다 — 단지 윤리적인 면에서이기는 하지만 — 는 견해도 들어 있고, 사탄이 인간에게 자신의 권리를 주장하였다는 견해 — 사탄의 권리 주장은 그리스도의 죽음에 의해서 무효화되었다는 사상이 보완되어 있기는 하지만 — 도 들어 있다. 그러나 아우구스티누스는 그의 주된 사상의 흐름이라고 할 수 있는 내용 속에서는 동방 교회의 신학과는 아주 거리가 멀었다. 전제들에 있어서나 결론들에 있어서나 그의 구속론은 동방 교회의 신학과 달랐다. 그의 구속론에서 중심적인 개념들은 원죄, 은혜로 말미암은 칭의, 그리스도의 희생제사에 의한 화해라는 개념들이다. 새로운 서방 교회적인 유형의 이러한 사상은 강력한 힘을 지니고 있어서, 우리는 바울적인 일련의 개념들 속으로 들어가고 있는 느낌을 받는다. 인간은 하나님의 진노의 대상으로 보아지고, 그리스도의 희생제사는 이 진노를 누그러뜨려서 인간을 하나님과 화해시키기 위한 것으로 보아진다. 아우구스티누스는 이러한 개념들을 결합하여 완전한 체계를 만들어내지는 않는다. 그의 진술은 아주 정교하게 다듬어진 안셀무스의 속죄론에는 아주 많이 못미친다. 그는 구속의 사법적 측면과 새롭게 하는 측면을 날카롭게 구별하지 않고, 칭의의 토대를 종종 예수 그리스도에 의한 죄책의 제거가 아니라 거룩하게 하는 성령의 능력에 두기도 한다. 또한, 그는 종종 그리스도에 의한 구속이 가장 적절한 구원의 길이었기는 하지만 하나님은 뭔가 다른 방식으로도 죄인들을 구원할 수 있었을 것이라고 가르침으로써 그리스도에 의한 속죄를 단지 상대적으로 필수적인 것으로 만들어 버리기도 한다. 이것은 실제로 하나님의 능력이 하나님의 지혜를 거슬렀을 수도 있다는 것을 의미한다.

(4) 대(大) 그레고리우스의 구속론

아우구스티누스의 영향을 강력하게 받은 신학자들 중에서 특별히 언급할 필요가 있는 인물은 대(大) 그레고리우스 오직 한 사람이다. 그의 저작들은 "속죄에 관한 라틴 신학의 가장 완전한 종합"이라고 불려왔던 대목을 담고 있는데, 그 대목이 보여주는 사상은 이런 것이다: 인간은 자발적으로 타락하여 죄와 사망의 지배 아래에 들어갔고, 오직 희생제사만이 그러한 죄를 소멸할 수 있었다. 그렇다면, 그런 희생제물은 어디에서 찾아야 했는가? 짐승의 희생제물로는 그러한 목적을 이룰 수 없었기 때문에, 사람의 희생제물이 있어야 했지만, 죄 없는 사람은 아무도 없어서 그것도 불가능하였다. 그래서 하나님의 아들이 성육신하여서 우리의 본성을 입었지만 우리의 죄성을 입지는 않았다. 죄 없는 분이 우리를 위한 희생제물이 되었고, 이 희생제물은 그가 입은 인성(人性) 덕분에 우리를 대신하여 죽을 수 있었고, 그의 의(義) 덕분에 우리를 깨끗하게 할 수 있었다. 그는 우리가 마땅히 받아야 했던 죽음이 우리에게 해를 끼치지 않도록 하기 위하여 그가 갚지 않아도 되었을 죽음의 빚을 우리를 위하여 지불하였다. 그레고리우스 1세의 이러한 서술은 속죄론의 발전과정에서 분명한 진보라고 할 수 있다.

심화학습을 위한 질문들

당시의 철학은 어떤 점들에서 그리스도의 사역에 관한 가르침에 영향을 미쳤는가? 초기 교부들은 어떤 의미에서 인간의 본성이 신적인 것이 된다고 말하였는가? 인간이 그리스도의 사역으로 말미암아 영원히 죽지 않는 존재가 된다는 말은 어떻게 이해해야 하는가? 이레나이우스의 발생반복설은 어떤 성경적 근거가 있는 것인가? 성육신이 인간을 구원한다는 것은 근본적으로 요한적인 사상인가? 오리게네스는 이레나이우스와 동일하게 인간의 본성이 신적인 것이 된다는 사상을 지니고 있었는가? 사탄에게 속전이 지불되어야 했다는 사상이 생겨나게 된 원인은 어떻게 설명될 수 있는가? 모든 초기 교부들은 성육신에 의한 구원을 동일한 방식으로 이해하였는가? 그들은 그리스도의 죽음은 하나님의 공의를 만족시키기 위한 것이라는 분명한 개념을 지니고 있었는가? 테르툴리아누스는 죄책, 배상적 속죄, 공로라는 개념들을 어떻게 적용하였는가? 우리는 아우구스티누스에게서 어떠한 바울적인 개념들을 만나게 되는가? 대(大) 그레고리우스는 속죄를 어떻게 이해하였는가?

2. 안셀무스에서 종교개혁까지의 속죄론

대(大) 그레고리우스부터 안셀무스까지 5세기 동안 벌어진 신학 논의들은 속죄론의 발전에 별다른 기여를 하지 못하였다. 안셀무스에게서 속죄론에 관한 체계적인 연구가 시작되었다. 그는 이 교리의 역사 속에서 새로운 시대를 연다.

1) 안셀무스의 속죄론

(1) 안셀무스의 속죄론

캔터베리의 안셀무스는 속죄론을 전체적으로 조화되고 일관되게 설명하고자 한 최초의 인물이었다. 그의 저서인 『왜 하나님은 사람이 되셨는가』(Cur Deus Homo)는 신학의 명저로서 형이상학적 깊이와 명료한 설명을 동시에 갖추고 있는 획기적인 저서이다. 이 저서의 첫 부분에서는 그 책이 씌어질 당시에 수많은 지성들이 속죄의 본질과 필요성이라는 문제를 풀고자 몰두하고 있었다는 사실을 증언해 준다. 또한, 이 저서는 속죄 문제가 성육신의 필요성에 관한 문제와 마찬가지로 일반적으로 기독론적 측면에서 접근되었다는 것을 보여준다. 당시에 다음과 같은 몇 가지 질문들이 제기되었다: 하나님은 세상을 창조하셨을 때와 마찬가지로 쉽게 전능(全能)의 한 행위를 통해서 인간을 구원할 수는 없었던 것인가? 긍휼에 풍성한 하나님은 배상적 속죄를 요구함이 없이 그저 인간의 죄를 사할 수는 없었던 것인가? 중보자가 꼭 필요하였다면, 왜 하나님은 중보 사역을 위해서 어떤 다른 이성적 존재가 아니라 그의 독생자를 선택하였던 것인가? 일단 하나님이 성육신을 작정하였다면, 그것은 뭔가 엄청난 긴급상황이 존재하였다고밖에는 설명될 수 없다고 느껴졌다. 성육신에 관한 이러한 질문은 안셀무스가 쓴 책이 왜 그런 제목을 달고 있었는지를 설명해 준다.

안셀무스의 입장의 처음이자 끝을 이루고 있었던 것은 인간의 구속을 위해 속죄가 절대적으로 필요하다는 것이었다. 그는 발생반복설, 사탄에게 속전을 준 것이라는 설, 그리스도의 죽음은 단지 인간을 향한 하나님의 사랑이 표현된 것에 불과한 것이라는 견해는 속죄의 필요성을 적절하게 설명해 주지 못한다는 이유로 의도적으로 거부한다. 그는 예수 그리스도의 속죄적 희생제사의 절대적인 필요성은 신적 본성에 내재되어 있는 필연적인 속성에서 그 근거를 찾아야 한다고 보았다. 그는 속죄의 필요성의 궁극적인 근거를 하나님의 존귀하심(또는 명예, honour) 속에서 찾는다.

안셀무스의 입장이 정확히 무엇이었는지는 죄와 배상적 속죄에 관한 그의 인식에 비추어 볼 때에만 제대로 이해될 수 있다. 하나님의 피조물로서 인간은 자신의 의지를 신적 의지에 절대적이고도 전적으로 종속시켜야 할 의무 아래 있었는데, 반역의 마음을 품고서 이 의무를 거부함으로써 하나님의 존귀하심을 짓밟았고, 그렇게 해서 빚을 지게 되었다. 하나님은 자신의 존귀하심을 도둑맞았고, 이것은 어떤 식으로든 회복되어야 했다. 하나님은 그의 긍휼로써 인간의 죄를 그냥 간과할 수 없었다. 만약 그렇게 한다면, 그것은 반칙이자 불의(不義)가 될 것이었기 때문이다. 하나님의 존귀하심을 회복할 수 있는 방법은 오직 두 가지, 즉 형벌(punishment)에 의한 방법과 배상(satisfaction)에 의한 방법이 있었다. 하나님은 형벌이라는 방법을 택하지 않았다. 그 방법을 사용하면, 인류는 멸망을 받게 될 것이고, 그러면 하나님의 목적도 좌절되고 말 것이었기 때문이다. 하나님은 배상의 방법을 택하였는데, 이것은 두 가지를 포함하는 것이었다: (a) 인간은 하나님에게 빚진 자발적인 순종을 이제 자원해서 하나님에게 드려야 한다는 것; (b) 인간은 그들이 실제적으로 지고 있던 빚에 대하여 뭔가를 지불함으로써 하나님의 존귀하심을 욕되게 하였던 것에 대하여 배상하여야 한다는 것. 그러나 무한하신 하나님을 대적하여 인간이 지은 죄는 그 죄가 아무리 작은 죄라도 온 세상과 하나님 아닌 모든 것을 다 드려서 배상한다고 하여도 도저히 배상될 수 없다. 배상은 적절한 것이 되어야 하는데, 결론은 하나님이 요구하는 배상은 인간의 능력을 뛰어넘는다는 것이다. 하나님 아닌 모든 것을 다 드려도 적절한 봉헌이 될 수 없다면, 그 봉헌을 준비해서 드릴 수 있는 분은 오직 하나님 한 분뿐이다 — 안셀무스는 배상적 속죄를 형벌이 아니라 봉헌(또는 드림, gift)으로 본다. 오직 하나님만이 적절한 배상을 할 수 있다. 하나님은 그 풍성한 긍휼로 자기 아들을 봉헌해서 그 배상을 하기로 작정하였다. 단순히 하나님이 배상을 하는 것만으로는 충분하지 않았기 때문에, 아울러 하나님은 인간, 즉 죄의 빚을 진 인류의 일원이자, 그 자신은 빚을 지지 않은 죄 없는 인간이 되어야 했다. 오직 하나님이자 사람인 존재인 신인(神人, God-man)만이 이러한 요구조건들을 충족시켜서 하나님의 존귀하심을 회복시켜 드릴 수가 있었다.

　인간이 하나님에게 드리지 못하였던 순종을 신인(神人)이 드리는 것이 필수적이었다. 그러나 이것은 하나님의 존귀하심을 회복시켜 드리는 데에 충분하지 않았다. 왜냐하면, 신인이 그렇게 행해 보았자 그것은 단지 인간으로서의 자신의 의무를 한 것에 지나지 않고, 신인의 공로가 될 수 없었기 때문이다. 하지만, 죄 없는 자였던 이 신인은 고난을 당하고 죽을 의무가 없었다. 그의 고난과 죽음은 전적으로 그가 자원한 것이었고, 그는 성부(聖父)에 대한 자신의 의무를 신실하게 이행하여 쓰라린 고난과 부끄러운 죽음을 감수함으로써 하나님에게 무한한 영광을 돌려 드렸다. 이것은 죄의 과오들(demerits)을 상쇄시키고도 남음이 있고, 인류에게 그 혜택이 돌아갈 수 있는 초과적인 공로(여공: superrerogation)를 지닌 행위였다. 공의의 법에 따르면, 그렇게 자신을 거저 내어주는 행위(free gift)는 상을 받아야 하였다. 그러나 성자에게는 필요한 것이 없기 때문에, 성부가 성자에게 줄 수 있는 것은 아무것도 없었다. 그래서 그 상(賞)은 인간의 혜택으로 돌아가게 되었고, 복음의 명령을 따라 사는 모든 자들에게 주어지는 죄 사함과 장래의 지복(至福)의 삶이라는 형태를 띠게 되었다.

(2) 평가

안셀무스의 교설은 속죄론의 발전과정 속에서 중요한 진보를 이룬 것이다. 이 교설의 진정한 가치는 속죄가 지닌 객관적 성격을 확고히 정립하고, 속죄의 필요성을 하나님의 변치 않는 본성, 즉 하나님은 그의 존귀하심이 짓밟혔을 때에 벌하지 않고 그냥 지나갈 수 없다는 사실에 근거한 것으로 정립하였다는 데에 있다. 하지만, 그의 교설은 후대에 나온 형벌적 대속설(penal substitutionary doctrine)과 비교해 볼 때에 몇 가지 점에서 결함을 드러낸다: (a) 형벌과 배상적 속죄를 하나님이 선택할 수 있는 대안들이라고 잘못 설명한 것; (b) 그리스도의 고난을 하나님의 존귀하심을 회복시키기 위하여 자발적으로 드리는 봉헌, 인류의 과오들을 상쇄시키는 역할을 하는 초과적인 공로로 보기 때문에, 그리스도가 그의 고난 속에서 죄에 대한 형벌을 감수하였다는 사상이 들어설 여지가 없었다는 것. 이것은 실제로 로마 가톨릭이 그리스도의 사역에 적용한 보속(補贖, penance) 개념이다; (c) 손해를 본 당사자가 적절하다고 생각되는 배상을 요구할 수 있다는 "사법(私法)" 또는 관습법의 원리로 시작해서 속죄의 절대적 필요성을 정립하기 위하여 공법의 관점으로 넘어감으로써 일관성이 없다는 것; (d) 구속의 근거를 오로지 그리스도의 죽음에서 찾고 그리스도의 삶이 지닌 속죄적 의미를 부정함으로써 일방적이라는 것; (e) 그리스도의 공로가 죄인들에게 적용되는 것을 단지 외적인 거래로 설명하고 있다는 것. 그리스도와 신자들 간의 신비적 연합(union)에 관한 암시는 전혀 없다.

2) 아벨라르의 속죄론

(1) 아벨라르의 속죄론

아벨라르(Abelard)의 속죄론은 사탄에게 속전이 지불되었다는 것을 부정하고 있는 것을 제외하면 안셀무스의 속죄론과 공통점이 거의 없다. 그리스도의 죽음은 속전(ransom), 심지어 하나님에게 드려진 속전으로 여겨지지도 않는다. 아벨라르는 하나님이 자기 아들의 죽음을 통해서 화해하였다는 안셀무스의 견해를 거부한다. 하나님은 그의 독생자의 죽음을 기뻐할 수 없었을 것이기 때문에 그 죽음을 죄사함의 근거로 삼을 수 없었을 것이다. 또한, 그러한 근거가 필요하지도 않았다. 하나님은 사랑이어서 그 어떤 배상적 속죄 없이도 얼마든지 죄를 사할 준비가 되어 있기 때문이다. 하나님이 요구하는 것은 죄인의 회개가 전부이다. 하나님은 회개하는 자를 용서할 준비가 되어 있고, 그렇게 하려고 안달이 나 있다. 아울러, 우리는 그리스도의 피로 말미암아 의롭다 함을 얻고 하나님과 화해된다고 할 수 있다. 그리스도는 우리의 본성을 입고서 우리의 스승이자 모범으로서 죽기까지 인내함으로써 하나님의 사랑을 드러내었다. 이 큰 사랑은 죄인의 마음 속에서 응답하는 사랑(responsive love)을 요구하고, 또한 일깨우는데, 이것이 죄사함의 근거가 된다(눅 7:47). 새롭게 일깨워진 사랑은 우리를 죄의 권세로부터 해방시킴으로써 우리를 구속하고, 하나님의 아들들의 자유로 인도함으로써 우리가 사랑의 동기에서 자유의지로 하나님에게 순종하게 만든다. 이렇게 죄사함은 우리 마음 속에 불붙여진 사랑의 직접적인 결과이고, 오직 간접적으로만 그리스도의 죽음의 열매이다.

아벨라르는 이러한 교설 때문에 세례를 통한 죄사함이라는 당시의 보편적인 가르침과 관련해서 어려움을 겪게 되었다. 그리스도의 죽음에 의해서 우리 마음 속에 불붙여진 사랑이 우리를 의롭게 한다면, 세례가 여전히 구원에 필수적인 이유는 무엇이란 말인가? 이 질문에 대하여 아벨라르는, 세례나 순교가 이렇게 불붙여진 사랑의 뒤를 잇지 않는다면 그 때까지 신앙을 끝까지 지키는 것, 즉 견인(堅忍, perseverance)이 이루어지지 않았다고밖에 말할 수 없다고 답변한다. 이것은 비록 사랑이 불붙여졌다고 하더라도 세례를 받기 전까지는 죄 사함이 실제로 일어나지 않는다는 것을 의미한다. 특히 아이들의 경우에 아벨라르는 죄 사함은 마음속에 불붙여진 사랑과는 무관하다는 것을 인정하지 않을 수 없었다. 루프스(Loofs)는 아벨라르의 새로운 견해는 납득할 만한 많은 수정들이 가해지지 않았다면 유지될 수 없었을 것이라고 올바르게 지적한다. 아벨라르가 종종 그리스도가 우리의 죄를 짊어졌고, 그리스도의 죽음은 우리의 죄에 대한 희생제사였다고 말한 것은 바로 이 때문인 것 같다.

(2) 평가

안셀무스의 속죄론과는 달리, 아벨라르의 속죄론은 철저하게 주관적이다. 그의 속죄론 속에는 애석하게도 안셀무스의 견해의 특징을 이루고 있는 도덕적 깊이와 내적 통일성이 결여되어 있다. 우리는 그의 견해 속에서 오늘날 속죄설과 관련된 도덕감화설(Moral Influence Theory)의 전형적인 서술을 본다. 도덕감화설은, 사랑은 하나님 안에 있는 모든 것을 주관하는 중심적인 속성이라는 잘못된 전제 위에서 시작해서, 하나님의 공의와 거룩에 의해서 요구되는 것들을 무시한다. 또한, 이 견해는 그리스도가 고난받아야 했던 적절한 이유를 제시하지 못한다. 하나님이 배상적 속죄를 요구하지 않고도 죄를 사할 수 있었다면, 왜 하나님은 자기 아들을 쓰라린 고난과 부끄러운 죽음에 내어준 것인가? 하나님이 얼마든지 다른 방식으로 죄인의 사랑을 일깨울 수 있었다면, 이것은 자신의 사랑을 나타내는 아주 의심스러운 방식이 아니었겠는가? 이 견해는 그리스도의 고난이 지닌 구속적 의미를 박탈해 버리고, 그리스도를 그의 가르침과 모범을 통해서 사람들에게 영향을 끼치는 단순한 도덕 교사로 축소시켜 버린다.

3) 아벨라르에 대한 베르나르의 반발

클레르보의 베르나르(Bernard of Clairvaux)는 아벨라르의 견해를 비판하였지만, 독자적인 견해를 제시하지는 않았다. 또한, 그는 안셀무스의 견해를 받아들이지도 않았다. 그는 특히 아벨라르가 기독교를 이성적으로 해석하였다고 비난하면서, 아담의 모범이 우리를 죄인들로 만들지 못하는 것과 마찬가지로 그리스도의 모범은 우리를 성인들로 만들지 못한다고 주장하였다. 그는 그리스도의 사랑의 모범이 지닌 위대성과 중요성을 아주 기꺼이 인정하였지만, 그 모범은 그리스도의 구속 사역에 근거할 때에만 그러한 위대성과 중요성을 지니게 된다고 말하였다. 사실, 그는 아벨라르와 마찬가지로 그리스도의 삶과 고난 속에서 드러난 사랑을 강조하였지만, 그 사랑을 단지 하나님의 사랑이 나타난 것만이 아니라 구원을 위하여 그리스도 자신의 신성이 나타난 것이라고 보았다.

베르나르의 이러한 견해는 이레나이우스와 아타나시우스의 가르침, 즉 성육신은 하나님이 인성을 입고 온 것이었다는 가르침을 서방 교회에 옮겨온 것이라고 할 수 있다. 하지만, 우리가 주목해야 할 것은, 그는 성육신의 육체적 결과, 즉 생명과 영생을 가져다 준 것을 강조한 것이 아니라, 성육신의 심리적 효과, 즉 그리스도의 것과 비슷한 인내와 사랑을 고취시킨 것을 강조하였다는 것이다. 아울러, 그는 이러한 순전히 주관적인 견해에 만족하지 않았지만, 주관적 구속을 위한 토대가 되는 객관적 구속을 굳게 믿었다. 성부는 자기 아들의 죽음을 요구하지 않았고, 도리어 그 죽음을 봉헌(oblation)으로 받아들였다. 이제 하나님의 아들의 죽음은 우리를 죄와 사망, 마귀에게서 구속하고 하나님과 화해하게 하는 역할을 한다.

4) 혼합주의적인 속죄론들

페트루스 롬바르두스, 보나벤투라, 토마스 아퀴나스 같은 스콜라 신학자들에게서 우리는 안셀무스와 아벨라르 양쪽 모두로부터 영향을 받은 흔적들을 발견한다. 그들은 이 두 사람이 제시한 요소들을 채택하고 있지만, 그것들을 결합시켜서 내적인 통일성을 부여하는 데에는 성공하지 못한다.

(1) 페트루스 롬바르두스의 속죄론

페트루스 롬바르두스(Peter the Lombard)는 그리스도의 공로를 출발점으로 삼는다. 그리스도는 그의 경건한 삶으로 인해서 고난을 받지 않고 영화롭게 될 충분한 자격을 갖추고 있었기 때문에, 그가 실제로 고난과 죽음으로 들어갔을 때에 그것은 자기 자신을 위해서가 아니라 죄인들을 위하여 자원하여 그렇게 한 것이었다. 그렇게 함으로써 그리스도는 죄인들이 죄와 형벌과 마귀로부터 구속을 받아서 낙원으로 들어갈 수 있게 해주는 공로를 얻었다. 이 시점까지 그의 사고의 흐름은 안셀무스와 별로 다르지 않다. 그러나 그리스도의 죽음이 어떻게 해서 이 구원을 가져올 수 있었는가라는 질문이 제기되자, 그의 대답은 그리스도의 죽음은 우리에게 하나님의 사랑을 나타내었다는 것이다. 우리에게 나타난 너무도 큰 사랑의 맹세로 인해서 우리는 마음이 움직여서 하나님을 사랑하게 되고, 이를 통해서 죄로부터 놓여나서 의롭게 된다. 우리는 죄로부터 자유하게 될 때에 마귀로부터도 자유하게 된다.

(2) 보나벤투라의 속죄론

보나벤투라(Bonaventura)에 의하면, 성육신이 꼭 필요하게 된 것은 배상적 속죄(보속)가 요구되었기 때문이었다. 피조물로서는 인류 전체를 위한 배상적 속죄를 이룰 수 없었고, 다른 종(種)에 속한 피조물로 하여금 그 일을 하게 하는 것도 적절하지 않았다. 따라서 배상적 속죄를 행할 자는 하나님이자 사람인 존재가 될 수밖에 없었다. 이러한 배상적 속죄는 그리스도가 그의 행위와 고난을 통하여 얻은 공로에 의해서 이루어졌다. 배상적 속죄를 행하는 것은 하나님에게 합당한 존귀함을 돌려드리는 것이었고, 이 속죄는 하나님의 진노를 누그러뜨리기 위한 가장 적절한 수단인 그리스도의 고난을 통해서 이루어졌다. 이렇게 해서, 하나님의 긍휼과 더불어 하나님의 의가 나타났다. 하지만, 보나벤투라는 안셀무스적인 이러한 견해를 그리스도의 고난은 인간 속에 하나님에 대한 응답적 사랑을 불러일으키는 데에 최적의 것이었기 때문에 가장 적절한 수단이기도 하였다는 아벨라르적인 견해와 결합시킨다. 그는 교회와 그리스도의 관계를 몸의 지체들과 머리의 관계로 보는 사상을 발전시킴으로써, 그리스도의 축복들이 어떻게 신자들에게 전이되는지를 안셀무스보다 훨씬 더 잘 설명해낸다.

(3) 토마스 아퀴나스의 속죄론

스콜라 신학자들 중에서 가장 위대한 인물은 토마스 아퀴나스(Thomas Aquinas)였다. 그는 그의 선배들의 사상을 중세의 그 어떤 신학자보다도 더 완벽하게 소화하였다. 이것에 비추어 볼 때, 우리가 그에게서 안셀무스적인 견해와 아벨라르적인 견해의 흔적을 둘 다 발견할 수 있고, 그리스도의 사역에 대한 그의 설명 속에서 그 어떤 통일성도 없다는 것은 전혀 놀라운 일이 아니다.

또한, 거기에는 이레나이우스와 아벨라르를 상기시키는 설명도 나온다. 모든 충만한 은혜가 그리스도의 인성(人性) 속에 거하고, 그리스도는 이제 인류의 머리이기 때문에, 몸의 지체들이 머리에 속하고자 하기만 한다면, 그의 완전함과 미덕은 그 지체들에게로 흘러간다. 새로운 인간으로서의 그리스도는 새로운 인류의 원리(principle)이자 누룩이다. 이렇게 구속 사역은 그리스도는 그의 가르침과 행위와 고난을 통해서 인류의 교사이자 모범이 되었다는 관점에서 고찰된다. 그리스도의 이러한 고난은 하나님의 사랑을 좀 더 구체적으로 드러내고, 사람들의 마음 속에 응답적인 사랑을 일깨운다.

하지만, 그의 속죄론에는 좀 더 안셀무스적인 사상도 나오는데, 그것은 로마 가톨릭 교회에서 일반적으로 따르고 있는 것이다. 아퀴나스는 하나님은 인류가 자신의 죄 가운데서 멸망하도록 내버려둘 수도 있었기 때문에 구속이 절대적으로 필수적인 것은 아니었다고 주장한다. 그렇지만, 아퀴나스는 하나님의 모든 속성들에 비추어 볼 때에 구속은 가장 적절한 조치였던 것으로 본다. 또한, 그는 하나님은 그 어떤 적절한 배상적 속죄를 요구함이 없이도 인간을 구속할 수 있었을 것이라는 견해를 가지고 있었다. 그는 인간 재판장이라면 범법 행위를 눈감아 줄 수 없었을 것이지만,

하나님은 그 자신이 공의의 원천임과 동시에 이 사안에 있어서 피해 당사자이기 때문에 죄악된 인류에게 그렇게 해줄 수 있었을 것이라고 단언한다. 하나님은 자신의 의지에 의한 한 행위를 통해서 이 사안에 있어서 무엇이 옳은 것인지를 결정할 때에, 얼마든지 배상적 속죄 없이 죄를 사할 수 있었을 것이다. 왜냐하면, 하나님이 그렇게 한다고 해서 손해를 보는 자는 아무도 없었을 것이기 때문이다. 하지만, 하나님은 배상적 속죄를 요구하는 쪽을 선택하였고, 이것은 하나님의 아들이 성육신하는 것을 꼭 필요하게 만들었다. 단순한 인간으로서는 무한한 하나님을 거슬러 인간이 저지른 죄를 속(贖)할 수 없었기 때문이다.

　그리스도의 공로는 그가 이 땅에 있던 기간 전체에 걸쳐 있었기 때문에, 그의 삶에서 이루어진 모든 행위는 인간의 죄를 속하는 데에 기여하였다. 그리고 오직 이것만이 실제로 하나님에게 적절한 배상적 속죄를 행할 때에 요구되었던 모든 것이었다. 엄밀하게 말해서, 그리스도의 고난과 죽음은 꼭 필요한 것이 아니었다. 하지만, 하나님이 온전한 구속이 그리스도의 고난과 죽음에 의해서 이루어지게 되기를 원한 특별히 합당한 이유들이 있었는데, 그것은 그렇게 하는 것이 하나님의 긍휼과 공의에 부합하는 것임과 동시에 최고의 효과를 확보하는 것이었기 때문이다. 그리스도의 죽음은 하나님의 큰 사랑을 나타내고, 인간에게 순종과 겸손과 변함없는 지조(志操) 등등의 모범을 보여준다. 그리스도의 죽음은 단지 우리를 죄에서 건져줄 뿐만 아니라, 칭의의 은혜와 영원한 지복(至福)을 얻게 해주고 죄를 피하고자 하는 강력한 동기를 제공해 준다.

　그리스도의 고난은 네 가지 서로 다른 방식으로 죄인들의 구원을 가져온다: (a) 고난의 공로를 통해서 구원의 축복들을 얻어서 죄인들에게 넘겨줌으로써; (b) 하나님을 크게 기뻐하게 만든 초과적인 공로를 지닌 배상적 속죄를 이룸으로써 그 혜택을 신비적 연합에 의거해서 믿는 자들에게 전해줌으로써; (c) 하나님이 기뻐하는 자발적인 희생제사를 통해서; (d) 죄인들을 노예 상태와 형벌에서 구속함으로써.

인간은 마귀의 영적 노예로 전락하였지만, 마귀는 그렇게 할 수 있는 정당한 권리를 지니고 있지 않았기 때문에 그 속전을 받을 수 없었다. 하지만, 그리스도가 행한 초과적인 공로를 지닌 배상적 속죄는 세례와 회개 없이는 인간을 구원하지 못하는데, 그 이유는 예수 그리스도의 신비적 몸 안에서 그 지체들이 머리와 관련하여 적절히 "배치"(configuration)되는 것이 필수적이기 때문이다.

토마스 아퀴나스의 이러한 견해들은 안셀무스의 견해들과 상당한 정도의 유사성을 보여주긴 하지만 어떤 점들에서는 더 못하고 어떤 점들에서는 더 낫다. 그의 견해들이 더 못한 것은 안셀무스의 견해들과 같은 논리적 통일성을 보여주지 못하고, 속죄의 필요성의 근거를 신적 본성 가운데서 찾아서 정립하는 데에 실패하고서, 하나님이 다른 방법을 선택할 수도 있었다거나 배상적 속죄가 없었어도 아무 상관이 없었을 것이라고 말하는 등 그저 하나님의 의지에 좌우된 것으로 보기 때문이다. 아퀴나스의 견해가 지닌 이러한 자의성의 요소는 둔스 스코투스(Duns Scotus)의 인정설(acceptilation theory)을 낳는 다리 역할을 하였다. 하지만, 그의 견해들이 더 나은 것은 형벌적 속죄 사상(the idea of penal satisfaction), 즉 형벌을 통한 속죄라는 사상에 접근해 있다는 것, 그리스도의 공로를 더 크게 강조함으로써 후대에 그리스도의 능동적 순종과 수동적 순종을 구별하는 계기를 만들어 주었다는 것, 그리스도의 공로가 신자들에게 전이되는 것을 설명하기 위해서 신비적 연합(mystical union)이라는 개념을 도입하였다는 것 등이다.

5) 둔스 스코투스의 속죄론

아퀴나스는 로마 교회의 공식적인 신학이었던 도미니쿠스회의 신학을 대표하는 반면에, 둔스 스코투스(Duns Scotus)는 프란체스코회의 신학의 창시자라고 할 수 있다. 그의 저작은 주로 비판적이고 부정적이다. 그는 아퀴나스와는 달리 『신학대전』(Summa)을 쓰지 않았고, 페트루스 롬바르두스의 『신학명제집』에 대한 자신의 『주석들』(Commentaries) 속에서 그리스도의 속죄 사역에 관한 자신의 견해들을 구체화시켜 놓았다. 따라서 우리는 그가 롬바르두스의 견해들을 비판하며 수정하지 않는 곳에서는 그 견해들을 그대로 받아들인 것이라고 전제할 수 있다. 이런 식으로 하면, 그의 속죄론을 어느 정도 적극적으로 구성해 보는 것이 가능해진다. 그는 몇 가지 중요한 점에서 그의 선배들과 달랐다.

그는 속죄 자체, 속죄가 지닌 성격, 속죄가 가져온 효과가 모두 하나님의 자의적인 의지에 의한 것이라고 본다. 그는 배상적 속죄를 요구할 그 어떤 내재적인 필연성도 존재하지 않았다고 단언한다. 그것이 필요했던 것은 단지 하나님이 그것을 원하였기 때문인데, 사실 하나님이 그것을 원한 것은 필연적인 것이 아니었고, 순전히 하나님의 우발적인 행위였다. 나아가, 그는 배상적 속죄의 필연성이 인정된다고 하여도 그것이 역사상에서 실제로 일어났던 바로 그와 같은 형태를 반드시 취할 필요는 없었다고 주장한다. 그 속죄를 행할 자가 반드시 하나님이어야 한다거나, 피조 세계 전체보다 더 큰 자여야 할 필요도 없었다. 아담의 한 경건한 행위만으로도 그가 지은 첫 번째 죄를 속하는 데에 충분했을 것이다. 또한, 그는 배상적 속죄가 반드시 인간에 의해서 이루어져야 했다는 것도 입증할 수 없는 것이라고 생각한다. 하나님은 한 천사의 행위를 충분한 속죄로 받아들였을 수도 있다. 이 모든 것은 하나님의 자의적인 의지에 달려 있었다.

하지만, 하나님은 예정된 자들의 구원을 위한 수단(또는, 방편)으로서 그리스도의 고난을 영원 전부터 미리 정하였다. 이 고난이 특별한 가치와 특별한 효력을 지니는 것은 오직 그것이 구원의 수단으로 미리 정해졌고, 하나님이 그것을 효력 있는 것으로 기꺼이 받아들이고자 하였기 때문이었다. 둔스 스코투스는 그리스도의 공로는 결국 유한한 인간 본성의 공로라는 이유로 그 공로의 무한한 가치를 부정한다. 하지만, 하나님은 그의 의지에 의한 한 행위를 통해서 그리스도의 공로를 충분한 것으로 받아들이기로 결정하였다. 하나님은 인간이 지은 빚에 걸맞지 않는 너무도 형편 없는 공로를 기꺼이 받아준 것이다. 이러한 교설은 일반적으로 인정설 (Acceptilation Theory)로 불리지만, 매킨토쉬(Mackintosh, *Historic Theories of the Atonement*, p. 110f.)의 말대로, 실제로는 (속죄라는 말의 의미를 멋대로 풀이한) 어의설(語義說, Acceptation Theory)로 불려야 한다.

심화학습을 위한 질문들

로마 가톨릭 교회는 안셀무스의 견해를 따라 속죄의 절대적 필요성(또는, 필연성)을 주장하는가? 안셀무스가 배상적 속죄(satisfaction)가 필요한 근거를 하나님의 형벌적 공의가 아니라 하나님의 존귀하심에서 찾는 이유는 무엇인가? 그의 죄 개념은 어떤 것이었는가? 그는 죄에는 반드시 형벌이나 배상적 속죄가 따른다는 사상을 어디에서 얻었는가? 그가 그의 공로 사상을 오로지 그리스도의 죽음을 중심으로 구성한 이유는 무엇인가? 그의 교설이 종종 "상거래설"(Commercial Theory)로 불리는 이유는 무엇인가? 아벨라르는 어떤 의미에서 속죄를 필수적이라고 보았는가? 그의 교설이 주관적이라고 불리는 이유는 무엇인가? 이른바 주관적 교설들을 속죄에 관한 교설들이라고 말하는 것은 과연 적절한가? 아벨라르는 그리스도의 고난과 죽음을 충분히 설명하고 있는가? 둔스 스코투스의 견해에 대한 가장 큰 반론은 무엇인가? 그의 견해 속에는 그리스도의 공로와 관련하여 어떤 내용이 남아 있는가? 인정설(acceptilation)과 어의설(acceptation)의 차이는 무엇인가? 토마스 아퀴나스의 견해는 어떤 점에서 안셀무스의 견해보다 일보 진전된 것인가?

3. 종교개혁 시대의 속죄론

속죄론은 종교개혁자들과 로마 가톨릭 교회 간에 쟁점이 된 주제들 중의 하나가 아니었다. 두 진영은 모두 그리스도의 죽음을 죄를 위한 배상적 속죄이자 무한한 가치를 지닌 속죄로 보았다. 두 진영의 차이들은 주로 그리스도의 사역을 개개인들에게 주관적으로 적용하는 것(subjective application)과 관련된 것이었다. 그렇지만, 속죄와 관련해서도 강조점에 있어서는 서로 차이가 있었다. 종교개혁자들은 안셀무스와 기본적으로 동일한 — 몇 가지 세부적인 점들에서는 서로 달랐지만 — 명확한 노선을 따라서 움직였던 반면에, 로마 가톨릭 교회는 주된 본류에 있어서는 토마스 아퀴나스의 견해에 동의하고 있었지만 스콜라주의 시대의 불확실성과 불확정성을 반영하고 있었다.

1) 안셀무스의 견해를 개선한 종교개혁자들의 속죄론

속죄론과 관련해서 종교개혁자들과 안셀무스의 견해는 상당한 정도로 일치한다. 둘 다 속죄의 객관적 성격을 주장하고, 둘 다 속죄의 필연성을 인정한다. 하지만, 이 필연성의 성격을 놓고는 서로 견해가 달랐다. 안셀무스는 이것을 절대적인 것이라고 말하는 반면에, 몇몇 종교개혁자들은 상대적인 또는 가설적인 필연성이라고 본다. 중보자가 하나님이자 사람이어야 한다는 필수조건에 대해서 칼빈은 이렇게 말한다: "필연성이라는 것을 잘 들여다 보면"(안셀무스가 던졌던 바로 그 질문), "그 필연성은 통상적으로 단순한 또는 절대적인 것이 아니었고, 인류의 구원을 결정한 신적 작정(decree)으로부터 흘러나오는 것이었다. 지극히 긍휼에 풍성하신 우리의 아버지는 우리에게 가장 좋은 것을 결정하셨다"(*Institutes* II, 12.1). 하지만, 그리스도의 고난과 죽음을 통한 속죄가 신적 지혜에 지극히 부합하고 적절하였다는 데에는 그들의 견해가 모두 일치한다. 칼빈도 둔스 스코투스처럼 속죄가 하나님의 자의적인 의지에 따라 이루어졌다고 본다고 말하는 것은 분명히 옳지 않다. 칼빈은 하나님 속에는 그 어떤 불확정적인 의지는 결코 존재하지 않고, 오직 그의 모든 속성 전체에 의해서 결정된 의지만이 존재한다고 보았고, 그리스도를 통한 속죄는 하나님의 공의를 온전히 만족시켰다는 사실을 정당하게 강조한다.

종교개혁자들이 발전시킨 속죄론은 몇 가지 점에서 안셀무스의 것보다 더 우월하다. 안셀무스는 죄를 주로 하나님의 존귀하심(또는 명예, honour)에 대한 침해로 보는 반면에, 종교개혁자들은 죄를 무엇보다도 하나님의 법을 어긴 것, 따라서 모욕(insult)이 아니라 죄책(guilt)으로 본다. 그리고 전자는 그리스도의 죽음을 통한 속죄를 하나님의 존귀하심을 회복시킨 초과적인 봉헌(gift)로 보는 반면에, 후자는 그것을 하나님의 공의를 만족시키는 형벌적 희생제사(penal sacrifice)라고 생각한다. 이렇게 해서, 속죄는 사법(私法)의 영역에서 꺼내져서 공법의 영역으로 옮겨진다.

이것이 의미하는 것은 종교개혁자들도 안셀무스가 제시한 "배상(satisfaction)이냐 형벌(punishment)이냐"라는 이분법을 거부하였고, 전자는 후자를 배제하는 것이 아니라 그리스도의 희생제사를 통해 이루어진 배상은 형벌을 통한 배상이었다는 것을 지적하였다는 것이다. 달리 말하면, 그들은 그리스도의 고난이 형벌적이고 대리적이었다는 사실을 강조하였다는 말이다.

또한, 그들은 그리스도의 중보 사역에 있어서 능동적 순종(active obedience)과 수동적 순종(passive obedience)을 분명하게 구별하고서, 전자를 후자와 마찬가지로 그리스도의 속죄 사역의 일부로 인정하였다는 점에서 안셀무스를 뛰어넘었다. 하나님이자 사람이신 분(the God-man)은 단지 그의 고난과 죽음을 통해서만 아니라 언약적 측면을 지닌 법(law)에 대한 순종을 통해서도 신적 공의의 요구들을 만족시켰다. 그의 속죄는 과거의 범죄들을 배상한 것만이 아니라 행위 언약의 조건이었던 법을 지킨 것이기도 하였다. 마지막 아담으로서 그는 첫째 아담이 실패하였던 바로 그것을 해내었다.

끝으로, 그들은 그리스도의 공로가 죄인들에게 전가되는 방식에 대한 이해에 있어서도 안셀무스를 능가하였다. 이것과 관련된 안셀무스의 견해는 다소 외적이고(external) 거래적인(commercial) 측면을 지니고 있었다. 아퀴나스는 구원의 축복들을 예수 그리스도와 살아 있는 관계 속에 있는 자들에게 전가시키는 수단으로서의 신비적 연합(the mystical union)이 지닌 중요성을 강조함으로써 그러한 약점을 개선하였다. 하지만, 아퀴나스는 신앙이 지닌 수용적(receptive) 활동을 제대로 부각시키는 데에는 실패하였다. 종교개혁자들은 신비적 연합이 대단히 중요하다는 아퀴나스의 견해에 동의하였지만, 아울러 그리스도의 의(義)를 자신의 것으로 만드는 인간의 의식적인 행위, 즉 신앙의 행위(the act of faith)에도 주목하였다. 하지만, 그들은 신앙을 하나의 공로로서 칭의의 원인이 된다고 설명하지 않기 위해서 극히 조심하였다.

2) 소키누스의 속죄론

(1) 소키누스의 속죄론

종교개혁자들의 속죄론에 대한 가공할 만한 공격은 소키누스(Socinus)에 의해서 행하여졌다. 그는 먼저 종교개혁자들의 속죄론의 토대 자체, 즉 안셀무스와 종교개혁자들이 말한 하나님의 공의 개념을 제거하는 작업부터 시작하였다. 그는 하나님 안에 "죄를 벌할 것을 절대적이고도 가차없이 요구하는" 그런 공의가 존재한다는 것을 부정하였다. 하나님의 속성이라고 말해지는 영속적이고 변함 없는 공의라는 것은 단지 하나님의 행위 속에 그 어떤 부패나 죄악성이 들어가지 않게 해주는 하나님의 도덕적인 공평하심(equity)과 올바르심(rectitude)에 지나지 않는다. 통상적으로 공의라 불리고 긍휼과 반대되는 것으로 여겨지는 바로 그것은 하나님에게 내재해 있는 속성이 아니라 단지 하나님의 의지의 결과(effect)일 뿐이다. 또한, 이것은 공의와 반대되는 것으로 여겨지는 하나님의 긍휼에도 그대로 적용된다. 하나님의 긍휼은 하나님 안에 있는 내적인 특질(internal quality)이 아니라 단지 하나님의 자유로운 선택의 결과일 뿐이다. 하나님의 그러한 긍휼은 하나님이 어떤 자를 벌하는 것과 모순되지 않는다. 또한, 하나님의 그러한 공의는 하나님이 공의의 요구를 충족시킴이 없이 그가 기뻐하는 자의 죄를 사하는 것과 모순되지 않는다.

소키누스가 제기한 비판의 요지는 죄 사함과 화해의 근거로서 하나님의 은혜와 그리스도의 공로를 결합시켜서 함께 제시하는 것은 논리가 잘 맞지 않고 모순된다는 것이다. 그 둘 중 하나, 즉 하나님은 거저 죄를 사하신다거나 하나님은 그리스도로 인하여 죄를 사하신다고 주장하는 것은 가능하지만, 그 둘은 서로를 배제하기 때문에 동시에 주장하는 것은 있을 수 없다. 이 두 대안 중에서 그는 전자, 즉 하나님이 거저 죄를 사하신다는 쪽을 선택한다. 또한, 그는 죄책은 개인적인 것이기 때문에 누가 대신 형벌을 받는다는 것은 불가능하고, 설령 그것이 허용된다고 하더라도 그리스도가 율법의 형벌을 정확히 다 짊어졌다고 말할 수는 없는데, 그것은 그리스도가 죄인들의 수만큼 무수한 영원한 죽음들을 겪었다는 것을 의미하는 것이 될 것이기 때문이라고 주장한다. 그렇지만, 그리스도는 한 번의 끝없는 죽음조차 겪지 않았고, 단지 유한한 고통만을 겪었을 뿐이다. 또한, 소키누스는 배상(satisfaction)과 전가(imputation)라는 개념은 그 자체가 모순된 개념이라고 주장한다. 그리스도가 완전한 배상을 했다면, 세상은 자유하게 되고, 그것으로 문제는 해결된다. 완전한 배상의 효과를 누리기 위해서 신적 전가와 인간의 믿음이 있어야 했다고 말하는 것은 앞뒤가 안 맞는 모순이다.

소키누스는 지치지도 않고 계속해서, 죄 사함은 단지 회개와 순종을 근거로 주어지는 순전한 긍휼의 행위라고 말한다. 유일하게 요구되는 조건은 죄를 슬퍼하는 것과 법에 순종하고자 하는 진지한 열망뿐이다. 하지만, 그는 그의 사상 체계 속에서 예수의 구원 사역을 배제하였기 때문에 예수가 지닌 독특한 의미를 설명하지 않으면 안 된다는 것을 깨달았다. 그는 그리스도는 영생의 길인 믿음과 순종의 길을 죄인들에게 계시하고, 그의 삶과 죽음을 통해서 참된 순종의 모범을 그들에게 제시하여 그들에게 자기와 비슷한 삶을 살도록 고무시키며, 부활로 이어진 죽기까지의 순종을 통해서 생명의 길인 순종을 구체적으로 보여주고, 부활을 통해 받은 권세를 사용하여 믿음 안에서 그에게 붙어 있는 모든 자들에게 영생을 수여함으로써 죄인들을 구원한다고 말한다. 하나님은 그리스도에게 그의 순종에 대한 상급으로 이 권세를 주었다. 이 교설은 그리스도의 죽음과 죄인들의 구원을 직접적으로 결부시키지 않는다. 그리스도의 죽음은 우리의 죄를 속(贖)하지도 않았고, 하나님의 마음을 움직여서 죄를 사하게 만들지도 못하였다. 죄 사함은 오로지 하나님의 긍휼하심에 의한 것이다. 그러나 그리스도는 그의 죽음 직후에 신자들에게 영생을 수여할 수 있는 권세를 받았기 때문에, 소키누스는 그리스도의 죽음이 우리의 죄를 속하였다고 주장하는 것이 가능하다고 여긴다.

(2) 평가

소키누스의 교설(敎說)은 사실 고대 교회에 의해서 단죄된 여러 이단들, 즉 인간의 내재적 선과 영적 능력을 믿었던 옛 펠라기우스주의, 인성과 관련하여 그리스도는 양자에 의해서 하나님의 아들이 되었다고 본 옛 양자론적 교설, 속죄와 관련해서 그리스도의 모범적 삶을 강조하였던 도덕감화설, 하나님의 자의적 의지에 관한 둔스 스코투스의 교설을 한데 혼합시켜 놓은 것에 불과하다. 그의 교설은 속죄론과 관련하여 형벌적 대속설에 반대하였던 자들 사이에서조차도 거의 지지를 얻지 못하였다. 이것은 이 교설이 철저하게 합리주의적이고, 인간의 논리를 가지고 단순히 추상적으로 유희한 것에 지나지 않아서, 하나님의 말씀 속에 계시된 사실들과 구속받은 자들의 삶 속에서 경험된 사실들을 제대로 고려하는 데에 철저하게 실패하고 있다는 사실에 비추어 볼 때에 전혀 이상한 일이 아니다.

3) 그로티우스의 속죄론

(1) 그로티우스의 속죄론

이 교설은 사실 종교개혁자들의 가르침과 소키누스의 견해 사이에서 그 중간 위치에 서 있다. 하지만, 그로티우스는 그렇게 생각하지 않았음이 분명하다. 왜냐하면, 그는 그의 저서의 제목을 『시에나의 파우스투스 소키누스에 맞선 그리스도의 속죄에 관한 가톨릭 신앙의 옹호』(Defence of the Catholic Faith Concerning the Satisfaction of Christ Against Faustus Socinus of Siena)라고 붙였기 때문이다. 이 저작은 소키누스가 근거로 삼았던 로마법에 의거해서 소키누스의 논거들이 지닌 몇 가지 결함들을 지적하고 있는 한 유능한 법률가의 저작이다. 또한, 그로티우스는 종교개혁자들의 가르침에 대한 소키누스의 가장 중요한 비판, 즉 그리스도는 죄인들에게 가해진 율법의 형벌을 짊어지지 않았고 실제로 짊어질 수도 없었다는 비판에 적절히 대응하지 못하였다. 사실, 그는 이 개념을 버리고 새로운 견해를 제시한다. 그는 율법의 요구들을 모든 세세한 점들에 이르기까지 충족시키고, 범죄가 있는 경우에는 형벌에 의한 완전한 속죄를 반드시 이행할 것을 요구하는 분배적 정의(distributive justice)가 하나님 안에서 지배적인 특질로 존재하는 것이 아니라고 주장한다. 죄인과 관련되어 있는 율법은 하나님의 내재적 의(義)를 그대로 베껴놓은 것이 아니라, 자연법과 반대되는 실정법(實定法), 하나님의 의지의 산물이어서, 하나님은 그 법의 구속을 전혀 받지 않고, 얼마든지 마음대로 변경하거나 폐기할 수 있다. 율법 자체와 그 형벌은 둘 다 만유의 통치자인 하나님에 의해서 수정될 수 있고, 심지어 완전히 폐기될 수도 있다.

하나님은 분명히 이 율법이 유효하고 구속력을 지니도록 의도하였지만, 뭔가 중요한 이유 때문에 그 효력을 유보하는 것이 최선이라고 생각되는 경우에는 그렇게 할 권리를 갖고 있다. 그로티우스가 그의 속죄론에 적용하는 근본적인 사상은 이런 것이다. 엄격한 공의에 의하면, 죄인은 죽어야 마땅하였고, 영원한 죽음을 죽어야 마땅하였다. 그러나 실제로 그 선고는 엄격하게 집행되지 않는다. 왜냐하면, 신자들은 정죄로부터 자유롭기 때문이다. 율법의 완화(relaxation)가 일어난다. 형벌은 엄격한 속죄 없이도 집행되지 않는다. 그로티우스는 실제로 그리스도가 속죄를 이루었다고 말하기는 하지만, 그러한 속죄를 인간이 마땅히 받아야 할 형벌을 고스란히 다 치른 정확한 등가(等價)의 속죄로 이해해서는 안 된다고 말한다. 그리스도의 속죄는 단지 명목상으로만 등가인 속죄, 즉 그저 하나님이 기꺼이 속죄가 된 것으로 받아준 것일 뿐이다. 그로티우스는 "성부의 이러한 행위는 율법과 관련해서 본다면 완화(relaxation)이지만, 범죄자와 관련해서 본다면 사면(remission)이다"라고 말한다. 종교개혁자들의 가르침에 의하면, 최고 재판관인 하나님이 대속의 원리를 택한 것 속에는 그러한 완화가 존재하지만, 그리스도에 의해 이루어진 대속 자체 속에는 그러한 완화가 존재하지 않는다. 그것은 단순히 명목상으로 등가인 속죄가 아니라 실질적으로 등가인 속죄였다. 그로티우스는 이 원리를 둘 다에 적용한다. 그리스도의 고난은 단지 인류가 겪어야 할 고난과 명목상으로만 등가일 뿐이었다. 그로티우스는 용인(acceptation)은 채권자가 그 어떤 보상도 받지 않은 채로 채무를 완전히 탕감해 주는 행위를 가리킨다는 이유로 그의 교설이 용인설(theory of acceptation)이라는 것을 부인한다.

그러나 이제 다음과 같은 질문이 자연스럽게 생겨난다: 율법을 폐기하는 것이 자신의 능력 안에 있었다고 본다면, 하나님은 그냥 율법을 폐기하면 될 것을 왜 그렇게 하지 않았는가? 도대체 그리스도가 고난받는 것이 왜 꼭 필요했던 것인가? 왜 형벌은 즉시 그 자리에서 면제되지 않았는가? 그로티우스는 만유의 통치자인 하나님은 그의 광대한 영지 안에서 질서를 유지해야 했다고 대답한다. 하나님께서 율법은 결코 범해서는 안 된다는 것과 죄에 대하여 거룩한 분노를 지닌다는 것을 어떤 식으로든 나타냄이 없이 무턱대고 죄를 사면해 주는 것은 위험천만한 일이었을 것이다. 셰드(Shedd)는 이렇게 말한다: "하나님의 아들의 고난과 죽음은 하나님이 도덕적인 악을 미워한다는 것을 모범적으로 보여주는 것인데, 하나님은 그 속성상 형벌 없이도 죄를 사해 줄 수 있었더라도, 하나님의 아들의 고난 및 죽음과 연결시켜서 형벌을 면제해 주는 것이 안전하고 지혜로운 일이다." 그러므로 속죄의 필요성의 근거는 만유에 대한 도덕적 통치에 관한 관심이 된다. 그래서 이 교설은 속죄론과 관련한 통치설(Governmental Theory)로 불린다.

(2) 평가

한편으로, 그로티우스의 교설은 종교개혁자들의 가르침에 어느 정도 기대고 있는 모습을 보여준다. 그의 교설은 적어도 외관상으로는 객관적 속죄를 가르치는 모양새를 취하고 있고, 만유에 대한 도덕적 통치 — 이 근거는 종교개혁자들의 속죄론 속에서는 부차적인 위치를 차지한다 — 를 안전하게 유지하기 위해서는 속죄가 반드시 필요하였다고 주장한다. 다른 한편으로, 그의 교설은 소키누스의 것과 유사성을 지닌다. 그로티우스나 소키누스는 둘 다 그리스도의 배상적 속죄가 하나님의 본성과 속성들에 의해서 요구되었고, 인간이 지은 죄에 대한 죗값을 고스란히 다 치른 온전한 등가적 형벌이었다는 것을 부정한다. 종교개혁자들은 그리스도의 죽음이 모범의 의미와 응보의 의미를 둘 다 지니고 있다고 보지만, 그로티우스는 그리스도의 죽음이 단지 모범(模範)의 의미만을 지닐 뿐이고 응보(應報)의 의미는 전혀 없다고 보고 있다는 것은 너무도 분명하다. 끝으로, 이 교설에 의하면, 그리스도의 고난은 단지 장래의 죄를 예방하는 것에 기여할 뿐이고, 실제로 과거의 죄를 속하지는 못한다.

4) 아르미니우스주의의 속죄론

(1) 아르미니우스주의의 속죄론

이 교설은 그로티우스가 그의 저작을 출간한 후에 형성되었는데, 이 교설을 구성하는 데에 가장 적극적이었던 두 명의 신학자는 쿠르켈라이우스(Curcellaeus)와 림보르흐(Limborch)였다. 그들은 비록 소키누스파와 교회의 정통 교리를 넘나들다가 그로티우스에게 합류하긴 했지만 그의 체계를 채택한 것은 아니었다. 종교개혁자들과 맥을 같이 하여, 그들은 속죄의 필요성의 근거를 도덕적 질서에 대한 관심이 아니라 신적 본성에서 찾았다 — 비록 그러한 사상을 논리적으로 일관되게 설명해내지는 못했지만.

아르미니우스주의적 견해의 큰 특징은 그리스도의 죽음을 희생제사(sacrificial offering)로 보면서도, 동시에 이 희생제사를 빚을 갚은 것이 아니라 공의를 온전히 만족시킨 것으로 보아야 한다고 주장한다는 것이다. 그것은 어느 정도 죄 사함의 필수조건(conditio sine qua non)에 속한다. 구약과 신약에서 하나님은 그의 죄 사함의 은혜를 베푸는 것을 희생제물의 선행적인 죽음과 결부시키는 것이 합당하다고 보았다. 그리스도의 고난과 죽음은 형벌적이고 사법적(司法的)인 것으로 보아지고, 따라서 형벌의 성격을 지닌 것으로 보아진다. 하지만, 이것은 그리스도가 인간이 마땅히 담당했어야 했던 것을 담당하였다는 것을 의미하는 것이 아니라, 단지 하나님의 정하심을 따라서 그리스도의 희생제사적 죽음이 형벌을 대신하는 것이었고, 그 결과로 하나님을 인간과 화해시키고 죄 사함을 얻어내는 효과를 지니고 있었다는 것을 의미한다. 이것은 그리스도의 죽음을 엄밀한 등가성(等價性)을 갖춘 대속적 형벌(종교개혁자들의 견해)로 보는 것이 아니라 형벌을 대신한 열등한 가치를 지닌 것으로 본다는 것을 의미한다. 그리스도의 죽음은 관용(benevolence)의 속죄라고 달해진다. 이 점에서 아르미니우스주의자들은 그로티우스와 아주 흡사하다.

그들은 공식적으로 채택된 속죄론에 대하여 몇 가지 반론을 제기하였는데, 그 중 가장 중요한 것들은 다음과 같은 것들이라고 할 수 있다: (a) 그리스도는 시간적으로나 정도(程度)에 있어서나 영원한 죽음을 겪지 않았기 때문에 인간의 죄에 대한 온전히 등가적인 형벌을 담당하지 않았다. 그리스도의 경우에는 그 어떠한 끝없는 고통도 없었고, 절대적인 절망도 없었다; (b) 그리스도가 죄를 완전히 속하였다면, 더 이상 하나님의 은혜가 필요한 일은 남아 있지 않다. 공의가 만족되었다면, 죄 사함은 더 이상 하나님의 불쌍히 여기는 마음이 관여할 문제일 수 없다; (c) 그리스도가 온전한 속죄를 하였다면, 하나님은 믿음과 순종을 요구할 권한도 없고, 죄인이 순종하는 데에 실패한다고 해도 죄인을 벌할 권한도 없다. 동일한 죄에 대하여 두 번이나 형벌을 집행하는 것은 부당하기 때문이다.

또한, 그들은 그리스도의 속죄를 일반적인 또는 보편적인 것으로 보는데, 이것은 그리스도가 "인류 전체의 죄와 각 사람의 온갖 구체적인 죄를 속하였다"는 것을 의미한다. 하나님은 그리스도를 세상에 보내었고, 그리스도는 인류에 속한 각 사람을 구원할 목적으로 자원하여 자신을 드렸다. 그러나 속죄는 하나님의 의도에 있어서는 보편적이지만, 보편적인 효력을 발휘하고 있지는 않다. 무수한 사람들이 멸망을 받기 때문이다. 이렇게 모든 사람이 구원을 받지는 못하는 것은 하나님이 제시한 속죄를 거절하고 하나님의 의도를 좌절시키는 죄인의 완악함 때문이다. 속죄의 유효한 적용(effectual application)은 궁극적으로 죄인의 의지에 달려 있다. 죄인의 의지는 많은 경우에 하나님의 목적을 좌절시킬 수 있고, 또한 실제로 좌절시킨다.

(2) 도르트 교회회의의 제한적 속죄론

이 아르미니우스주의의 오류에 대항하여 도르트 교회회의는 그리스도의 속죄는 모든 인간의 구원을 위하여 지극히 충분하지만 그럼에도 불구하고 오직 그것이 유효하게 적용되는 자들, 달리 말하면 택함받은 자들을 위해서만 의도되었다는 입장을 취하였다. 또한, 이 회의에서는 속죄의 효과적 적용은 궁극적으로 죄인의 의사 결정이 아니라 특별 은혜를 주고자 하는 하나님의 결심에 달려 있다고 주장하였다. 그리스도의 속죄는 성령의 능력으로 말미암아 그리스도가 그의 피를 흘리면서 염두에 두고 있었던 모든 자들의 마음과 삶 속에서 효력을 발휘한다. 그들은 모두 구원받는데, 그들의 구원은 오로지 하나님의 은혜 덕분이다.

5) 소뮈르 학파의 타협

소뮈르 학파(the School of Saumur)는 도르트 교회회의가 천명한 엄격한 칼빈주의를 완화시킴과 동시에 아르미니우스주의의 오류를 피하고자 하는 시도이다. 이것은 특히 아미랄두스의 저작 속에서 나타나는데, 그는 대담하게도 일종의 보편적 속죄를 주장하는 가설적 보편구원론(hypothetical universalism)을 가르쳤다. 하나님은 선행적 작정(antecedent decree)을 통해서 모든 사람을 회개와 여수 그리스도에 대한 믿음을 조건으로 구원하리라는 의지를 가졌다. 그래서 하나님은 모든 사람을 위하여 죽게 하기 위하여 그리스도를 세상에 보냈다. 그러나 사람들을 내버려두면 아무도 회개하거나 믿지 않으리라는 것을 알고 있었던 하나님은 후속적 작정(subsequent decree)을 통해서 일부 사람들을 그의 은혜에 의한 구원의 역사(役事)의 대상으로 선택하였다. 바로 이 사람들만이 실제로 구원을 받는다.

하지만, 이러한 견해는 결국 유지될 수 없는 입장임이 증명되었다. 이 학파의 추종자들 중에서 일부는 선행적 작정과 거기에 토대를 둔 보편적 구원을 강조한 결과 아르미니우스주의자들의 진영에 안착하였고, 일부는 후속적 작정과 유효적 은혜(effectual grace)의 필요성을 강조한 결과 칼빈주의적인 입장으로 되돌아왔다. 영국에서는 대브넌트(Davenant), 캘러미(Calamy), 특히 리처드 백스터(Richard Baxter)가 소뮈르 학파의 견해에 실질적으로 동조하였다. 이 학파의 특이한 견해들은 투레틴(Turretin)과 하이데거(Heidegger)가 스위스 일치 신조(Formula Consensus Helvetica)를 만들어서 그러한 견해들과 싸우는 계기가 되었다.

심화학습을 위한 질문들

종교개혁자들은 속죄의 절대적 필요성에 대한 안셀무스의 견해에 동의하였는가? 이 점에 대한 칼빈의 견해는 어떤 것이었는가? 17세기의 개혁파 신학자들은 칼빈의 견해에 동의하였는가? 그들은 속죄의 필요성의 근거를 하나님의 존귀하심(honur) 또는 하나님의 공의 중 어느 쪽에서 찾았는가? 루터파와 개혁파 신학자들은 속죄의 범위에 대하여 견해가 일치하였는가? 그리스도의 능동적 순종에 관한 그들의 견해는 서로 일치하였는가? 소키누스의 체계에 대한 당신의 비판은 어떤 것인가? 소키누스는 그리스도가 이 땅에서 삶을 사는 동안에 제사장이었던 것으로 보았는가? 어떤 의미에서 그는 그리스도의 죽음을 구속의 수단(또는, 방편)으로 보았는가? 그로티우스는 소키누스의 입장을 어떤 식으로 피해나가고자 했는가? 당신이라면 통치설에 대해서 어떠한 비판을 제기하겠는가? 아르미니우스주의자들의 보편구원론(universalism)은 그리스도의 속죄가 보편적으로 효력이 있다는 의미를 함축하고 있는 것인가? 도르트 교회회의는 왜 속죄의 제한적 성격을 역설하였는가? 피스카토르(Piscator)는 어떠한 근거들 위에서 그리스도의 능동적 순종이 그의 속죄의 일부였다는 것을 부정하였는가? 아미랄두스의 입장이 지닌 약점은 어디에 있는가?

4. 종교개혁 이후의 속죄론

1) 스코틀랜드에서 벌어진 매로우 논쟁

(1) 신율법주의의 속죄론
18세기 초에 스코틀랜드에서 흥미로운 논쟁이 벌어졌다. 17세기에 영국을 풍미하였던 신율법주의(Neonomianism)가 스코틀랜드에서도 출현하였다. 이 견해에 그런 이름이 붙은 것은 이 견해가 복음을 사실상 새로운 율법으로 바꾸어 놓았기 때문이었다. 이 견해에 의하면, 그리스도는 모든 사람에게 구원이 가능하게 하여 모든 사람을 구원받을 수 있는 상태로 이끌어다 놓았다는 의미에서 모든 사람을 속하였다는 것이다. 그리스도는 행위 언약의 모든 조건들을 충족시켜서 그 언약에 속한 옛 율법을 폐기한 것이기 때문에, 그리스도의 사역은 우리의 법적 의(legal righteousness)라고 할 수 있다. 행위 언약의 모든 조건들을 충족시킨 후에 그리스도는 새로운 율법, 즉 믿음과 회심을 요구하는 복음의 법을 도입하였다. 믿음과 회심은 신자의 복음적 의(evangelical righteousness)를 구성하는데, 신자의 칭의의 근거는 전가된(imputed) 예수 그리스도의 의가 아니라 바로 이 신자의 복음적 의 — 그것이 아무리 불완전한 것이라 할지라도 — 이다. 이렇게 해서, 은혜 언약은 행위 언약으로 바뀌었다. 이 견해는 단지 아르미니우스주의에 새로운 이름을 붙인 것에 불과하다.

(2) 매로우 추종자들의 속죄론

신율법주의(neonomianism)의 입장은 영국에서 1646년에 출간된 피셔(Fisher)의 『현대 신학의 정수』(*Marrow of Modern Divinity*)에서 반대를 받았다. 스코틀랜드에서 신율법주의가 출현하자, 이 저작은 1718년에 제임스 호그(James Hogg)의 주도 하에 그 나라에서도 출간되었고, 토머스 보스턴(Thomas Boston)이나 두 명의 어스킨(the two Erskines) 같은 열렬한 추종자들을 낳았다. 이 사람들은 호그와 더불어서 이내 매로우 추종자들(Marrow-men)로 불렸고, 시간이 흐르면서 반(反)율법주의(antinomianism)를 가르친다는 비난을 받았고(이것은 사실이 아니었고, 그들은 신율법주의를 반대한 자들이었다), 보편구원론과 보편속죄론을 신봉한다는 비난을 받았다. 이러한 비난은 그들을 정당하게 평가한 것이 아니었지만, 그들은 보편구원론의 근거를 확고하게 정립하려다가 의심스러운 표현을 사용하였고, 이로 인해서 그런 비난을 자초하게 된 것이라고 할 수 있다. 그들은 그리스도가 택함받은 자들의 구원을 이루기 위해서 구속의 언약을 따라서 죽었다는 칼빈주의적인 건전한 원리를 진정으로 인정하였다. 그러나 이와 동시에, 그들은 속죄가 보편적으로 적용된다고 역설하였다. 그리스도가 모든 사람을 위하여, 즉 실제로 모든 사람을 구원하기 위하여 죽은 것은 아니라고 해도, 모든 사람이 그리스도를 영접하고자 하기만 한다면, 그리스도의 구원은 모든 사람에게 미치기 때문에, 그리스도는 모든 사람을 위해 죽은 것이라고 말하였다. 하나님은 그의 모든 것을 주시는 사랑으로 인해서 모든 사람으로 하여금 믿음이라는 조건 위에서 그리스도 및 구속의 유익들에 대한 권리를 주장할 수 있게 하였다. 이것이 구원으로의 보편적 초대(the universal offer of salvation)의 근거이다. 이와 동시에, 오직 택함받은 자들만이 하나님의 선택적 사랑의 대상들이고, 오직 그들만이 구원을 얻는다. 그들의 입장은 1720년에 단죄되었고, 이것은 1733년의 분열을 낳았다.

2) 슐라이어마허와 리츨의 속죄론

(1) 슐라이어마허의 속죄론

우리는 슐라이어마허(Schleiermacher)에게서 비교적 새로운 노선의 사상을 만난다. 그는 형벌적 속죄론을 완전히 거부한다. 속죄론에 관한 그의 건설적인 저작은, 그리스도의 동정적(sympathetic) 고난과 사람들에 대한 그 효과를 주목하고 있는 것이 아벨라르의 견해를 연상시키는 것을 제외하고는, 이전의 교설들과의 유사성을 거의 보여주지 않는다. 그의 사상의 주된 흐름은 그리스도의 위대한 구속 행위로서의 성육신을 강조하는 초기 교부들의 사상을 어느 정도 반영하고 있다고 할 수 있다 — 물론, 초기 교부들은 그의 범신론적인 개념들을 지니고 있지 않았지만. 헤겔의 영향 아래에서 성육신이 구속의 중심적인 사실이었다는 사상은 다시 새롭게 태어났고, 그 사상은 강조점이 약간 달라지긴 했지만 슐라이어마허에 의해서 채택되었다.

슐라이어마허는 그리스도를 원형적 인간(archetypal man), 인류의 완전한 원형(prototype)으로 본다. 그리스도의 유일무이성은 그가 하나님과의 연합에 대한 완전하고도 중단 없는 의식을 소유하고 있었고, 자신의 죄 없는 완전한 성품 속에서 인간의 본분(destiny)을 온전히 깨닫고 있었다는 사실에 있었다. 그리스도는 둘째 아담으로서 첫째 아담과 마찬가지로 진정한 인간이었지만, 더 유리한 환경 속에 두어졌고, 순종을 통해서 계속하여 완전하고 죄 없는 상태를 유지하였다. 그리스도는 온 인류의 더 높은 차원의 삶을 활성화시키고 유지시켜 줄 수 있는 인류의 정신적 머리였고, 그에 대한 살아 있는 믿음을 지닌 자들을 완벽하게 종교적이 될 수 있게 해줄 수 있는 완벽하게 종교적인 인간이자 참된 종고의 원천이었다. 그리스도가 지니고 있었던 이러한 초월적인 존엄(dignity)은 그리스도 안에 있었던 하나님의 특별한 임재 속에서 그 설명을 찾을 수 있다. 그리스도는 새 누룩으로서 인류의 삶에 들어와서, 그와 접촉하게 된 자들로 하여금 더 높은 차원의 것들을 받아들이게 만들고 그들에게 하나님 의식에 대한 자신의 내적 경험을 전해 주었다. 그리스도의 활동은 다른 사람들의 정신(spirit)에 영감과 생명을 주는 창조적인 정신적 감호력이었다. 그리스도의 자발적인 고난과 죽음은 인류에 대한 그의 사랑, 자신의 과업에 대한 그의 헌신을 보여주고, 이전에 하나님으로부터 소외되어 있었던 영혼들에 대한 그의 감화력을 강화시키는 데에 기여하였다. 속죄에 관한 이러한 견해는 신비설(the Mystical Theory)이라 불린다. 이 견해는 철저히 주관적인 것이어서, 엄밀하게 말하면 전혀 속죄론이 아니다. 이 견해는 죄가 지닌 죄책을 설명하지 않고, 단지 인간이 그 부패 — 그의 교설에 의하면, 이 부패는 실제로 전혀 죄가 아니다 — 로부터 어떻게 구원받는지를 설명하고자 할 뿐이다. 또한, 이 견해는 구약의 성도들이 어떻게 구원을 받았는지를 설명하지 못한다.

(2) 리츨의 속죄론

현대 신학에 있어서 리츨(Ritschl)의 영향력은 슐라이어마허 다음으로 크고, 오늘날의 신학 사상에서 여전히 강력하다. 리츨은 그리스도를 우리에게 하나님의 가치를 지니는 인간, 그의 사역으로 인해서 하나님이라 불릴 수 있는 인간으로 본다. 그는 대속(代贖)이 있었다는 사실, 심지어 그 가능성조차도 부정하고, 화해는 오로지 하나님에 대한 죄인의 태도 변화로 이루어지는 것이라고 분명하게 밝히면서, 구속 사역은 일차적으로 공동체와 관련되어 있는 것으로서 개개인들이 구속받은 공동체의 지체들이고, 그 구속의 유익들에 참여하게 된 한에 있어서간 부차적으로 개개인들과 관련된다고 주장한다. 그에 의하면, 그리스도는 하나님의 완전하고 최종적인 계시를 담당한 분, 기독교 공동체 — 하나님의 나라 — 의 창시자이자 유지자로서 구속을 이루었다고 한다. 그리스도는 완전한 신뢰와 순종의 삶을 살고, 자신의 소명(召命)에 충실하기 위해서 고난과 죽음을 담당해야 했을 때에도 동일한 신뢰와 순종을 보여줌으로써 기독교 공동체를 창시하였다. 하지만, 그리스도의 죽음은 결코 죄를 위한 화목제물로서의 의미를 지니고 있지 않았다. 그 죽음의 가치는 그것이 하나님의 사랑, 죽기까지 순종하는 정신, 세상에 대하여 승리하였다는 의식에 대한 변함없는 믿음을 계속해서 일깨워 주는 힘이라는 사실에 있다. 그렇지만, 하나님은 하나님의 나라를 세우기 위하여 또는 하나님 나라를 위하여 그리스도의 사역에 근거해서 죄를 사한다. 그러므로 도덕감화설과는 달리 리츨은 죄 사함의 객관적 근거를 전제한다. 그는 종종 그리스도를 단지 하나의 모범으로만 여기는 것처럼 보이지만, 그것은 단지 겉보기에 그럴 뿐이다. 그는 그리스도의 감화력을 주로 그로부터 그가 세운 공동체로 전해지는 집단적인 정신과 삶 속에서 추적한다.

3) 최근의 주요한 속죄론들

영어권 국가들에서 우리는 앞에서 살펴보았던 전형적인 속죄론들 중 대부분이 흔히 약간씩 변형되어서 다시 등장하는 것을 본다. 그 중에서 가장 중요한 것들로는 다음과 같은 것들이 있다.

(1) 뉴잉글랜드 신학의 통치설

뉴잉글랜드 신학의 역사는 속죄론에 있어서 쇠퇴되어 가는 경향을 보여준다. 처음에는 형벌적 대속론이 거기에서 적합한 토양을 발견하였다. 그러나 일찍이 1650년에 저명한 평신도였던 윌리엄 핀천(William Pynchon)은 그리스도가 멸망받을 자들이 겪게 될 그런 고통을 겪었다는 가르침과 거기에 토대를 두었던 전가설(the doctrine of imputation)을 공격하였다. 그는 1653년에 노턴(Norton)에 의해서 반박을 받았다. 벨라미 (Bellamy)는 나중에 뉴잉글랜드 신학의 속죄론으로 알려지게 된 견해를 소개하였는데, 그것은 본질적으로 단지 그로티우스의 통치설을 재현한 것에 불과하였다. 또한, 그는 제한속죄설을 부정하고 보편속죄설을 단언하기도 하였다. 홉킨스(Hopkins)는 그의 견해에 동조하여, 그리스도는 인간의 죄와 맞먹는 등가적 형벌을 당한 것이 아니라 그 형벌을 대신한 그 어떤 일을 겪은 것이었다고 주장하였다. 게다가, 그리스도가 그의 능동적 순종을 통해서 어떤 공로를 얻어냈다는 것은 일반적으로 부정되었고, 그리스도의 고난은 오직 구속적 의미를 가지는 것으로 보아졌다. 통치설은 뉴잉글랜드 신학에서 지배적인 속죄론이 되었다. 에몬스(Emmons)는 도덕적 요소를 도입함으로써 이 속죄론을 개선하고자 시도하였다. 그는 하나님의 통치는 사랑에 의해서 촉발된 도덕적 통치라는 사실을 강조하였다. 호레이스 부쉬넬(Horace Bushnell)은 한층 더 나아가 도덕감화설을 도입하였다.

(2) 여러 유형의 도덕감화설

A. 부쉬넬. 호레이스 부쉬넬(Horace Bushnell)은 형벌설과 통치설을 둘 다 거부하였지만, 전자가 하나님의 공의를 놓치고 있지 않기 때문에 후자보다 더 우수하다고 여겼다. 그는 죄에 대한 하나님의 혐오를 보여주는 굉장한 사건이 어떻게 죄 사함을 가져올 수 있는지를 이해하지 못하였다. 그러나 그는 이 두 교설이 지나치게 법적이고 외적이며 속죄가 지닌 윤리적 요소를 제대로 다루고 있지 못하다는 이유로 둘 모두에 반대한다. 자신의 저서인 『대속적 희생제사』(*Vicarious Sacrifice*)에서 그는 화목제물을 드려서 하나님을 달래는 것이 필요하였다는 사상을 거부하고, 하나님이 유일하게 요구한 것은 인간이 하나님에게 화해를 청하고 사랑과 순종의 새로운 정신을 나타내 보이는 것이었다고 주장한다. 하나님은 친히 그리스도 안에서 인간을 구원하기 위하여 다가갔고, 심지어 그가 사랑하는 아들 안에서 고난을 당하기까지 하였다. 그리스도는 인간을 회개로 이끌어서

하나님과 화해시키기 위하여 왔다. 그 일을 하기 위하여, 그리스도는 하나님을 인간에게 계시하여야 했고, 인간을 죄로부터 멀리 이끌기 위해서 인간에 대한 새로운 권세를 얻어야 했다. 그래서, 그리스도는 이 땅에 왔고, 실제로 인간에게 주어진 운명(lot) 속으로 들어가서, 인간의 배척과 죄로 인하여 고난을 당하였고, 온갖 방법으로 인간을 섬겼으며, 인간의 질병들을 고치고, 인간의 곤경에 동참함으로써, 자신의 모든 거룩함과 고난당하는 사랑을 통해서 하나님을 인간에게 계시하였다. 이렇게 행함으로써 그리스도는 인간의 배척을 깨뜨리고 인간의 사랑을 얻어냈다. 이것이 구속이었다. 그리스도는 인간의 모범일 뿐만 아니라 인간의 삶에 있어서 의(義)의 능력이다.

부쉬넬은 나중에 새로운 빛을 받고서, 하나님에게 화목제물을 드려서 하나님을 달래는 것이 필요하였다는 것을 알게 되었다. 그 결과, 그는 자신의 저서인 『죄 사함과 율법』(*Forgiveness and Law*)에서 그의 이전 저작의 마지막 부분을 철회하고, 스스로의 희생을 통한 스스로의 화해(self-propitiation by self-sacrifice)라는 개념으로 대체하였다. 그는 하나님이나 사람이나 어떤 죄인의 사정을 이해하고자 하여 그 죄인의 처지가 되어서 고통을 겪어 보고서야 비로소 그 죄인을 용서할 수 있는 법이라는 원리를 제시하였다. 어떤 사람이 그에게 해를 끼친 자를 용서하고자 생각할 때에 그 사람은 적개심이 그러한 용서를 방해하는 것을 느낀다. 그러나 그 사람은 자기에게 해를 끼친 자를 위해 무언가를 희생하거나 고통을 받음으로써 그러한 적개심을 극복할 수 있다. 마찬가지로, 하나님은 스스로의 희생을 통해서 적개심을 극복하고 용서로 나아갈 수 있었고, 그렇게 해서 객관적 속죄를 이루어냈다. 부쉬넬은 자기가 하나님을 선한 자들보다 못한 존재로 만들어 버렸다는 사실을 깨닫지 못했음이 분명하다. 선한 자들은 흔히 그러한 유별난 방법을 쓰지 않고도 얼마든지 기쁜 마음으로 아무런 조건 없이 자기에게 해를 끼친 자를 용서해 주기 때문이다.

B. 모리스. 프레데릭 데니슨 모리스(Frederick Denison Maurice)는 알렉

산드리아 교부들의 방식을 따라서 로고스인 그리스도를 출발점으로 삼아서, 그리스도를 인류의 원형 또는 뿌리로 본다. 따라서 그리스도는 영원한 둘째 아담으로서 인류에 대하여 유일무이하고도 본래적인 관계 속에 있다. 성육신을 통해서 그리스도는 하나님과 인간 사이에서 중보자가 되어, 인간을 이끌어서 자신과의 교제를 통해 하나님과 연합하게 만든다. 그리스도는 인류의 대역(substitute)이 아니라 대표자이다. 인류의 뿌리이자 머리인 그리스도의 고난과 희생제사는 인류가 하나님께 마땅히 드려야 할 그런 것들이었고, 하나님은 그것들을 완전한 속죄(perfect satisfaction)로 여겨서 받아들였다. 이렇게 그리스도 안에서 모든 사람은 그들의 믿음과는 상관없이 구속되었기 때문에, 사람들은 단지 이 구속에 대한 인식을 가지기만 하면 된다. 이러한 교설의 토대는 그리스도와 인류의 실제적 연합(realistic union)이다. 이 교설은 그리스도의 순종의 제사를 우리가 따라야 할 모범으로 본다는 점에서 일종의 도덕감화설이라고 할 수 있다. 또한, 모리스의 견해는 슐라이어마허의 것과 연관되어 있음이 분명하다.

C. 캠벨.　맥리어드 캠벨(McLeod Campbell)의 교설은 종종 대리회개설로 불린다. 캠벨은 오웬(Owen)과 에드워즈(Edwards)가 가르친 속죄론을 연구하다가 그런 유형의 신학에 대한 큰 존경심을 갖게 되었다. 그렇지만, 그는 그들의 속죄론이 지나치게 법적이어서 하나님의 사랑을 충분히 반영하고 있지 못하다는 것이 결점이라고 보았다. 만약 인간이 적절한 회개를 할 수만 있었다면, 완전한 회개가 속죄의 효력이 있었을 것이라는 에드워즈의 말 속에서 그는 진정한 속죄론의 단초를 발견한다. 그는 그리스도는 인류를 대신해서 꼭 필요한 회개를 하나님에게 드렸고, 그렇게 함으로써 죄 사함의 조건들을 성취한 것이라고 주장한다. 그리스도의 사역은 실제로 인간을 위하여 대신해서 죄를 고백한 것에 있었다. 여기서 그리스도의 죽음이 이 대리 회개와 어떻게 연관이 되는 것인가라는 질문이 자연스럽게 제기된다. 그리스도는 인류와의 교감 속에서 자신의 고난과 죽음을 통해 죄에 대한 성부의 정죄 속으로 들어가서, 죄의 가증스러움을 드러

내었고, 성부는 그리스도의 이러한 행위를 우리의 죄에 대한 완전한 고백으로 여겼다. 죄에 대한 이러한 단죄는 하나님이 죄악된 인류에게 요구하는 저 거룩을 인간 속에 낳기 위한 것이었다. 이 교설이 지닌 최대의 난점은 도무지 성경적 근거를 찾을 수 없다는 것과 죄 없는 존재의 대리 회개라는 것을 생각하기가 힘들다는 것이다. 게다가, 이 교설은 죄의 중대성에 대한 이해가 지독하게 결여되어 있다.

(3) 신비설

일부 진영에서 인기를 끌고 있는 또 하나의 속죄론이 있는데, 그것은 슐라이어마허에 의해서 처음으로 가르쳐진 신비설이다. 브루스(Bruce)는 후대에 이 신비설을 발전시킨 "표본 구속설"(theory of redemption by sample)에 대하여 얘기한다. 이 교설은 어빙의 교설(Irvingian Theory) 또는 부패성의 점진적 멸절설(Theory of Gradually Extirpated Depravity)로도 알려져 있다. 우리는 영국이 낳은 위대한 설교자이자 토머스 찰머스(Thomas Chalmers)의 동시대인이었던 에드워드 어빙(Edward Irving)의 견해를 잠시 살펴보는 것으로 이 단원을 마치고자 한다. 그의 견해에 의하면, 그리스도는 타락 이후의 아담이 지니고 있던 인성, 즉 선천적인 부패와 도덕적 악에 대한 소질을 지닌 인성을 입었다. 그러나 성령 또는 자신의 신성으로 말미암아 그리스도는 이 부패한 인성이 그 어떤 실제적이거나 개인적인 죄를 통해서 드러나는 것을 막아낼 수 있었고, 자신의 고난들을 통해서 점차 그 인성을 정결하게 하여서, 마침내 죽음을 통해서 그 본래의 부패성을 완전히 박멸해서 하나님과 다시 연합하게 하였다. 예수 그리스도가 자기 안에서 이렇게 인성을 정결케 한 것이 바로 속죄이다. 따라서 사람들은 그 어떤 객관적인 속죄에 의해서가 아니라 믿음으로 말미암아 그리스도의 새로운 인성에 참여하는 자가 됨으로써 구원을 받는다.

심화학습을 위한 질문들

매로우 추종자들(Marrow-men)은 어떻게 보편구원론자들이라는 비난을 받게 되었는가? 그리스도가 모든 사람을 위해서 죽은 것이라거나 모든 사람에게 구원의 효력이 미치고 있다고 말하는 것은 옳은가? 슐라이어마허는 어떤 유형의 교설을 주창하였는가? 그는 죄를 하나의 실체로 이해하였는가? 그의 체계 속에는 논리상으로 속죄설이 들어설 여지가 있는가? 리츨의 신학은 속죄설을 좀 더 제대로 다루고 있는가? 이러한 체계들은 구속 사역에서 그리스도의 죽음이 지닌 의미를 제대로 다루는가? 조나단 에드워즈(Jonathan Edwards)는 뉴잉글랜드에 통치설이 도입된 것과 관련하여 어떤 식으로든 책임이 있었는가? 통치설은 도덕감화설들에 비해서 어떤 장점을 지니고 있는가? 도덕감화설들을 속죄른이라 부르는 것은 엄밀하게 말해서 왜 옳지 않은가? 도덕감화설들은 왜 대리속죄설보다 훨씬 더 인기가 있는가? 어빙(Irving)의 교설은 그리스도의 거룩을 제대로 다루고 있는가? 그의 추종자들은 여전히 그의 교설을 원래의 형태대로 가르치고 있는가?

제 7 장
하나님의 은혜의 적용론
(구원론)

1. 교부 시대의 구원론

속죄론, 또는 그리스도를 통한 객관적 구속 사역에 관한 교리에 관한 논의로부터 신자들이 그 유익들을 얻는 방법 또는 성령의 역사를 통한 그리스도의 공로들의 주관적 적용에 관한 논의로 넘어가는 것은 자연스럽다.

1) 첫 삼 세기 동안의 구원론

가장 초기의 교부들에게서 구속 사역의 적용과 관련하여 공통적이고 명확하고 잘 통합되고 온전히 발전된 견해를 찾는 것은 무모한 짓일 것이다. 그들이 제시한 설명들은 당연히 불명확하고 불완전하며 발전이 덜 되어 있을 뿐만 아니라 종종 그릇되고 자기모순적이기까지 하다. 카니스(Kahnis)는 이렇게 말한다: "아우구스티누스 이전의 모든 교부들이 구원의 개인적 적용에 있어서는 자유와 은혜의 협력이 존재한다고 가르친 것은 확실한 사실, 그 어떤 예외도 있을 수 없는 사실, 이 문제에 정통한 모든 이들에 의해서 인정된 사실이었다."

(1) 초기 교부들의 신앙론

인간은 "하나님을 향한 회개와 우리 주 예수 그리스도에 대한 믿음"을 통해서 구원의 축복들을 얻는다는 신약의 진술에 맞춰서 초기 교부들은 그러한 요구조건들을 강조하였다. 하지만, 이것은 그들이 순식간에 믿음과 회개에 대하여 완전하고 적절한 이해를 지니게 되었다는 것을 의미하지는 않는다. 믿음은 일반적으로 그리스도의 공로를 받아들이기 위한 뛰어난 도구로 여겨졌고, 흔히 구원의 유일한 수단(또는, 방편)이라 불렸다. 믿음은 하나님을 아는 참된 지식, 하나님에 대한 신뢰, 하나님에게 자신을 맡기는 것으로 이해되었고, 믿음의 구체적인 대상은 예수 그리스도와 그의 속죄의 피인 것으로 이해되었다. 율법의 행위가 아니라 바로 이러한 믿음이 칭의의 수단으로 여겨졌다. 이러한 사상들은 사도 교부들에 의해서 반복적으로 표명되었고, 로고스에 의해서 계시된 지혜에 대한 새로운 지식이 구원에 있어서 의미를 갖는다는 사상과 더불어서 변증가들에게서 다시 등장한다. 이레나이우스와 오리게네스 같은 흑기 교부들은 인간은 믿음으로 구원받을 수 있다는 사상에 동조했지만, 테르툴리아누스, 키프리아누스, 암브로시우스 같은 라틴 교부들은 인간의 전적 타락과 믿음으로 말미암은 칭의의 필요성을 그들보다 한층 더 강조하였다. 하지만, 믿음에 대한 분명한 이해가 첫 삼 세기의 사상 속에서 출현하였다고는 말할 수 없다. 교부들은 믿음을 강조할 때에 대체로 성경에 나오는 것을 그대로 반복하였다. 그들이 믿음에 대하여 얘기할 때에 그들의 말이 정확히 무엇을 의미하는지가 별로 분명하지 않았다. 믿음에 관한 그들의 유력한 견해는 믿음은 진리에 대한 단순히 지적인 동의라는 견해인 것으로 보이지만, 몇몇 경우들에 있어서는 자신을 완전히 버리는 자기 포기(self-surrender)라는 개념도 분명히 포함하고 있다. 그렇지만, 그러한 이해는 구원을 가져다 주는 예수 그리스도에 대한 신뢰(saving trust in Jesus Christ)라는 온전하고 풍부한 믿음 이해와는 일반적으로 거리가 아주 멀었다. 알렉산드리아 교부들은 종종 믿음과 지식을 대비시켜서, 믿음은 진리를 일반적인 방식으로 받아들이는 시작 단계이고, 지식은 믿음이 지닌 관계성들과 의미들을 온전히 이해하는 좀 더 완전한 단계라고 설명한다.

게다가, 초기 교부들은 구원을 개인적으로 적용하는 방편(organ)으로서 하나님의 은혜와 믿음을 극히 강조하였음에도 불구하고, 바울의 구원 교리와 맞지 않는 도덕주의(moralism)를 드러낸다. 그들은 자주 복음을 새로운 법(nova lex)으로 묘사한다. 믿음과 회개는 종종 단지 인간의 의지에 좌우되는 것으로 설명된다. 그들은 구원이 하나님의 은혜에 좌우된다고 말해 놓고는, 금세 인간의 자발적인 협력에 좌우되는 것이라고 설명한다.

(2) 초기 교부들의 회개론

믿음과 더불어서 회개도 구원의 선결조건으로 여겨졌다. 초기 교부들의 글 속에 나오는 "회개"라는 용어가 정확히 어떤 의미를 내포하고 있는지는 좀 모호하다. 그들이 회개를 단지 마음의 행위 또는 상태로 이해했는지, 아니면 삶을 고치는 것을 포함하는 것으로 보았는지는 불확실하다. 아울러, 그들이 회개를 전자의 의미로 말할 때에는 참회의 행위들을 통해서 회개를 외적으로 나타내 보이는 것에 큰 중요성을 부여하고 있다는 것은 아주 분명하다. 그러한 참회의 행위들은 세례 후에 범한 죄들을 속함에 있어서 속죄의 의미를 지니는 것으로 여겨지기까지 한다. 선행(善行), 특히 후한 구제나 결혼생활에서의 금욕 같은 자기 부인의 행위들의 필요성을 강조하고, 그러한 행위들에 특별한 공로를 부여하며, 그러한 행위들이 믿음과 협력하여 하나님의 은총을 얻은 수단이 된다고 보는 경향이 존재한다. 선행을 바라보는 관점은 복음적이라기보다는 율법적인 것이었다. 신약의 기독교를 이런 식으로 도덕주의적으로 왜곡시킨 것은 인간의 마음이 지닌 본성적인 자기의(self-righteousness) 때문이라고 설명될 수 있기는 하지만, 어쨌든 유대교의 율법주의가 교회로 침투할 수 있는 문을 열어 놓았다.

(3) 초기 교부들의 예전중심주의와 행위로 말미암는 의(義)

우리가 눈여겨 보아야 할 것이 또 한 가지 있다. 첫 삼 세기의 교회는 이미 예전중심주의(ceremonialism)로의 초보적인 표류의 징후들을 보여준다. 세례는 이전의 죄를 사해 주고 세례 이후에 범한 죄들은 고해성사(penance)에 의해서 사해질 수 있다는 사상이 그들 가운데서 널리 퍼져 있었다. 게다가, 어떤 이들의 선행, 특히 순교자들의 고난은 다른 사람들의 죄를 속하는 데에 도움이 될 수 있다는 사상이 점차 세력을 얻어가고 있었다. 이 시기가 끝나갈 무렵에는 고해 신부들과 순교자들의 중보 기도에 지나치게 과도한 의미가 부여되었다 — 비록 일부 교부들은 이러한 사상을 거부하긴 했지만. 좀(Sohm)은 성경의 가르침으로부터 이탈한 이러한 사상이 생겨난 이유를 "자연인은 타고난 가톨릭교도"라는 사실로 설명한다. 시간이 지나면서, 근본적으로 다른 이 두 가지 유형의 사상은 서로 충돌할 수밖에 없었다.

2) 교부 시대의 나머지 기간 동안의 구원론

(1) 펠라기우스의 은혜론

펠라기우스는 그 어느 초기 교부보다도 훨씬 더 많이 구속의 적용에 관한 성경적 가르침으로부터 이탈하였다. 그는 초기 교부들에게 신성한 것이었던 성경적 토대를 버리고 이교 철학의 자족적인 원리를 다시 천명하였다고까지 말할 수 있다. 그는 죄와 그 결과에 대한 자신의 이해를 토대로 구원을 위해서는 그리스도 안에서의 하나님의 은혜가 절대적으로 필요하다는 가르침을 부정하고, 인간이 율법을 지키는 것을 통해서 구원을 얻는 것이 얼마든지 가능하다고 생각하였다. 그는 "은혜의 도움"이나 "신적 조력"을 완전히 무시한 것이 아니라, 도리어 "하나님이 명한 것을 좀 더 수월하게 성취하기 위해서는" 그러한 것을 활용하는 것이 바람직하다고까지 생각하였다. 그러나 그가 말한 은혜라는 것은 내적 은혜(gratia interna), 즉 인간의 마음에 빛을 비춰주고 그 의지가 선과 거룩에 이끌리게 해주는 중생을 위한 하나님의 은혜가 아니라, 단지 다음과 같은 것들이

었다: (a) "본성이 지닌 선," 즉 인간이 선이나 악 어느 쪽이든 행할 수 있도록 자유의지를 부여받았다는 것; (b) 인간의 마음을 향하여 구원의 길을 가르쳐 주는 복음의 설교와 그리스도의 모범. 본성이 지닌 은혜는 보편적이고 절대적으로 꼭 필요한 것이지만, 복음의 은혜는 사람들이 구원을 얻기 쉽게 해주는 역할은 할 수 있지만 보편적이지도 않고 꼭 필요하지도 않다. 본성의 은혜는 오직 본성적인 능력들을 제대로 사용하는 자들에게만 주어진다. 이 은혜는 인간의 의지에 직접적으로 즉시 작용하는 것이 아니라, 오직 인간의 오성(understanding)에 작용한다. 즉, 이 은혜는 오성에 작용하여 오성을 밝혀 주고, 이것을 통해서 의지에 작용한다. 또한, 인간이 이 은혜의 작용을 거부하는 것도 얼마든지 가능하다. 기독교는 새로운 법으로 보아지고, 구약에 비해서 확대된 법으로 보아진다. 진정한 그리스도인은 하나님을 알고, 자기가 하나님에 의해서 받아들여졌다는 것을 믿으며, 복음의 교훈들에 순종하고, 아담의 죄가 아니라 그리스도의 거룩을 본받는 자이다.

(2) 아우구스티누스의 은혜론

아우구스티누스는 인간의 자연적 상태에 대한 근본적으로 다른 견해를 출발점으로 삼는다. 그는 자연인을 완전히 부패하여 영적 선을 도무지 행할 수 없는 존재로 본다. 또한, 그는 복음, 세례, 죄 사함 등등과 같은 객관적 의미의 은혜를 얘기하지만, 그것만으로는 충분치 않고, 죄악된 인간은 그 지성(mind)을 조명해 주고 그 의지가 거룩에 이끌릴 수 있게 해주는 내적이고 영적인 은혜, 하나님의 성령의 초자연적인 감화력을 필요로 한다는 것을 깨닫는다. 예정(predestination)의 결과인 이 은혜는 인간의 어떤 공로를 따라서가 아니라 하나님의 주권적인 기쁘신 뜻을 따라서 거저 분배된다. 이 은혜는 인간의 모든 공로에 선행하는 하나님의 선물(또는, 은사)이다. 이 은혜는 마음(heart)을 새롭게 하고, 지성(mind)을 조명해 주며, 의지를 불러일으키고, 믿음을 낳아서, 인간으로 하여금 영적 선(spiritual good)을 행할 수 있게 한다. 인간이 새롭게 되는 시점까지 이 은혜의 역사(役事)는 엄밀하게 단독으로 작용한다(monergistic). 아우구스티누스는 한때 믿는 것이 인간의 능력 안에 있다고 생각하였지만, 고린도전서 4:7을 통해서 바울로부터 그것과는 다른 가르침을 받았다.

아우구스티누스는 작용적 은혜(gratia operans)와 협력적 은혜(gratia cooperans)를 구별한다. 전자는 "사람에게 의지가 없을 때에 그 사람 앞에 가서 그 사람이 의지를 지닐 수 있게 해주고," 후자는 "사람에게 의지가 있을 때에 그 사람을 따라가서 그 사람의 의지가 헛되지 않게 해준다." 이 은혜는 인간의 의지에 반하여 인간을 속박한다는 의미에서가 아니라 반드시 그 마음을 새롭게 해서 의지가 자발적으로 옳은 것을 선택하게 한다는 의미에서 불가항력적(irresistible)이다. 인간은 세례를 통해서 은혜의 첫 번째 축복들, 즉 중생(重生) 또는 마음이 처음으로 새로워지고 죄를 사함받는 축복을 받는다. 이 두 가지 축복은 상실될 수 있다. 사실, 견인(堅忍, perseverance)의 은혜를 아울러 받지 않는다면, 이 두 가지 축복 중 어느 것도 유지될 수 없다.

(3) 아우구스티누스의 신앙론

아우구스티누스는 그리스도인으로서의 삶을 개시시키는 것이자 모든 선행의 원천인 믿음에 큰 의미를 부여한다. 그는 믿음을 일차적으로 진리에 대한 지적 동의로 이해한다 — 몇몇 대목들에서는 분명히 좀 더 차원 높은 이해를 보여주기는 하지만. 그는 일반적인 믿음과 기독교적인 믿음, 단지 그리스도의 존재를 믿는 것(believing Christ)과 그리스도를 신뢰하며 믿는 것(believing in Christ)을 구별한다. 그리스도를 사랑하고 자신의 소망을 확고하게 그리스도에게 두는 자만이 진정으로 그리스도를 믿는 것이다. 기독교적 믿음은 사랑에 의해서 움직이는 믿음이다. 믿음에 대한 아우구스티누스의 이해는 아직 구원을 가져다 주는 믿음의 가장 핵심적인 요소인 그리스도에 대한 어린아이 같은 신뢰(childlike trust)를 적절하게 부각시키지 못하였다. 그는 인간은 믿음으로 말미암아 의롭다 함을 얻는다, 즉 믿음으로 말미암은 칭의를 말함으로써 믿음이 죄인의 칭의에 있어서 모종의 역할을 하는 것으로 본다. 그러나 그는 칭의를 순수하게 법정적인(forensic) 의미로 이해하지 않는다. 칭의가 죄 사함을 포함하고 있긴 하지만, 그것은 칭의의 주된 요소는 아니다. 칭의를 통해서 하나님은 죄인의 내적 본성을 변화시킴으로써 죄인을 의롭다고 선언할 뿐만 아니라 실제로 의롭게 만든다. 그는 칭의(justification)와 성화(sanctification)를 명확하게 구별하는 데에 실패하고, 실제로 성화를 칭의 아래로 포섭시킨다. 아우구스티누스의 교리 체계가 지닌 주목할 만한 특징은 그가 모든 것을 하나님의 은혜로 돌리고 있다는 것이다.

(4) 반(半)펠라기우스주의자들의 은혜론

반펠라기우스주의자들은 중도적인 입장을 취해서, 인간이 영적 선을 전혀 행할 수 없다는 것을 부정하면서도 신적 은혜의 조력 없이는 진정으로 구원을 가져다 주는 행위를 할 수 없다는 것을 인정한다. 하나님의 은혜는 인간의 마음(mind)을 조명해 주고 의지를 지지해 주지만, 언제나 인간의 자유의지가 어떤 식으로든 손상되지 않는 방식으로 그렇게 한다. 사실, 하나님의 은혜와 인간의 자유의지는 구속 사역 속에서 서로 협력한다. 하나님의 은혜는 보편적이고 모든 사람을 위해 의도된 것이긴 하지만, 자신의 자유의지를 제대로 사용하는 자들의 삶 속에서 유효하게 된다. 엄밀하게 말해서, 그 결과를 좌우하는 것은 실제로 인간의 의지이다. 믿음을 가지고 믿음을 유지하는 것은 인간에게 달려 있고, 은혜는 단지 믿음을 강하게 하기 위해서만 필요하다. 불가항력적 은혜 같은 것은 존재하지 않는다. 펠라기우스주의는 카르타고 교회회의, 에베소 공의회, 그리고 또한 반(半)펠라기우스주의를 아울러 거부하였던 오랑주 교회회의에 의해서 단죄되었다. 아우구스티누스주의가 교회에서 그런대로 승리를 거둔 것처럼 보였다.

(5) 아우구스티누스의 견해들에 대한 수정

하지만, 그렇다고 해서 아우구스티누스의 가르침이 그대로 받아들여진 것은 아니었고, 일정 정도의 수정이 가해졌다. 이 위대한 교부가 직접 제시한 가르침 속에는 하나님의 은혜에 대한 인간의 절대적 의존성이라는 사상과 갈등을 일으키고 예전중심주의(ceremonialism)와 행위로 말미암는 의(義)라는 방향을 지향하는 몇몇 요소들이 들어 있었는데, 우리는 그러한 요소들로 다음과 같은 것들을 들 수 있다: (a) 하나님의 은혜에 참여하는 것이 종종 교회와 그 성례들에 의존되어 있는 것으로 말하는 것; (b) 중생을 다시 상실할 수도 있다고 보는 것; (c) (구원의 길에 대한 참된 이해에 있어서 대단히 중요한) 이신칭의에 관한 가르침과, (구원의 길에 대한 참된 이해에 있어서 대단히 중요한) 믿음이 값없는 은혜(free grace)에 관한 가르침과 조화될 수 없는 방식으로 설명되고 있는 것.

거저 주어지는 하나님의 은혜는 일차적으로 죄 사함 — 이것은 사실 아우구스티누스의 체계 속에서 사소한 것이다 — 에 있는 것이 아니라 중생, 즉 인간으로 하여금 선행을 할 수 있게 하고 공로를 통해 영생을 얻을 수 있게 만들어 주는 은혜의 주입(注入, infusion)에 있다. 믿음이 칭의를 가져다 주는 것은 믿음이 예수 그리스도의 의를 자신의 것으로 만들어 주기 때문이 아니라, 사랑으로 말미암아 일하기 때문이다. 인간에게는 은혜의 역사(役事)와 믿음의 수여(授與) 이전에 그 어떤 공로도 없다는 것은 사실이지만, 새롭게 하는 은혜와 믿음이 마음속에 작용할 때에 인간의 행위들은 실제로 공로가 된다. 그러므로, 근본적으로 은혜는 단지 인간이 다시 한 번 공로를 통해 구원을 얻는 것을 가능하게 만들어 주는 역할만을 할 뿐이다.

그런데, 이러한 요소들은 분명히 아우구스티누스의 주된 사상 노선과는 이질적인 것이었지만, 교회의 일부 사람들은 그것들을 열렬히 받아들였고, 아우구스티누스주의적이라기보다는 반(半)펠라기우스적인 가르침들을 지지하였다. 아우구스티누스주의와 반(半)펠라기우스주의 사이에서 기나긴 투쟁이 이어졌고, 예정론, 영적 선을 도무지 행할 수 없는 인간의 전적 무능력, 불가항력적 은혜에 관한 가르침들은 강력한 반대와 배척을 받았다. 그리고나서 교회에 의해서 최종적으로 승인된 입장은 온건한 아우구스티누스주의의 입장이었다. 제베르크(Seeberg)는 이렇게 말한다: "'오직 은혜' 론은 승리를 거두었지만, 예정론은 폐기되었다. 예정에 의한 불가항력적 은혜는 세례에 의한 성례적 은혜에 밀려서 퇴출당하였다. 이렇게 해서, 은혜론은 통속적인 가톨릭 사상과 좀 더 밀접한 관계 속으로 들어갔고, 하나님이 은혜를 나누어 주는 목적은 인간이 선행을 행하도록 하기 위한 것이라고 이해하여 선행의 의미를 극히 높인 것도 여기에 일조를 하였다"(*History of Doctrines*, I, p. 382).

(6) 교회에 작용한 정반대의 영향력들

교회 속에서는 모든 영적 축복의 원천인 은혜와 선행이 나오게 하는 원리인 믿음에 관한 교리와 정반대되는 영향력들, 많은 사람들을 미혹시켜서 외적인 행위들을 극히 높여서 그 행위들이 공로의 성격을 지니고 있다고 역설하고, 구원의 주관적 조건인 믿음을 희생시키고서 그러한 행위들을 강조하게 만든 영향력들이 활동하고 있었는데, 그러한 영향력들로는 특히 다음과 같은 것들을 들 수 있을 것이다.

(a) 믿는다는 것은 단지 정통적인 신조를 받아들이는 것이라는 전제 위에서 믿음을 정통 교리를 인정하는 것과 혼동하는 경향이 존재하였다. 지적 동의를 요구하는 일련의 교리들에 관심이 집중되었고, 의(義)의 열매들을 낳는 하나님에 대한 영혼의 태도인 믿음으로부터는 관심이 떠나 있었다; (b) 자비 및 극기를 보여주는 행위들은 크게 권장되었고, 흔히 신자들의 죄를 속죄하는 적절한 방식이라고 설명되었다; (c) 많은 교부들은 하나님의 명령(commands)과 복음적 권면(counsels)을 구별해서, 전자는 모든 그리스도인에게 절대적으로 구속력이 있고, 후자를 따르는 것은 선택의 문제지만 그 권면을 지킨 자들에게는 더 큰 상급이 주어진다고 가르쳤다. 이러한 구별은 수도원주의(monasticism)를 옹호하기 위하여 행하여졌고, 몇몇 외적인 것들을 행하는 데에 열심이었던 계층의 특권을 탁월하게 거룩한 것으로 만드는 데 기여하였다; (d) 점점 심해진 성인 숭배와 성인들, 특히 동정녀 마리아의 중보기도에 의존하는 경향은 구원에 대한 영적 이

해들에 해로운 영향을 끼쳤다. 그것은 외적인 것을 중시하는 형식주의(externalism)와 인간의 행위에 의지하는 경향을 낳았는데, 그 밑바닥에 깔려 있던 사상은 성인들은 엄청난 선행들을 지니고 있어서 그 중 일부를 다른 사람들에게 나눠줄 수 있다는 것이었다; (e) 교회 밖에는 구원이 없는데, 바로 그 교회 속으로 들어가는 의식(儀式)인 세례에 의존해서 구원을 받고자 하는 경향이 커져 갔다. 동방 교회는 세례 없이 구원받을 수 있을 가능성이 있는지를 의심하였고, 서방 교회는 그러한 가능성을 절대적으로 부정하였다. 아우구스티누스조차도 세례를 받지 않은 채로 죽는 아이들은 멸망을 받게 된다고 가르쳤다.

심화학습을 위한 질문들

처음부터 믿음이 강조된 이유는 무엇인가? 성경에 비추어 볼 때, 회개를 특별히 부각시키는 것은 옳은가? 교부들의 회개 개념은 성경적 회개 개념과 일치하는가? 고해(penance)는 회개와 어떻게 다른가? 무엇이 새로운 법으로서의 기독교 이해를 낳았는가? 믿음이 일차적으로 진리에 대한 지적 동의로 이해된 것은 어떻게 설명될 수 있는가? 초기 교부들은 믿음을 칭의와 연관시키는가? 그들은 이 관계에 대하여 적절한 이해를 가지고 있었는가? 그들은 선행을 단지 믿음의 열매라고 보았는가, 아니면 공로의 성격을 지닌 행위로 보았는가? 그들은 세례 후 범한 죄를 사함받는 것과 관련하여 어떤 이해를 지니고 있었는가? "교회 안이 아니면 그 누구에게도 구원은 있을 수 없다"는 키프리아누스의 말은 무엇을 의미하였는가? 아우구스티누스는 하나님의 은혜가 어느 정도나 순전히 단독적인 힘으로(monergistic) 작용한다고 보았는가? 그는 중생을 택함받았음을 보여주는 확실한 증표로 생각하였는가? 그는 택함받은 자들 중 일부가 최종적으로 멸망받을 가능성이 있다고 보았는가?

2. 스콜라 시대의 구원론

스콜라 시대로 접어들면서, 우리는 은혜, 믿음, 칭의, 공로, 선행 등과 같이 구원 과정의 주된 요소들에 관한 여러 다양한 견해들을 만난다. 스콜라 신학자들 사이에서는 반(半)펠라기우스주의를 지향하는 경향이 출현하기도 하였지만, 교회의 입장은 전체적으로 보아서 온건한 아우구스티누스주의의 입장이었다. 주된 개념들 중 몇몇을 간략하게 살펴보기로 하자.

1) 스콜라 신학의 은혜론

스콜라 신학자들 사이에서 널리 통용되었던 견해들 중에서 펠라기우스주의나 반(半)펠라기우스주의가 아니라 아우구스티누스주의와 일치했던 견해가 하나 있었다. 펠라기우스주의는 믿음을 갖거나 증대시키는 것은 자연인의 능력 안에 있다고 단언하였던 반면에, 일반적으로 스콜라 신학자들은 인간은 **충족적**(sufficient) 은혜의 도움 없이는 그렇게 할 수 없다고 주장하였다. 그러나 아우구스티누스의 견해와 일치하였던 것은 여기까지였다. 그리고 여기에서조차도 그 일치는 불완전한 것이었다. 왜냐하면, 아우구스티누스는 유효적(efficient) 은혜의 필요성을 단정하였기 때문이다. 스콜라 신학자들 사이에서는 은혜의 주체(主體)에 대해서 전체적으로 일치된 견해가 없었지만, 아우구스티누스의 견해와 분명한 유사성을 보여주는 페트루스 롬바르두스(Peter the Lombard)의 견해가 꽤 널리 받아들여졌다. 페트루스 롬바르두스는 은혜의 정확한 본질을 정의하기가 어렵다고 생각하였지만, 은혜를 인간 속에서 작용하는 초자연적인 특질 또는 능력이라고 생각하기를 좋아하였고, 인간으로 하여금 믿음을 통해서 하나님에게 돌이킬 수 있게 해주는 작용적 은혜(gratia operans)와 인간의 의지와 협력해서 의도된 결과를 가져오는 데에 동원되어 효력을 발휘하는 협력적 은혜(gratia co-operans)를 구별하였다. 이 둘 중에서 오직 전자만이 순전히 궁휼에 의해 거저 주어지는 은사(또는, 선물)로서 인간 편에서의 그 어떤 행위 없이 먼저 인간에게 수여되어 인간 속에서 역사한다. 그 이후에 인간에게 주어지는 모든 은혜는 인간의 의지의 능동적인 동의와 협력에 좌우된다. 인간의 자유의지가 행동을 하는 것이지만, 하나님의 은혜는 협력하는 원리로서 그 자유의지를 도와서 의도된 것을 이루게 한다.

헤일스의 알렉산더(Alexander of Hales)의 설명은 페트루스 롬바르두스의 것과 전체적으로 일치하지만, 그는 스콜라 신학의 특징이 되었던 또 다른 분류법을 도입하여서, 거저 주시는 은혜(gratia gratis dans: 이것은 하나님의 은혜로운 활동을 가리킨다), 거저 주어지는 은혜(gratia gratis data: 이것은 모든 실제적인 은혜들과 주입된 미덕들을 가리킨다), 은혜를 은혜되게 만드는 은혜(gratia gratum faciens: 하나님을 기쁘시게 하는 영혼의 영속적 특질로서의 은혜)를 구별하였다. 토마스 아퀴나스는 이러한 용어들을 약간 다른 의미로 사용하였고, 이것은 이 용어들의 후대의 용법을 결정하였다. 그는 '그라티아 그라툼 파키엔스'(gratia gratum faciens)를 받는 자 자신의 성화를 위하여 의도된 모든 초자연적인 도움들을 가리키는 것으로 사용하고, '그라티아 그라티스 다타'(gratia gratis data)라는 용어는 받는 자가 아니라 다른 사람들의 유익을 목적으로 값없이 주시는 것들로 제한해서 사용한다. '그라티아 그라툼 파키엔스'(gratia gratum faciens)와 관련해서 그는 선행적 또는 작용적(operating) 은혜와 후속적 또는 협력적 은혜를 구별한다. 전자는 의지를 새롭게 하고, 후자는 의지의 활동을 돕는다. 전자는 충족적(sufficient) 은혜라 할 수 있고, 후자는 유효적(efficacious) 은혜라 할 수 있다.

2) 스콜라 신학의 신앙론

스콜라 시대에는 일종의 지식, 진리에 대한 단순한 동의로서의 믿음과, 선행을 낳는 영적 감정(spiritual affection)으로서의 믿음을 구별하는 것이 일반적인 경향이었다. 페트루스 롬바르두스는 여기서 하나님이 존재한다고 믿는 '데움 크레데레'(Deum credere), 하나님이 말씀하는 것들이 참되다고 믿는 '데오 크레데레'(Deo credere), 하나님 또는 그리스도를 믿고서 사랑하며 그에게 나아가고 그를 꼭 붙들며 그의 지체들과 연합하여 하나가 되는 '인 데움 또는 크리스툼 크레데레'(in Deum or Christum credere), 이렇게 믿음을 세 가지로 구별한다. 처음 두 가지는 실질적으로 동일한 것, 즉 하나님이 말씀하시는 것을 참된 것으로 받아들이는 것을 의미하지만, 마지막의 것은 우리를 하나님과의 교제(communion) 속으로 들어가게 해주는 좀 더 깊은 의미에서의 믿음을 가리킨다. 그는 하나님의 존재를 믿고 하나님이 말씀하시는 것이 참되다고 믿는 것(believe God)과, 하나님을 사랑하여 하나님에게 나아가서 꼭 붙어 있고 그리스도의 몸에 속한 지체들과 연합하는 식으로 하나님을 믿는 것(believe in God)은 전적으로 별개의 것이라고 말한다. 또한, 그는 믿음의 대상으로서의 믿음, 즉 신조나 교리와, 사람이 믿고서 의롭다 함을 얻는 바로 그 믿음을 구별한다.

그의 시대가 지난 후에, 진리에 대한 단순한 지적 동의를 가리키는 미형성된 믿음(fides informis)과, 사랑의 능력에 의해서 커지고 생생해지며 결정되는 것으로서 사랑이 형성적 원리로 작용하는 믿음을 가리키는 사랑으로 형성된 믿음(fides formata charitate)을 구별하는 것이 관례화되었다. 또한, 미형성된 믿음(fides informis)은 칭의를 준비시키는 것들 중의 하나인 반면에, 오직 올바른 내적 성향을 포함하고 사랑으로 작용하는 형성된 믿음(fides formata)만이 칭의를 가져오는 믿음이라는 것이 강조되었다. 아울러, 성직자들은 교회의 권위에 대한 무조건적인 복종이 믿음의 주된 특징이라는 사상을 강조하는 것이 유익하다고 생각하였고, 일부 신학자들은 그러한 사상을 조장하였다.

3) 스콜라 신학의 칭의론과 공로론

(1) 스콜라 신학의 칭의론

칭의와 성화를 혼동해서 뒤섞어 놓은 아우구스티누스의 약점은 스콜라 신학자들에 의해서 바로잡아진 것이 아니라 도리어 강화되었다. 그들의 공통된 가르침은 칭의는 하나님이 거룩하게 하는 은혜를 영혼 속에 주입함으로써 이루어진다는 것이었다. 칭의는 하나님 편에서 거룩하게 하는 은혜와 죄 사함을 주시는 것, 인간 편에서 믿음과 통회를 통해서 자유의지를 하나님에게로 돌이키는 것을 포함한다. 당연한 말이지만, 후자의 요소는 유아들의 경우에는 포함되지 않는다. 유아들에게 있어서 칭의는 전적으로 하나님의 역사(役事)이기 때문에 오직 은혜의 주입과 원죄의 사함만을 포함한다.

스콜라 신학자들은 무엇이 칭의에 포함되는지에 대해서는 대체로 견해가 일치하였고, 칭의를 단순히 그리스도의 의(義)가 죄인에게 전가되는 것으로는 결코 이해하지 않았다. 하지만, 칭의에 있어서 여러 요소들의 논리적 순서를 결정하는 것과 관련해서는 서로 견해가 달랐다. 토마스 아퀴나스에 의하면, 가장 먼저 은혜의 주입(infusion)이 있고, 다음으로 자유의지가 하나님에게로 돌이키는 것이 일어나며, 자유의지가 죄에게서 돌아서는 것이 뒤따르고, 최종적으로 죄 사함이 이루어진다. 헤일스의 알렉산더(Alexander of Hales)와 보나벤투라(Bonaventura)는 회오(悔悟, attrition) 또는 죄로부터 돌이키는 것, 은혜의 주입, 죄 사함 또는 죄가 쫓겨나가는 것, 자유의지가 하나님에게로 돌이킴이라는 다른 순서를 주장한다. 하지만, 은혜가 주입되는 순간에 회오(attrition)는 통회(contrition)가 되고, 그런 후에 죄는 은혜에 의해서 쫓겨나간다.

둔스 스코투스는 완전히 다른 견해를 제시한다. 그는 칭의가 하나님의 두 가지 역사(役事), 즉 죄 사함과 거룩하게 하는 은혜를 통한 영혼의 쇄신(renovation)으로 구성된다고 이해한다. 이 둘은 시간적으로는 동시적이지만, 본질상의 순서로 보면 죄 사함이 은혜의 주입보다 선행한다.

스콜라 신학자들은 칭의가 즉각적으로 이루어지는(instantaneous) 행위라고 말하지만, 트렌트 공의회는 칭의의 점진적인 증가에 대하여 언급한다. 칭의의 은혜를 받았다는 확신과 관련해서 아퀴나스는 그것은 모든 신자에게 공통적으로 주어지는 특권이 아니라고 주장한다. 신자들은 은혜의 증표들을 근거로 한 합리적인 추측으로 만족해야 한다. 오직 신앙을 위하여 많은 것을 이루었거나 많은 고난을 받은 자들에게만 특별 계시를 통해서 절대적 확신이 주어진다.

(2) 스콜라 신학의 공로론

칭의론과 관련해서 값없는 은혜에 관한 가르침과 더불어서 공로론이 전면에 등장하였다. 특히, 선행들을 통해서 표현되는 미덕이 공로로서의 성격을 지닌다는 것은 중세 시대에 일반적으로 가르쳐졌고, 저명한 스콜라 신학자들 중에서 그 어느 누구에 의해서도 거의 반대를 받지 않았다. 토마스 아퀴나스는 두 종류의 공로, 즉 엄격한 공의에 비추어 보았을 때에 상(賞)을 받기에 적절한 공로로서 은혜의 상태에서 행하는 선행을 통해 얻어지며 오직 그리스도에게만 해당되는 지당한 공로(merit of condignity)와, 인간이 본성적으로 선행을 행하여 상을 받기에 적합한 것으로서 사람들이 얻을 수 있는 적합한 공로(merit of congruity)를 구별한다. 하지만, 토마스 아퀴나스의 가르침을 따랐던 토마스파(the Thomists)는 칭의 이후에 사람은 하나님의 은혜의 도우심에 의해서 지당한 공로(merit of condignity)를 얻을 수 있다는 것, 즉 사람은 하나님에 대하여 어떤 권리를 주장할 수 있게 해주는 행위를 할 수 있다고 주장하는 데에까지 나아갔다. 둔스 스코투스의 추종자들은 그러한 것을 부정하고, 칭의 이후에 행해진 선행들은 적합한 공로(merit of congruity)만을 얻을 수 있고, 그 공로를 토대로 해서 더 큰 은혜를 받을 수 있다고 주장하였다. 그들은 하나님의 성품은 완전하기 때문에 하나님은 이렇게 공로로 얻어진 은혜를 인간에게 수여할 수밖에 없다고 주장하였다.

(3) 로마 가톨릭의 최종적인 형태의 구원론

하나님의 은혜를 개별 신자들에게 적용하고 자기 것으로 만드는 것, 즉 하나님의 은혜의 적용(application)과 전유(專有, appropriation)에 관한 로마 가톨릭의 교리는 최종적으로 다음과 같은 형태를 취하였다. 교회의 울타리 안에서 태어난 아이들은 세례를 통해서 은혜의 주입과 죄 사함을 포함하는 중생의 은혜를 받는다. 하지만, 출생 후에 나중에 가서야 복음 아래 들어오게 된 자들은 충족적 은혜(sufficient grace), 즉 성령에 의해서 오성(悟性)이 조명을 받고 의지가 힘을 얻는 은혜를 받는다. 그들은 하나님의 이러한 역사를 거역할 수도 있고, 그 역사에 순복하여 성령의 지시들(promptings)을 따를 수도 있다. 하나님의 이러한 역사에 순복하여 하나님과 협력함으로써 그들은 칭의의 은혜(gratia infusa, 주입된 은혜)를 받을 준비를 한다. 이러한 준비는 다음과 같은 일곱 가지 요소로 이루어진다: (a) 교회에 의해서 가르침받은 진리에 대한 동의; (b) 자신의 죄악된 상태에 대한 통찰; (c) 하나님의 긍휼에 대한 소망; (d) 하나님을 사랑하기 시작함; (e) 죄를 미워함; (f) 하나님의 명령들에 순종하기로 결단함; (g) 세례를 받고자 함.

여기에서 믿음이 중심적인 위치를 차지하지 않고 다른 준비할 것들과 똑같은 비중으로 나열되어 있다는 것은 아주 명백하다. 믿음은 단지 교회의 가르침들에 대한 지적 동의(fides informis)일 뿐이고, 오직 주입된 은혜(gratia infusa)를 통해서 주어지는 사랑을 통해서만 칭의를 가져다 주는 능력을 획득하는데, 이렇게 해서 사랑으로 형성된 믿음(fides caritate formata)이 된다. 믿음은 일곱 가지 준비할 것들 중에서 첫 번째라는 의미에서만 칭의를 가져다 주는 은혜라 할 수 있고, 바로 그런 의미에서 칭의의 토대이자 뿌리라 할 수 있다.

이러한 일곱 가지가 준비된 후에야 세례를 통해서 칭의가 이루어지는데, 칭의는 은혜(초자연적인 미덕들)의 주입과 그에 따른 죄 사함으로 이루어진다. 여기서 죄 사함의 정도는 실제로 죄를 극복한 정도와 일치한다. 칭의는 앞서 준비한 것들에 의해서 공로로 얻어지는 것이 아니라 거저 주어진다. 그리고 칭의는 하나님의 명령들에 순종하고 선행을 행함으로써 보전된다. 주입된 은혜(gratia infusa)를 통해서 인간은 그러한 선행을 할 수 있는 초자연적인 능력을 얻어서, 그 능력으로 지당한 공로(merit of condignity)를 쌓아 그 이후의 모든 은혜와 영생을 공로로 얻을 수 있다. 그러므로, 하나님의 은혜는 인간으로 하여금 다시 한 번 구원을 공로로 얻을 수 있게 해주는 역할을 한다. 그러나 칭의가 평생 그대로 유지되는 것인지는 확실치 않다. 칭의는 불신앙을 통해서만이 아니라 대죄(mortal sin)를 통해서도 상실될 수 있다. 하지만, 칭의는 보속(補贖)의 성례, 즉 통회(contrition; 또는, 회오(attrition))와 죄의 고백, 그리고 그 뒤에 이어지는 사면 선언과 보속 행위로 이루어지는 고해성사를 통해서 얻어질 수 있다. 죄로 인한 죄책과 영원한 형벌은 둘 다 사면 선언에 의해서 제거될 수 있지만, 죄에 대한 현세에서의 형벌은 오직 보속 행위에 의해서만 무효화될 수 있다.

심화학습을 위한 질문들

중세 시대에 신앙이 형식주의화된 것에는 어떠한 요인들이 기여하였는가? 스콜라 신학자들은 외적 은혜와 내적 은혜 중에서 어느 쪽을 강조하였는가? 하나님의 은혜에 대한 그들의 이해는 어떤 것이었고, 그들의 견해는 아우구스티누스의 것과 비교할 때에 어떠하였는가? '그라티아 그라티스 단스'(gratia gratis dans)에 대한 그들의 설명은 어떻게 달랐는가? '그라티아 그라티스 다타'(Gratia gratis data)와 '그라티아 그라툼 파키엔스'(gratia gratum faciens)라는 용어들에 대한 아퀴나스의 용법은 이전의 스콜라 신학자들의 용법과 어떻게 달랐는가? 스콜라 시대에 믿음에 대한 가장 지배적인 이해는 어떤 것이었는가? 그들은 믿음을 공로를 배제하는 것으로 이해하였는가? 그들은 믿음으로 말미암는 칭의라는 바울적인 이해를 똑같이 지니고 있었는가? 칭의는 무엇을 포함하는 것이었는가? 로마 가톨릭 교회에서 믿음은 칭의와 어떠한 관계에 있는가? 평신도들은 확신이 수반되는 믿음을 가질 수 없다는 로마 가톨릭의 입장은 어떻게 설명될 수 있는가?

3. 종교개혁과 그 이후의 구원론

1) 루터의 구원의 순서

루터로 하여금 종교개혁에 나서도록 촉발시킨 것은 특히 로마 가톨릭 교회에서 발전된 보속 체계 및 그것과 밀접하게 연결되어 있었던 면죄부의 부정한 거래였다. 루터 자신도 보속 행위에 깊이 빠져있다가 로마서 1:17을 통해서 인간은 오직 믿음으로 의롭다 함을 받는다는 진리를 섬광처럼 깨닫고서, 마태복음 4:17에서 요구한 회개는 로마 가톨릭의 보속 행위와는 아무런 공통점도 없고, 오직 마음의 진정한 내적 통회로서 하나님의 은혜가 가져다 주는 열매라는 사실을 이해하게 되었다. 회개에서 진정으로 중요한 것은 사제 앞에서 사적으로 죄를 고백하는 것 — 이것은 성경에 그 어떤 근거도 없었다 — 도 아니고, 하나님은 죄를 거저 사해 주기 때문에 인간이 보속을 하는 것도 아니며, 오직 죄로 인하여 진심으로 슬퍼하는 것, 새로운 삶을 살고자 하는 간절한 소원, 그리스도 안에서 주어지는 하나님의 죄 사함의 은혜라는 사실이 서광처럼 그에게 비춰 왔다. 그래서 루터는 다시 한 번 죄론과 은혜론을 구원론의 중심으로 삼아서, 오직 믿음으로 말미암는 칭의에 관한 교리야말로 "교회를 서게 할 수도 있고 넘어지게 할 수도 있는 신앙 조목"이라고 선언하였다. 그 결과, 종교개혁은 면죄부, 속죄를 위한 보속, 로마 가톨릭적인 의미에서의 사제의 사면권, 초과적인 공로를 지닌 행위들, 인간의 공로에 관한 교리 같이 중세 신학에서 가장 특징적이었던 모든 것들을 거부하였다.

(1) 루터의 신앙론과 회개론

루터가 회개와 믿음의 상호관계를 어떻게 파악했는지에 대해서는 학자들마다 견해가 다르다. 리츨(Ritschl)은 루터가 초기에는 회개를 믿음의 열매로 보았지만 나중에는 회개가 믿음에 앞서 율법에 의해서 이루어진다고 보았다고 주장한다. 그러나 립시우스(Lipsius)는 루터가 이렇게 입장을 바꿨다는 것을 부인하고, 이 위대한 종교개혁자는 언제나 회개(poenitentia)가 율법에 의해서 이루어지는 통회(contrition)를 포함하는 것으로 보았고, 믿음을 예수를 믿고 받아들이는 것으로 보았다고 주장한다. 회개와 믿음은 죄인을 그리스도에게로 인도하는 데에 도구 역할을 하기 때문에 아직 그리스도와의 연합(union)을 전제하지 않는다. 아울러, 루터는 초기에는 행위로 말미암는 의에 관한 로마 가톨릭의 가르침에 대항하기 위하여 참된 회개는 믿음의 열매라는 사실을 강조하였지만, 후기에는 반(反)율법주의(antinomianism)에 맞서서 깊은 참회가 참된 믿음에 선행한다고 단언하게 되었다고 말할 수 있을 것이다. 그러나 그는 언제나 구원의 길은 통회(contritio: 죄로 인해 슬퍼하는 것; 제한된 의미에서의 참회), 믿음(fides), 하나님을 향하여 성별된 삶인 선행(bona opera)으로 이루어진다고 이해하였다. 이러한 순서는 초기 루터파 신학자들에 의해서 유지되었고, 교회의 신조적 표준에서의 순서이기도 하다.

(2) 루터파의 구원의 순서

처음에는 오직 세 가지 요소만을 담고 있었던 루터의 구원의 순서(ordo salutis)는 17세기에 루터파의 위대한 신학자들의 저작들 속에서 훨씬 더 정교해졌다. 그것은 다소 부자연스럽게 사도행전 26:17-18을 토대로 하였고, 부르심(calling), 조명(illumination), 회심(conversion), 중생(regeneration), 칭의(justification), 쇄신(renovation), 영화(榮化, glorification)를 포함하게 되었다. 복음 아래에 사는 모든 자들은 세례나 말씀 선포를 통해서 충족적 은혜(sufficient grace)를 받고서 하나님의 중생의 은혜를 거역하지 않을 수 있게 된다는 가르침을 통해서 신인협력설(synergism)의 초보적인 형태가 루터파의 구원론에서 나타났고, 구원 과정은 다음과 같이 이해되었다: 그리스도인 부모에게서 태어난 아이들은 아직 하나님의 은혜를 거역할 수 있는 능력이 없기 때문에 세례를 통해서 중생되고 믿음이라는 은사를 받는다. 하지만, 그 밖의 다른 사람들은 모두 한결같이 충족적 소명(vocatio sufficiens)을 통해서 출생 이후에 부르심을 받는데, 충족적 소명은 인간의 마음(mind)을 조명하고 의지를 굳게 해줌으로써 하나님의 은혜를 거역하지 않을 수 있게 해준다. 그들은 부르심에 있어서 성령의 역사를 거역하지 않으면 통회(제한된 의미에서의 참회)에 이르게 되고, 중생되어 믿음이라는 은사를 수여받는다. 그렇게 해서, 그들은 믿음으로 말미암아 의롭다 함을 받고, 죄 사함을 받으며, 하나님의 자녀로 받아들여지고, 그리스도와 연합하며, 성령에 의해 새롭게 되고, 최종적으로는 영화된다(glorified).

이것은 구원이 완성된 모든 자들이 거쳐온 과정이지만, 구원이 시작되었다고 해서 반드시 구원의 완성이 보장되어 있는 것은 아니다. 하나님의 은혜는 항상 거역할 수 있고, 구원의 전 과정 내내 언제든지 거역할 수 있으며, 구원의 과정이 아무리 많이 진행된 시점이라고 하여도 언제나 상실할 수 있고, 그것도 단지 한 번만이 아니라 여러 번 상실할 수 있다. 인간의 구원은 전적으로 하나님에게 달려 있다는 강력한 단언에도 불구하고, 인간은 하나님의 역사를 유효하게 좌절시킬 수 있기 때문에 그 결정은 사실 인간에게 있다고 주장된다.

나아가, 루터파의 구원의 순서(ordo salutis)에서는 믿음과 칭의가 그 중심이다. 엄밀하게 말해서, 부르심과 회개와 중생은 단지 예비적인 것으로서 죄인을 그리스도에게 인도하는 역할을 할 뿐이다. 죄인이 믿음으로 그리스도의 의를 받아들일 때에야 비로소 하나님은 그의 죄를 사하고 그를 율법에서 자유하게 하며 자신의 자녀로 받아들이고 예수 그리스도의 신비의 몸과 연합시킨다. 그러므로 모든 것은 믿음에 달려 있다. 믿음으로 인간은 구원의 축복들을 점점 더 많이 소유하게 되지만, 믿음이 없으면 모든 것을 잃는다. 그런 까닭에 이 믿음을 유지한 것이 가장 중요하다. 이것이 통상적으로 제시되는 구원의 순서이긴 하지만, 후대의 루터파 신학에서 이것은 항상 정확히 동일한 형태를 보여주지는 않는다.

2) 칼빈과 개혁파의 구원의 순서

개혁파의 신학에서 구원의 순서는 약간 다른 형태를 취하였다. 이것은 칼빈이 일관되게 영원한 선택(a eternal election)과 삼위 간의 구원 협약(pactum salutis)에서 정해진 신비적 연합(the mystical union)을 자신의 출발점으로 삼았기 때문이었다. 그의 기본적인 입장은, 구주와의 살아 있는 연합을 통하지 않고 그리스도의 축복들에 참여하는 것은 있을 수 없다는 것이다. 구원의 은혜의 축복들 중에서 최초의 축복조차도 그리스도와의 연합을 전제한다는 점을 생각하면, 그리스도를 교회에 주심과 그리스도의 의의 전가(imputation)는 다른 모든 것에 선행한다. 구원 협약에서 이미 그리스도와 성부에 의해서 그에게 주어진 자들 간의 연합이 견고히 정립되었고, 법적임과 동시에 신비적인 바로 그 연합 덕분에 구원의 모든 축복들은 관념적으로는 이미 그리스도에게 속한 자들의 몫이 되어 있다. 그 축복들은 나누어 줄 준비가 다 되어 있고, 그들은 믿음으로 말미암아 그 축복들을 자신의 것으로 취한다.

이 기본적인 입장으로부터 몇 가지 구체적인 내용들이 따라나온다. 택함받은 자들의 구원은 원자론적으로(atomistically) 인식되지 않는다. 왜냐하면, 그들은 모두 그리스도의 신비의 몸의 지체들로서 영원히 그리스도 안에 있고, 그 머리 되는 그리스도에게서 낳음을 입었기 때문이다. 중생, 회개, 믿음은 그리스도와의 그 어떤 연합과는 별개로 단순한 준비과정들로 여겨지지 않고, 전적으로 또는 부분적으로 인간 자신의 힘으로 성취되어야 할 조건들로 여겨지지 않는다. 그것들은 신비적 연합으로부터 이미 흘러나오는 은혜 언약의 축복들이자 그리스도가 교회에 주신 하사물(下賜物)이다. 참회(penitence)는 루터파의 구원의 순서에서와는 다른 위치와 성격을 지닌다. 칼빈은 회개(repentance)가 믿음에 선행한다는 것을 인정하였지만, 그 회개는 단지 최초의 두려움, 반드시 믿음으로 이어지지 않고 믿음을 위해 절대적으로 필수적인 준비라고 할 수 없는 율법적 회개일 뿐이라고 보았다. 그는 믿음으로부터 흘러나오는 회개, 그리스도와의 교제(communion) 속에서만 가능한 회개, 일생에 걸쳐 지속되는 회개를 강조한다. 또한, 그는 회개가 통회(contritio)와 믿음(fides)으로 이루어진다고 보지도 않는다. 그는 회개와 믿음의 밀접한 연관성을 인정하고, 믿음 없이 회개가 가능하다고 보지 않았다. 또한 성경은 이 둘을 분명히 구별한다는 점을 지적하면서, 구원의 순서 속에서 회개와 믿음에 좀 더 독립적인 의미를 부여하였다.

그러나 칼빈이 구원의 순서에 대하여 루터와 견해가 달랐다고 하여도 믿음으로 말미암는 칭의에 관한 가르침의 본질과 중요성에 대해서는 루터와 철저히 견해를 같이 하였다. 그들은 함께 로마 가톨릭에 맞서 싸우면서, 둘 다 칭의를 값없는 은혜의 행위이자 인간의 내면적 삶을 변화시키지 않고 단지 하나님에 대한 인간의 법적 관계만을 변화시키는 법정적 행위(forensic act)라고 설명한다. 그들은 칭의의 근거를 신자의 내재적인 의가 아니라 오로지 죄인이 믿음으로 말미암아 자신의 것으로 만드는 예수 그리스도의 전가된 의에서 찾는다. 또한, 그들은 칭의가 하나님의 점진적인 역사(役事)라는 것을 부정하고, 칭의는 즉각적으로 이루어지며 단번에 완성된다고 단언하면서, 신자는 자기가 영원히 진노와 정죄의 상태에서 은총과 용납의 상태로 옮겨졌다는 것을 절대적으로 확신할 수 있다고 주장한다. 루터파 신학은 항상 이 입장에 전적으로 충실했던 것은 아니었다. 거기에서 믿음은 종종 중생을 위한 토대가 되는 행위라고 설명된다. 중도파 신학자들은 칭의의 토대를 예수 그리스도의 주입된 의에서 찾는다.

3) 아르미니우스파의 구원의 순서

(1) 아르미니우스파의 구원의 순서
아르미니우스주의자들은 하나님이 인간에게 보편 은혜를 주어서 죄인은 충분히 복음을 믿고 순종할 수 있으며, 말씀 선포를 통해서 인간에게 임하는 부르심은 인간의 오성(understanding)과 의지에 단지 도덕적인 감화력만을 행사한다고 가르친다. 사람이 진리에 동의하고 하나님의 은혜에 의지하여 그리스도의 명령에 순종한다면, 그는 더 큰 분량의 신적 은혜를 받고, 그의 믿음으로 인하여 의롭게 되며, 그가 끝까지 믿음을 지킨다면 영생에 참여하는 자가 된다.

(2) 소뮈르 학파의 견해

소뮈르 학파는 전체적으로 동일한 방향으로 움직였다. 카메론(Cameron)은 인간의 의지는 항상 오성(悟性)의 최종적인 명령을 따르기 때문에 중생과 회심에 있어서 마음(mind)에 대한 유효한 조명만이 요구되는 것의 전부이고 실제로 일어나는 것의 전부라고 가르친다. 인간의 의지에 직접적으로 작용하는 성령의 초자연적인 역사(役事)는 존재하지 않는다. 파종(Pajon)은 하나님의 은혜의 특별한 내적 역사는 불필요하고, 하나님의 부르심의 효력(efficacy)은 그 부르심이 사람에게 임할 때의 외적 상황과 잘 맞아떨어지느냐의 여부에 달려 있다고 주장한다.

(3) 신율법주의

아르미니우스파의 이러한 교설들은 구원의 순서와 관련하여 영국에서 신율법주의(Neonomianism)로 알려지게 된 그러한 견해를 낳았다. 신율법주의자들에 의하면, 그리스도는 모든 사람의 죄를 위해서 속죄하였다고 한다. 즉, 그리스도는 모든 사람에게 구원이 가능하게 하였고, 모든 사람을 구원받을 수 있는 상태로 데려다 놓았다는 것이다. 그리스도는 옛 율법, 즉 행위 언약의 법의 요구들을 충족시키고, 그것을 새로운 율법, 즉 믿음과 회심, 회개한 죄인의 불완전할지라도 참된 순종을 요구하는 은혜의 법으로 대체함으로써 그렇게 하였다. 그리스도의 이러한 사역은 옛 율법을 충족시키고 폐기하는 수단이었기 때문에 죄인의 법적 의(legal righteousness)라 할 수 있다. 그러나 새로운 율법에 대한 순종으로 이루어지는 복음적 의(evangelical righteousness)만이 죄인의 칭의의 토대가 된다. 이러한 합리주의적 경향은 결국 그리스도를 오직 하나님의 진리를 선포하고 자신의 죽음으로 그 진리를 보증한 위대한 선지자이자 교사로만 인정하고, 인간이 영원한 구원을 얻기 위해서는 그리스도의 그러한 모범을 따라야 한다는 저 자유주의(liberalism)를 낳았다. 감리교(Methodism)는 또 하나의 좀 더 경건한 형태의 아르미니우스주의이다.

(4) 웨슬리파의 견해

이 분파는 점진적 회심, 통회의 긴 기간이 지난 후에 인간의 내면 속에서 어둠이 쫓겨나고 빛이 뚫고 들어온다는 것, 어느 정도 기간이 지나서 의심이 구원에 대한 기쁜 확신으로 변한다는 것에 관한 가르침에 반대한다. 이 분파는 복음의 선포에 있어서 단 한 가지에 모든 노력을 집중시킨다: 율법의 선포를 통해서 죄인을 납작 엎드리게 만들어서 지옥의 입구까지 질질 끌고와서 그의 마음을 두려움과 떨림으로 가득 채운 후에, 이번에는 그를 영광스러운 구속의 복음 앞에 다시 한 번 세워놓고서 믿음으로 예수 그리스도를 영접하여 영벌(永罰)에서 구원을 받으리고 권유하는 것. 이렇게 해서 그리스도를 영접하는 죄인은 한순간에 극도의 비참한 처지에서 가장 황홀한 상태로 옮겨가고, 극도의 절망에서 최고의 기쁨으로 옮겨간다. 이러한 갑작스러운 처지의 돌변은 구원받았다는 즉각적인 확신을 가져다 준다. 많은 감리교도들은 온전한 성화를 위해서는 두 번째의 근본적인 변화가 꼭 필요하고, 인간 속에서 실제로 그런 변화가 일어난다고 주장한다.

4) 구원의 순서에 관한 그 밖의 다른 견해들

(1) 반(反)율법주의자들의 구원론

반(反)율법주의자들(Antinomians)은 그리스도에 의해서 이루어진 구속의 주관적 적용의 여지를 전혀 남겨놓지 않는다. 그들은 구원의 은혜의 축복들을 확보해낸 그리스도의 사역과, 그 축복들을 개개인들에게 적용하는 성령의 사역을 구별하지 않고, 그리스도가 그와 같은 모든 일을 혼자다 했고, 우리의 죄책만이 아니라 우리의 부패까지도 다 스스로 담당했기 때문에 우리는 의롭다 함을 얻고 중생되고 성화되었다고, 즉 그리스도 안에서 우리는 모두 완전하다고 말한다. 모든 사람이 각각 그리스도 안에서 의롭고 거룩하다는 사실에 비추어 볼 때, 각 사람에게 요구되는 유일한 것은 믿는 것, 즉 그러한 사실을 인식하게 되는 것뿐이다. 각 사람은 하나님이 신자인 그에게서 그 어떤 죄도 볼 수 없다는 것을 확신하고서 안심해도 된다. 각 사람의 죄라고 하는 것들은 사실은 죄가 아니라 단지 옛 사람의 행위들일 뿐이다. 그런데, 각각의 신자는 율법에서 해방되어 그리스도 안에서 완전하고 하나님의 은혜를 자랑하기 때문에, 옛 사람의 행위들에 대하여 책임을 질 필요가 없다. 반(反)율법주의자들은 종종 여기에서 한층 더 나아가서, 구원은 하나님의 계획(counsel) 속에서 영원 전부터 이미 준비된 것이기 때문에 그리스도는 실제로 자신의 공로를 통해서 구원을 확보한 것이 아니라 단지 하나님의 사랑을 계시한 것뿐이라고 주장한다. 믿는다는 것은 단지 하나님의 진노가 그들을 향해 불붙어 있다는 잘못된 생각을 버리는 것이다. 이와 같은 사상은 재세례파(Anabaptists), 자유인파(Libertines: 제네바에서 칼빈의 반대세력), 하템파(Hattemists)의 일부, 영국과 뉴잉글랜드의 몇몇 분파들 속에서 널리 유행되었다.

(2) 신비주의의 구원론

독일, 영국, 네덜란드에서 기독교적 삶의 본질적인 것들을 체험 속에서 구하고, 참된 믿음은 체험이라는 사실을 강조하는 상당수의 전도자들이 출현하였다. 그들은 참된 신자가 되기 위해서는 어떤 것들을 체험해야 하는지를 상세히 설명하였는데, 주로 성경에 대한 해설을 통해서가 아니라 "의의 상수리나무들"로 일컬어진 자들의 체험들에 의거해서 그렇게 하였다. 그들은 율법은 모든 사람에게 전해야 하지만 복음은 오직 몇몇 "자격을 갖춘" 죄인들에게만 전해야 한다고 주장하였다. 사람들은 자기가 진정으로 하나님의 자녀라고 믿게 되기 위해서는 먼저 율법의 공포 아래 놓여 보아야 하고, 고통스러운 싸움을 통과하여야 하며, 자기를 고소하는 양심의 고통을 느껴 보아야 하고, 영벌(永罰)에 대한 두려운 예감으로 인한 격렬한 고통 속에서 몸부림치며 괴로워해 보아야 한다. 사람들은 성령의 어떤 특별한 보증 없이는 믿음을 허락받은 것이 아니기 때문에, 그들의 믿음은 처음에는 단지 의에 주리고 목말라서 예수 그리스도에게 피신해 온 믿음에 불과할 수도 있다. 이 믿음은 칭의에 선행하고 칭의의 조건이다. 이 믿음 안에서 죄인은 의롭다 함을 받기 위해서 자신을 그리스도에게 맡긴다. 이와 같은 피난처를 찾는 믿음은 단번에 확실한 믿음으로 바뀌지 않는다. 이 둘 사이에는 큰 간격이 있고, 신자는 오직 수많은 부침(浮沈)과 온갖 종류의 의심이나 불안, 무수한 영적 싸움을 거친 후에야 선택된 소수의 특권인 구원의 확신 속으로 옮겨간다. 이와 같은 확신은 흔히 음성이나 환상, 성경으로부터의 말씀, 또는 그 밖의 다른 비슷한 수단들을 통해서 매우 특별한 방식으로 신자에게 찾아온다.

심화학습을 위한 질문들

종교개혁 이전의 신학에서 구원의 순서에 속한 세 가지의 통상적인 단계들은 무엇이었는가? 구원의 순서는 구속 사역의 적용 또는 전유(專有)를 강조하는가? 루터파, 개혁파, 아르미니우스파는 이 점에 있어서 어떻게 다른가? 루터파는 구원의 순서에서 어떤 요소들을 가장 중요한 것으로 여기는가? 개혁파는 이 점에서 루터파와 어떻게 다른가? 슈벵크펠트(Schwenkfeld), 아그리콜라(Agricola), 오지안더(Osiander), 네덜란드 메노파(the Dutch Mennonites)는 믿음과 칭의에 대하여 어떤 견해들을 주장하였는가? 루터파와 성공회(the Anglicans)는 세례에 의한 중생을 어떻게 이해하는가? 개혁파는 중생의 은혜를 세례와 어떤 식으로든 연결시키는가? 온전한 성화에 관한 웨슬리파의 교설은 어떤 것인가? 개혁파, 아르미니우스파, 웨슬리파는 구원의 확신에 대하여 어떠한 견해들을 주장하였는가?

제 8 장
교회론과 성례론

1. 교회론

1) 교부 시대

(1) 초기 교부들의 교회론

교회론의 뿌리도 기독교 시대의 가장 초기의 문헌 속에 있다. 사도 교부들과 변증가들 속에서 교회는 일반적으로 성도들의 교제(communio sanctorum), 즉 하나님이 자기 소유로 삼기 위하여 택한 하나님의 백성으로 설명된다. 교회는 참 이스라엘이라고 말해졌지만, 역사 속에서 교회의 전신(前身)이라고 할 수 있는 이스라엘과 교회의 관계는 언제나 분명하게 이해된 것은 아니었다. 그러나 일찍이 주후 2세기에 이미 교회 개념에서 눈에 띄는 변화가 감지된다. 이단들의 출현으로 참된 보편 교회임을 알아볼 수 있는 몇몇 외적인 특징들을 설명할 필요가 절실해졌다. 그 결과, 교회는 사도들의 직접적인 계승자인 감독에 의해서 다스려지고 참된 전승을 소유한 외적인 기관으로 이해되기 시작하였다. 보편 교회는 모든 지교회(local churches)에 대하여 역사적으로 "가장 선행하는 것"(prius)이라는 사상이 널리 퍼지게 되었다. 지교회들은 수많은 별개의 단위들이 아니라 감독단(또는, 주교단)을 지닌 보편 교회의 여러 부분들로 이해되었고, 보편 교회 전체에 충성하고 복종하는 동안에만 참된 교회들로 여겨졌다.

(2) 분파들의 교회론

하지만, 분파들에서는 또 다른 경향, 즉 해당 지체들의 거룩함이 참된 교회의 진정한 표지(標識)로 보는 경향이 나타났다. 이러한 경향은 대표하는 분파들로는 주후 2세기 중엽의 몬타누스주의(Montanism), 주후 3세기 중엽의 노바티아누스주의(Novatianism), 주후 4세기 초의 도나투스주의(Donatism)가 있었다. 이 분파들은 교회가 점차 세속화되고 세상적이고 부패되어 가는 것에 대한 반발로 탄생한 것들이었다. 몬타누스파의 지도자들은 선지자로서의 권위를 빌려서 교회들의 방종과 세상적이 된 것을 통렬히 비난하였고, 금욕적인 생활을 강조하였다. 그들은 세례 후에 범한 대죄(大罪)는 사함받을 수 없다고 말했지만, 순교를 통해서 대죄를 속죄할 수 있을 가능성에 대해서도 말하였다. 노바티아누스파는 몬타누스파처럼 선지자를 자처하지는 않았지만, 교회의 순수성을 회복하기 위해 애쓴 것은 동일하였다. 그들은, 교회는 데키우스(Decius) 황제 치하에서의 박해 기간 동안에 신앙을 부인하였다가 교회에 다시 들어오고자 한 자들의 죄를 사할 권한이 없다고 주장하였다. 많은 감독들이 그러한 자들을 교회로 다시 받아들였고, 전체적으로 교회의 치리(治理)가 느슨해진 것을 보고서, 그들은 그들의 분파로 들어온 자들에게 다시 세례를 베풀었다. 도나투스파는 디오클레티아누스(Diocletianus) 치하에서의 박해와 관련하여 앞에서 말한 것과 동일한 태도를 취한 분파였다. 그들은 교회의 엄격한 치리와 교회 지체들의 정화(淨化)를 역설하였고, 자격 없는 성직자들을 거부하였으며, 종교적인 문제들에 국가가 개입하는 것에 대하여 항의하였지만, 동시에 황제의 은총을 구애하기도 하였다.

(3) 키프리아누스의 교회론

교부들은 이 모든 분파들에 대하여 이의를 제기하였고, 교회의 감독 제도를 한층 더 강조하였다. 테르툴리아누스의 제자였던 키프리아누스는 감독 교회론을 발전시킨 최초의 인물이었다는 영예를 누리고 있다. 그는 주님에 의해서 직접 택함받은 감독들(bishops)을 사도들의 진정한 후계자들로 여겼고, 마태복음 16:18을 근거로 해서, 교회는 감독들 위에 세워진 것이라고 주장하였다. 감독은 교회의 절대적인 지배자로 여겨졌다. 누가 교회에 속할 수 있는지, 누가 교회의 지체로서의 지위를 회복할 수 있는지를 결정하는 것은 감독에게 달려 있었다. 감독은 하나님의 제사장으로서 교회의 예배를 집례하였고, 그러한 자격으로 제사를 올렸다. 키프리아누스는 성직자들은 그들이 드리는 제사로 인해서 실제적인 제사장단인 것이라고 가르친 최초의 인물이었다. 그에 의하면, 감독들은 감독단이라 불리는 하나의 단체를 구성하여 교회의 단일성을 대표하는 것이었다. 그는 교회의 단일성의 근거를 감독들의 단일성에서 찾았다. 아울러, 그는 감독들의 등가성(等價性)을 주장하며 로마의 감독에게 수장(首長)으로서의 지위를 부여하지 않았다. 감독에 대한 반역은 하나님에 대한 반역으로 간주되었다. 합법적으로 세워진 감독에게 순복하기를 거부한 자는 누구나 교회의 지체로서의 지위를 상실하였고, 따라서 구원도 상실하였다. 참된 지체들은 언제나 교회에 순종하고 교회 안에 머문다. 교회 밖에는 구원의 가능성이 존재하지 않기 때문이다. 이러한 교회관으로 인해서 그 논리의 연장선상에서 키프리아누스는 이단들에 의해서 베풀어진 세례는 유효하지 않다고 주장하였다. 그가 보기에는, 스스로의 의지에 따라서 교회 밖에 있는 자는 다른 사람들을 교회 속으로 들어오게 할 수 없다는 것은 너무나 자명한 이치였다. 또한, 그는 성령을 받은 지도자들만이 ― 성령은 오직 교회 안에서만 받을 수 있었다 ― 죄 사함을 나누어 줄 수 있다고 믿었다. 이렇게 키프리아누스는 그리스도의 교회에 속한 모든 참된 가지들을 포괄하는 보편 교회, 가시적이고 외적인 단일성에 의해서 한데 묶어진 보편 교회라는 사상을 분명하게 제시한 최초의 인물이었다. 이것을 커닝햄(Cunningham)은 "교회에서 오류와 부패가 진전되도록 한 키프리아누스의 큰 공헌"(*Historical Theology*, I, p. 169)이라고 부른다.

(4) 아우구스티누스의 교회론

아우구스티누스도 전반적으로 동일한 사상 반경 속에서 움직였다. 그로 하여금 교회의 본질에 대하여 더 깊이 성찰하도록 만든 것은 도나투스파와의 싸움이었다. 애석하게도, 그의 교회론은 그의 죄론이나 은혜론과 썩 잘 부합하지 않는다. 실제로 그의 교회론 속에는 일정 정도의 이원론이 들어 있다. 한편으로, 그는 교회를 택함받은 자들의 무리, 하나님의 성령이 계시고 참된 사랑을 특징으로 하는 성도들의 교제(communio sanctorum)로 이해하는 예정론자였다. 진정으로 중요한 것은 단지 외적인 의미에서 교회 속에 있고 성례들에 참여하는 것이 아니라 앞에서 말한 그런 교회에 속해 있는 것이다. 이 공동체의 중보기도를 통해서 죄들은 사함받고, 저 은혜의 은사들이 수여된다. 성도들의 진정한 단일성, 따라서 교회의 단일성은 눈에 보이지 않는 단일성이다. 아울러, 그러한 단일성은 오직 보편 교회 안에만 존재한다. 오직 거기에서만 성령이 역사하고 참된 사랑이 거하기 때문이다.

다른 한편으로, 아우구스티누스는 키프리아누스의 교회관을 적어도 개략적으로는 지지하였던 성직자(Church-man)였다. 참된 교회는 사도적 권위가 감독직의 승계를 통해서 이어지고 있는 보편 교회이다. 참된 교회는 세계 전체에 걸쳐서 퍼져 있고, 교회 밖에는 구원이 없다. 왜냐하면, 교회의 울타리 안에서 사람은 사랑으로 충만할 수 있고 성령을 받을 수 있기 때문이다. 교회의 성례들은 단순한 상징들이 아니라 하나님의 능력이 실제로 작용하는 예식들이다. 하나님은 세례 속에서 실제로 죄를 사하고, 성찬에서는 실제로 영혼에게 영적으로 새로운 힘을 준다. 현재에 있어서 교회는 선한 지체와 악한 지체가 함께 공존하는 혼합체(mixed body)이지만, 장래에는 완전한 순수함(purity)을 지니게 될 것이다.

도나투스파는 아우구스티누스가 교회를 두 개의 교회, 즉 현재의 혼합적인 교회와 하늘에서 이루어질 장래의 순수한 교회로 쪼개 놓았다고 비판하였다. 그들의 비판에 맞서 그는 현재에 있어서도 보편 교회가 순수하다고 주장하였지만, 그것을 좀 더 구체적으로는 교회의 직분, 성례, 성직자의 직무 같은 객관적 제도 속에서 찾았다. 하지만, 이것과 더불어서 그는 일정 정도 지체들의 순수성도 주장하였다. 그는 선한 지체와 악한 지체가 교회 속에 뒤섞여 있다는 것을 인정하면서도, 이 두 부류의 지체가 정확히 동일한 의미로 교회 속에 존재하는 것은 아니라고 주장하였다. 악한 지체들은 외부적으로는 교회에서 배제될 수 없지만 내면적으로는 경건한 자들로부터 분리되어 있다: 그들은 집에 속하여 있긴 하지만 집안에 있는 것은 아니다. 그들은 그리스도의 몸에서 제거되기로 정해져 있는 암세포들이다. 이렇게 아우구스티누스는 도나투스파가 실제의 삶 속에서 실현하고자 했던 순수성을 사변 속에서 만들어내었다.

(5) 아우구스티누스의 하나님 나라론

우리가 여기에서 살펴보아야 할 또 다른 한 가지는 아우구스티누스의 하나님 나라론이다. 초기 교부들은 "하나님 나라"라는 용어를 교회의 발전의 결과와 목표를 서술하기 위하여 종말론적인 하나님 나라를 가리키는 명칭으로 사용하였다. 그러나 아우구스티누스는 "교회는 지금에 있어서조차도 천국"이라고 말한다. 이 말은 일차적으로 성도들이 하나님 나라를 구성하고 있다는 것을 의미한다 — 물론, 그는 이 용어를 교회의 지도자들 전체를 가리키는 데에도 사용하고 있기도 하지만.

하나님 나라는 본질적으로 경건하고 거룩한 자들과 동일한 것이지만, 감독 체제로 조직된 교회이기도 하다. 하나님의 도성과 세상(또는, 마귀)의 도성 간의 대비(對比)는 기독교와 이교(異敎), 선과 악(천사들과 귀신들을 포함해서), 교회 내에서 성도들과 악인들, 영적인 자들과 육적인 자들, 택함받은 자들과 택함받지 못한 자들 간의 대비와 동일한 것으로 여겨진다. 악한 세상은 결코 국가와 동일한 것으로는 묘사되지 않지만, 하나님의 도성(civitas Dei)은 흔히 경험적 교회로 이해되기 때문에, 그가 세상의 도성(civitas mundi)의 구체적인 화신(化身)이 국가라고 생각하였을 가능성은 있다 — 그리고 흔히 그렇게 말해진다.

(6) 통일성이 결여되어 있는 아우구스티누스의 교회론

아우구스티누스는 교회에 관한 그의 다양한 견해들을 실제로 통일해 놓지 않았고, 실제로 그러한 통일이 가능한지도 의문이다. 하르낙(Harnack)은 아우구스티누스에게서는 "신자들과 성도들의 교제(communio fidelium et sanctorum)이고 궁극적으로는 예정된 자들의 무리(numerus praedestinatorum)이기도 한 외적인 성례 공동체(externa societas sacramentorum)는 하나인 동일한 교회"(*Outlines of the History of Dogma*, p. 362)라는 사실을 환기시킨다. 따라서, 누가 교회 안에 있는가라는 질문에 대하여 다음과 같은 세 가지 대답이 주어질 수 있다: (a) 아직 회심하지 않은 자들을 포함해서 모든 예정된 자들; (b) 또는, 원래의 나쁜 상태로 되돌아갈 자들을 포함해서 모든 신자들; (c) 또는, 성례들에 참여하는 모든 자들.

그러나 그런 후에 이러한 질문이 생겨난다: 세례 받은 자들의 외적인 공동체(communion), 또는 택함받은 자들과 성도들의 영적인 공동체 중에서 어느 쪽이 참된 교회인가, 아니면 이 어느 한 쪽의 밖에는 구원이 없기 때문에 둘 다 참된 교회인가? 또한, 택함받은 자들로 구성된 교회는 믿음이 있는 자들로 이루어진 공동체로서의 교회와 어떤 관계에 있는가? 이 둘은 분명히 동일하지 않다. 왜냐하면, 믿음이 있는 자들 중에서 일부는 택함받은 자가 아니어서 결국 멸망받게 될 것이기 때문이다. 아우구스티누스는, 하나의 눈에 보이는 보편 교회를 어머니로 삼고 있지 않은 자는 그 누구도 하나님을 아버지로 모시고 있는 것이 아니라고 말하기 때문에, 교회에 한 번도 속한 적이 없는 택함받은 자는 어떻게 되는 것인가라는 질문이 자연스럽게 생겨난다. 또한, 그가 주장하듯이, 하나의 눈에 보이는 보편 교회가 그리스도의 참된 몸이라면, 악한 자들과 이단들은 교회 안에 받아들여질 수 없다는 도나투스파의 주장이 옳은 것이 아닌가? 또한, 교회가 하나님의 예정하신 은혜 위에 세워진 것이라면, 세례를 통해서 한 번 중생과 죄 사함의 은혜를 받은 자들이 그것을 다시 잃음으로써 구원을 상실하게 되는 것이 어떻게 가능한가? 끝으로, 하나님이 모든 은혜의 유일하게 절대적인 원천이고 그 은혜를 주권적인 방식으로 베푸는 것이라면,

성례들을 갖춘 가시적인 교회에 이 능력을 돌리고 구원이 그러한 조직의 지체로서의 지위 여부에 좌우되도록 하는 것이 과연 정당할 수 있는가? 이 점과 관련해서 우리가 말할 수 있는 것은 아우구스티누스는 예정론적 견해들을 지니고 있었기 때문에 그의 일부 동시대인들과는 달리 성례중심주의(sacramentalism)의 방향으로 나아가지 않을 수 있었다는 것이다.

2) 중세 시대

중세 시대의 신학자들은 교회론에 관하여 거의 말을 하지 않았기 때문에 교회론의 발전에 거의 기여하지 못했지만, 교회 자체는 실제로 촘촘하게 짜여지고 단단하게 구성된 절대적인 위계 조직(hierarchy)으로 발전하였다는 것은 놀라운 사실이다. 이러한 발전의 씨앗은 외적인 조직으로서의 교회에 관한 키프리아누스와 아우구스티누스의 저작들 속에서 발견되었다. 저 위대한 교부의 또 다른 더 근본적인 개념, 즉 성도들의 교제(communio sanctorum)로서의 교회에 관한 개념은 완전히 무시된 채 잠들어 있었다. 중세 시대 동안에는 두 가지 개념, 즉 로마 감독의 수장권(首長權)에 관한 개념 및 교회와 하나님 나라의 동일성에 관한 개념이 지배하였다.

(1) 교황 개념의 발전

주후 4-5세기에는, 그리스도가 베드로에게 다른 사도들에 대한 공식적인 수장으로서의 지위를 수여하였고, 바로 이 베드로 사도가 로마 교회의 최초의 감독이었다는 전승이 널리 통용되었다. 나아가, 이 수장권이 베드로의 후계자들, 즉 제국의 수도의 감독들에게 계승되었다고 단언되었다. 이러한 사상은 일련의 감독들에 의해서 장려되었을 뿐만 아니라, 대중의 상상력과도 잘 맞아떨어졌다. 왜냐하면, 서방에서 로마 제국이 멸망한 후에 이 사상은 로마의 옛 영광이 또 다른 형태로 부활하게 될 것이라는 약속을 담고 있는 것으로 보였기 때문이다. 주후 533년에 비잔틴 제국의 황제 유스티니아누스(Justinian)는 다른 대주교 관구들을 담당한 감독(주교)들에 대한 로마 감독(주교)의 수장권을 인정하였다. 대(大) 그레고리우스는 "세계적 감독"(Universal Bishop)이라는 칭호를 여전히 거부하였지만, 주후 607년에 이 칭호는 그의 후계자였던 보니파키우스 3세(Boniface III)에게 수여되었고, 그는 아무런 스스럼도 없이 그 칭호를 받아들였다. 이 때부터 일련의 로마 감독들의 영적 수장권은, 동방 교회에서는 끈질긴 저항을 받긴 하였지만 서방 교회에서는 전체적으로 존중되었다. 이것은 교황 제도의 시작이었다. 교회는 이렇게 해서 의적이고 눈에 보이는 머리를 받아들였고, 이 머리는 곧 절대 군주로 발전되었다.

(2) 성직위계제도를 갖춘 교회와 하나님 나라의 동일시

교황 개념과 아울러서 보편 교회는 이 땅에 존재하는 하나님 나라이고, 로마 감독이 다스리는 곳은 곧 이 땅에 존재하는 하나님 나라라는 사상이 발전하였다. 이러한 사상은 "콘스탄티누스의 증여 문서"와 "위조된 교서(敎書)"라는 두 개의 악명 높은 위조 문서에 의해서 크게 고무되었는데, 이 두 문서는 주후 9세기에 당시 교황들이 주장하였던 권위가 일찍이 주후 3세기에 그들의 전임 교황들에게 수여되어 행사되었다는 것을 증명하기 위하여 백성들에게 눈속임용으로 제시된 것들이었다.

가시적이고 조직된 교회를 하나님 나라와 동일시한 것은 광범위하고도 중요한 결과들을 가져왔다. 오직 교회만이 하나님 나라라면, 그리스도인들의 모든 의무와 활동들은 교회에 바쳐지는 섬김들(services)이라는 형태를 취하여야 한다. 왜냐하면, 그리스도는 하나님 나라가 최고의 선(善)이자 그리스도인들의 모든 수고의 목표라고 말하기 때문이다. 이렇게 해서, 자연적이고 사회적인 삶은 일방적으로 교회 중심적인 성격을 띠게 되었다. 교회의 통제 아래 들어오지 않은 모든 것은 순전히 세속적인 것으로 여겨졌고, 그런 것을 거부하는 것은 특별한 경건의 행위로 보아졌다. 은둔자들과 수도사들의 삶은 최고의 이상(理想)으로 부각되었다.

이것이 가져온 또 다른 결과는 교회의 외적인 구례들(ordinances)에 터무니없는 의미가 부여되었다는 것이다. 신약에서 하나님 나라는 그리스도인들의 삶의 목표일 뿐만 아니라 그리스도인들의 복된 삶의 총체(總體)로도 묘사된다. 따라서, 구원의 온갖 축복들은 교회의 규례들을 통해서 인간에게 전달되는 것으로 생각되었다. 그 규례들 없이는 구원은 불가능한 것으로 여겨졌다.

끝으로, 교회와 하나님 나라의 동일시는 교회가 실질적으로 세속화되는 결과를 가져왔다. 외부로 드러난 하나님 나라로서 교회는 세상의 나라들과의 관계를 규정하고 수호해야 할 의무를 느꼈고, 점차 영혼의 구원보다는 정치에 더 많은 관심을 기울이기 시작하였다. 현세에 대한 관심이 내세에 대한 관심을 대신하였다. 로마의 교황들은 하나님 나라가 지닌 우월적 성격과 모든 것을 포괄하는 지위에 비추어서 황제들에게 교회의 통치에 복종할 것을 요구함으로써 하나님 나라의 이상(理想)을 실현하고자 한 것은 지극히 자연스러운 일이었다. 이것은 그레고리우스 7세(힐데브란트), 인노켄티우스 3세, 보니파키우스 8세 등과 같은 위대한 교황들의 불타는 야심이었다.

(3) 로마 가톨릭의 교회론

로마 가톨릭의 교회관은 종교개혁 이전까지는 아직 공식적으로 정형화되어 있지 않았다. 하지만, 이 시점에서 그 교회관이 취하고 있었던 형태를 주목할 필요가 있다. 왜냐하면, 그 교회관은 종교개혁 이전에 이미 로마 교회에서 실질적으로 구체화되어 있었고, 개신교의 교회관은 로마 가톨릭의 교회관을 배경으로 볼 때에 가장 잘 이해될 수 있기 때문이다. 트렌트 공의회는 교회에 대한 적절한 정의를 논의하고자 감히 나서지 못하였다. 이것은 교회의 최고위직 직분자들은 교황 제도를 인정해 줄 것을 원하였지만 상당수의 감독(주교)들은 당시에 철저히 감독주의적인 사상을 지니고 있었기 때문이었다. 그들은 교회의 모든 권위가 일차적으로 교황에게 속하고, 감독들의 권위는 교황에게서 나온다는 것을 인정하려 들지 않았고, 감독들의 권위는 그리스도에게서 직접적으로 나온다고 주장하였다. 이렇게 견해들이 서로 충돌하고 있었기 때문에 당시에 교회에 대한 정의를 공식화하고자 하는 시도는 현명하지 못한 처사로 보였다.

하지만, 트렌트 공의회의 요리문답서는 교회를 "그리스도를 한 분 눈에 보이지 않는 머리로 하고, 로마 대관구를 맡은 베드로의 후계자를 한 분 눈에 보이는 머리로 하여 이 땅에서 지금까지 살아온 모든 믿는 자들의 몸"으로 정의한다. 벨라르미노(Bellarmino) 추기경(1542-1621)은 당시의 그 어떤 사람보다도 로마 가톨릭의 교회관을 분명하게 제시하였다. 그에 의하면, 교회는 "동일한 기독교적 신앙의 고백과 동일한 성례들의 사용을 통해서 한데 묶여져 있고 합법적인 성직자들, 특히 지상에서 그리스도의 대리자인 로마 교황의 치리 아래에 있는 모든 자들의 무리"이다. 이 정의 가운데서 첫 번째 조목(동일한 기독교적 신앙의 고백)은 모든 불신자들을 배제시키고, 두 번째 조목(동일한 성례들의 사용)은 교리학습자들과 출교된 자들을 배제시키며, 세 번째 조목(로마 교황에 더한 복종)은 동방 교회의 그리스도인들 같은 모든 분열주의자들을 배제시킨다.

로마 가톨릭의 교회관과 관련하여 특히 주목해야 할 세부적인 것들은 다음과 같다.

1. 교회의 가시적 성격이 대단히 강조된다. 교회의 가시성(visibility)의 궁극적인 이유는 하나님의 말씀의 성육신에서 발견된다. 그 말씀은 사람들의 영혼 속으로 강림한 것이 아니라, 사람들 가운데 한 인간으로 나타났고, 이러한 나타남과 맥을 같이하여 지금도 눈에 보이는 인간적 매개(human medium)를 통해서 그의 사역을 수행한다. 심지어 교회는 성육신의 연장(continuation)으로 여겨지기까지 한다. 그리스도는 사도들을 임명하고 그 중 한 명(베드로)을 사도들의 머리로 둠으로써 교회의 조직을 준비하였다. 교황들은 베드로의 후계자들이고, 감독들은 일반 사도들의 후계자들이다. 전자는 직접적이고 절대적인 권위를 소유하는 반면에, 후자는 오직 교황으로부터 나온 제한적인 권위만을 지닌다.

2. 가르치는 교회(ecclesia docens)와 듣고 배우거나 믿는 교회(ecclesia

andiens, discern, 또는 credens)라는 매우 중요한 구별이 행해진다. 전자는 교황을 머리로 하는 성직자 전체로 이루어지고, 후자는 그들의 합법적인 성직자들의 권위를 존중하는 모든 믿는 자들로 이루어진다. 로마 가톨릭은 그들이 교회에 돌리는 속성들을 일차적으로 가르치는 교회에 적용한다. 가르치는 교회는 유일하고 보편적이며 사도적이고 무오하며 영속적인 교회이다. 이 교회는 모든 다른 것들이 존재할 권리를 부정하고, 그들에게 대항하는 것들에 대하여 불관용적인 태도를 취한다. 듣는 교회는 전적으로 가르치는 교회에 의존되어 있고, 오직 이차적인 방식으로만 교회의 영광스러운 속성들에 참여한다.

3. 교회는 인간과 마찬가지로 몸과 영혼으로 구성되어 있다. 교회의 영혼은 특정한 때에 "그리스도를 믿는 믿음으로 부르심을 받고서 초자연적인 은사들과 은혜들을 통하여 그리스도와 연합된 자들의 무리"로 이루어진다. 모든 택함받은 자들이 다 교회의 영혼 속에 들어있는 것은 아니고, 교회의 영혼 속에 있는 모든 자들이 다 택함받은 것도 아니다. 왜냐하면, 항상 떨어져 나가는 자들이 일부 존재하기 때문이다. 지금 교회의 몸 안에 있지 않는 자들 중에서 일부, 즉 필수적인 은혜들을 소유하고 있는 교리학습자들(catechumens) 같은 자들은 교회의 영혼 속에 있을 수 있다. 그리스도의 몸은 그들이 의인이든 죄인이든 참된 믿음을 고백한 자들의 무리이다. 오직 세례를 받은 자들만이 교회에 속하지만, 교리학습자들 같이 세례를 받은 자들 중 일부는 아직 교회에 속하지 않는다.

4. 교회 안에서 그리스도는 그가 죄인들을 위하여 확보한 충만한 은혜들과 축복들을 나누어준다. 그리스도는 오로지 성직자들, 즉 교회의 합법적인 성직자들을 통해서 이것을 행한다. 따라서, 논리상으로 교회라는 기관은 교회라는 유기체에 선행하고, 눈에 보이는 교회(유형교회)는 눈에 보이지 않는 교회(무형교회)에 선행한다. 교회는 신자들의 모임(coetus fidelium)이기 이전에 신자들의 어머니(mater fidelium)이다. 가르치는 교회는 듣는 교회에 앞서고, 듣는 교회보다 훨씬 우월하다.

5. 오로지 교회만이 구원의 기관이자 구원의 방주이다. 교회는 그런 자격으로 다음과 같은 세 가지 기능을 갖는다: (a) 말씀의 사역을 통해서 참된 신앙을 전파하는 일; (b) 성례들을 통해서 성화를 이루는 일; (c) 교회법에 따라 신자들을 다스리는 일. 그러나 이 모든 것을 할 수 있는 것은 오직 가르치는 교회뿐이다. 그러므로 엄밀하게 말해서, 가르치는 교회가 보편 교회이다. 가르치는 교회는 (그리스도 아래에서) 구원의 유일한 매개자, 모든 사람들을 위한 은혜의 저장소이자 분배자, 인류 전체를 위한 유일하게 안전한 방주이다. 구원 사역의 순서는 하나님이 그의 말씀을 통해서 사람들을 교회로 이끄는 것이 아니라, 정반대로 교회가 사람들을 말씀과 그리스도에게로 이끄는 것이다.

3) 종교개혁 시대와 그 이후

종교개혁을 통해서 탄생한 교회관은 로마 가톨릭의 교회관과는 판이하게 달랐다. 루터는 점차 교황 개념으로부터 벗어났다. 라이프치히 논쟁은 교회와 그 권위에 대한 새로운 개념들을 위한 길을 열어 주었다.

(1) 루터의 교회론

루터는 무오한 교회, 특별한 제사장단, 주술적인 방식으로 작용하는 성례들에 관한 사상을 거부하고, 모든 신자들이 다 제사장이라는 성경적 개념으로 되돌아가서 제위치를 회복하였다. 그는 교회를 그리스도를 믿는 자들의 영적 교제(communion), 그 머리이신 그리스도에 의해서 세워지고 유지되는 친교로 보았다. 그는 교회가 하나라는 것(oneness)을 강조하였지만, 교회의 두 모습(aspect), 즉 눈에 보이는 모습과 눈에 보이지 않는 모습을 구별하였다. 제베르크에 의하면, 루터는 이러한 구별을 한 최초의 인물이었다. 하지만, 그는 이것들은 두 교회가 아니라 단지 동일한 교회의 두 모습일 뿐이라고 지적한다. 그가 교회의 불가시성(invisibility)을 강조한 것은, 교회가 본질적으로 눈에 보이는 머리를 지닌 외적인 모임이라는 것을 부정하고, 교회의 본질은 믿음과 그리스도와의 친교, 성령을 통한 구원의 축복들에의 참여 같은 눈에 보이지 않는 영역에서 찾아져야 한다고 단언하는 데에 기여하였다.

하지만, 이 동일한 교회는 교황의 수장권이나 추기경들과 주교들의 치리, 허접쓰레기 같은 온갖 외적인 것들을 통해서가 아니라 말씀과 성례의 순전한 시행을 통해서 가시적이 되고 알려지게 된다. 인간에게 진정으로 중요한 것은 그가 영적인 또는 눈에 보이지 않는 교회에 속해 있다는 것이지만, 이것은 눈에 보이는 교회의 지체가 되는 것과 밀접하게 연결되어 있다. 그리스도는 그의 성령을 통해서 교회를 불러모으지만, 그 일을 함에 있어서 말씀과 성례라는 정해진 수단들만을 사용한다. 그런 까닭에 교회라는 외적인 모임이 필요하게 되는데, 루터는 이 외적인 교회를 "한 도시에 있든 한 나라 전체에 있든 세계 전체에 있든 한 명의 사제 또는 감독에 속해 있는, 세례를 받고 믿음을 지닌 자들의 무리"라고 설명한다. 그는 외적으로 나타난 교회 속에는 언제나 교회의 영적 활동들에 동참하지 못하는 일부 위선적이고 악한 지체들이 있기 마련이라는 것을 인정한다. 아우그스부르크 신앙고백(Augsburg Confession)에서는 눈에 보이는 교회를 "복음이 올바르게 가르쳐지고 성례들이 올바르게 시행되는, 성도들의 회중(congregation)"이라고 정의한다.

(2) 재세례파의 교회론

재세례파(Anabaptists)는 교회를 형식주의화한 로마 가톨릭에 대한 가장 극단적인 반발을 대표한다. 로마 가톨릭이 교회 조직의 근거를 주로 구약에서 찾았던 반면에, 그들은 구약 교회와 신약 교회의 동일성을 부정하고, 오직 신자들만의 교회를 역설하였다. 아이들은 구약 교회에서는 한 자리를 차지했지만, 신약 교회에서는 합법적인 자리가 없다. 아이들은 믿음을 행사할 수도 없고 믿음을 고백할 수도 없기 때문이다. 재세례파에 속한 많은 사람들은 교회의 영성과 거룩성을 강조하면서, 심지어 눈에 보이는 교회와 은혜의 수단(또는, 방편)들을 비웃기까지 하였다. 교회지방주의 제도(Territorialism: 세속 군주가 교회문제를 조정하고, 교회의 평화에 방해되는 사람을 추방할 권한을 가짐. 한 영토에 한 종교만 허용되는 제도)를 갖춘 루터파와는 달리, 재세례파는 교회와 국가의 절대적인 분리를 요구하였고, 심지어 일부 사람들은 그리스도인은 관리가 되거나 맹세하거나 전쟁에 참여해서는 안 된다는 극단적인 주장까지 서슴지 않았다.

(3) 개혁파의 교회론

개혁파의 교회관은 몇 가지 비교적 중요한 점에 있어서 루터파의 것과 다르긴 하지만 기본적으로는 루터파의 교회관과 동일하다. 둘은 모두 교회의 진정한 본질은 영적인 실체인 성도들의 교제(communio sanctorum), 즉 눈에 보이지 않는 교회에서 찾아야 한다는 데에 동의한다. 그러나 루터파는 교회의 단일성과 거룩성을 직분들, 말씀, 성례들 같은 객관적인 규례들 속에서 찾는 반면에, 개혁파는 그러한 것들을 신자들의 교제(communion)에서 찾는 경향이 훨씬 강하다. 루터파에 의하면, 구원의 축복들은 오직 교회 안에서 및 교회를 통해서 얻어질 수 있다. 왜냐하면, 하나님은 그의 은혜를 나누어 줌에 있어서 복음의 선포와 성례의 시행이라는 그가 정한 수단(또는, 방편)들만을 사용하기로 절대적으로 스스로를 묶어 놓았기 때문이다. 하지만, 개혁파에 속한 일부 사람들은 구원의 가능성은 눈에 보이는 교회의 울타리 밖에도 있고, 하나님의 성령은 통상적인 은혜의 수단들에 절대적으로 묶여 있는 것이 아니라 "자신의 뜻에 따라 언제든지 어디서든지 어떤 식으로든지" 역사하여 사람들을 구원할 수 있다는 견해를 제시하기도 하였다. 또한, 개혁파는 교회의 불가시성(不可視性)을 여러 가지 의미로 얘기하였다: (a) 아무도 모든 장소와 모든 시간의 교회를 결코 볼 수 없다는 의미에서 보편 교회(ecclesia universalis); (b) 파루시아(재림) 때까지는 완성되지 않고 눈으로 볼 수도 없다는 의미에서 택함받은 자들의 모임(coetus electorum); (c) 우리가 참된 신자들과 거짓 신자들을 절대적으로 구별할 수 없다는 의미에서 부르심을 받고 택함받은 자들의 모임(coetus electorum vocatorum). 끝으로, 개혁파는 교회의 참된 표지를 말씀과 성례의 참된 시행에서만이 아니라 교회의 치리의 신실한 시행에서도 찾았다. 이 모든 것 외에도 교회의 정치 체제와 관련해서도 중요한 차이들이 있었다.

(4) 종교개혁 이후의 여러 교회론들

A. 소키누스파와 아르미니우스파. 앞에서 말한 수정된 교회 개념은 실제에 있어서 중요한 결과들을 낳았다. 획일적인 교회관은 사라지고 다양한 교회관이 등장했으며, 그 결과 여러 다양한 신앙고백문(또는, 신조)들이 나왔다. 종교개혁자들은 눈에 보이는 교회와 눈에 보이지 않는 교회 간의 적절한 연관성을 유지하고자 했지만, 역사를 보면 그렇게 하기가 극히 어렵다는 것이 입증되었다. 루터파와 개혁파 이외의 교회들은 흔히 눈에 보이는 교회와 눈에 보이지 않는 교회 중에서 하나를 희생시키기 일쑤였다. 소키누스파(Socinians)는 실제로 눈에 보이지 않는 교회를 말하였지만 실제의 삶 속에서는 그것과 관련된 모든 것을 망각하였다. 왜냐하면, 그들은 기독교를 단지 훌륭한 가르침쯤으로 여겼기 때문이었다. 아르미니우스파는 교회가 본질적으로 성도들의 눈에 보이지 않는 친교(공동체)라는 것을 명시적으로 부정하고, 교회를 눈에 보이는 모임으로 봄으로써 소키누스파의 뒤를 따랐다. 또한, 그들은 교회의 치리권을 국가에 바치고, 오직 복음을 전하고 그 지체들을 권면할 권리만을 유지함으로써 교회로부터 그 독립성을 박탈하여 버렸다.

B. 라바디파와 감리교. 정반대의 경향, 즉 눈에 보이는 교회를 무시하는 경향도 나타났다. 장 드 라바디(Jean de Labadie)는 1666년에 오직 참된 신자들만이 소속될 수 있는 "복음적 회중교회"(evangelical congregation)를 미델부르크에 창립하였다. 그들의 전반적인 경건주의(Pietism)는 실천적 신앙을 강력하게 역설하는 것이었다. 그들은 세상적인 것(worldliness)과 싸웠을 뿐만 아니라, 세상 자체를 죄의 유기체(organism of sin)로 보고서, 모든 "깨어 있는" 그리스도인은 자신의 영혼을 위험에 빠뜨리지 않게 하기 위해서는 세상을 피해야 한다고 주장하였다. 아울러, 그들은 사람들을

여러 기능과 성례를 갖춘 제도적 교회에 무관심하지 만들었고, 그들을 한데 모아서 비밀집회를 열었다. 그러한 진영들 속에서, 진정한 교회는 점점 더 성령의 특별한 조명을 받는 데에 동참하고, 내면의 빛으로 말미암아 자신의 신앙고백과 생활이 외적으로 일치하는 자들의 교제로 여겨졌다. 이러한 교회관은 감리교의 일부 진영들 속에서 찾아볼 수 있는데, 이 교회관의 일관된 적용은 구세군(Salvation Army)에서 발견된다. 회심자들은 하나의 교회를 형성하는 것이 아니라, 독특한 제복과 특별한 생활방식을 통해서 세상과 구별되는 예수 그리스도의 상비군을 형성한다.

C. 로마 가톨릭 로마 가톨릭 교회는 종교개혁 시대 이후에 절대적인 위계질서의 방향으로 한층 더 깊숙이 움직여갔고, 교황의 권위를 한층 더 단호하게 천명하였다. 부세(Bousset)를 원조로 한 갈리아파(the Gallican Party)는 두 세기 동안 예수회(제수이트)와 교황주 상주의자들에 맞서서, 교황은 잘못 결정을 내릴 수 있고 언제나 공의회에 종속되어 있다고 주장하였다. 이것은 로마 가톨릭의 상당수의 교과서들에 실려 있는 공통적인 가르침이기도 하였다. 1,500명의 영국 가톨릭교도들은 1791년에 교황의 무오성이 로마 가톨릭 교회의 교리라는 것을 부정하는 성명서에 서명을 하였다. 하지만, 갈리아파의 반대는 점차 극복되었고, 1870년에 바티칸 공의회는 이렇게 선언하였다: "로마 교황은 모든 그리스도인들의 목자와 교사의 직분을 수행하며(ex cathedra) 말하면서 그의 최고의 사도적 권위로 말미암아 보편 교회에 의해서 유지되어야 할 교리로서 신앙이나 도덕에 관한(de fide vel moribus) 교리를 정의할 때에는, 성 베드로를 통해서 그에게 약속된 신적 도우심으로 말미암아 신적 구속주께서 신앙과 도덕에 관한 교리를 정의할 때에 그의 교회가 갖기를 원하시는 그러한 무오성을 온전히 향유하신다. 따라서, 로마 교황의 그러한 정의들은 그 자체로 변경될 수 없고 교회의 승인을 통해서 변경되어서도 안 된다."

독일인들은 이러한 결정에 기꺼이 승복하고자 하지 않았기 때문에, 역사가인 될링거(Doellinger) 박사를 지도자로, 라이켄스(Reinkens) 박사를 그 첫 번째 감독으로 삼아서 "구(舊) 가톨릭 교회"를 창설하였다. 로마 가톨릭 교회는 개신교와는 대조적으로 계속해서 그들의 일체성을 자랑한다 — 비록, 그런 모습은 실재적인 것이 아니라 겉모습인 측면이 더 많지만. 교회는 교황의 무오성이라는 문제로 나뉘었을 뿐만 아니라 점점 더 많은 수의 수도단(修道團)들이 생겨나서 흔히 서로 경쟁하고 격한 논쟁을 벌였다. 이것은 로마 가톨릭이 개신교의 수많은 교단들보다도 더 갈가리 찢겨져 있다는 것을 보여주는 것이다. 게다가, 개혁운동파(the Reform), 로스 폰롬파(the Los-von-Rom, "로마에서 멀리"), 모더니즘적인 운동들(the Modernistic movements)은 로마 가톨릭 교회가 자랑하는 일체성이라는 것이 정신과 목적의 일체성이 아니라 단순히 유형적인 획일성이라는 것을 분명하게 보여준다.

심화학습을 위한 질문들
키프리아누스는 교회론의 발전에 있어서 어떤 특별한 의미를 지니는가? 아우구스티누스의 교회관은 하나의 일관된 체계로 만드는 것이 가능한가? 그의 교회관에서 나타나는 이중성은 어떻게 설명될 수 있는가? 성직자에 대한 제사장적 개념은 어떻게 생겨났는가? 아우구스티누스와 로마 가톨릭의 하나님 나라 이해는 어떻게 다른가? 로마 가톨릭과 종교개혁자들의 교회관의 본질적 차이는 무엇인가? 로마 가톨릭, 루터파, 개혁파는 각각 교회와 국가의 관계를 어떻게 이해하는가? 오늘날의 모더니스트들은 교회를 어떻게 이해하는가?

2. 성례론

1) 성례 일반

(1) 종교개혁 이전에 있어서 성례론의 발전

"성례"라는 용어는 라틴어 '사크라멘툼'(sacramentum)에서 유래하였는데, 불가타 역본에서 이 단어는 헬라어 '뮈스테리온'을 번역한 말이었다. 신약에서 '뮈스테리온'은 구약에서 계시되지 않은 것을 가리키는 말로 사용되었지만, 나중에는 또 다른 의미를 얻게 되었다. 이 단어는 기독교와 그 밖의 다른 종교들에서 신비로운 행위나 일들을 포함해서 신비하고 이해할 수 없는 모든 것들을 지칭하는 말이 되었다. 이 단어가 지닌 이러한 의미는 라틴어 '사크라멘툼'에도 그대로 옮겨갔다. 원래 '사크라멘툼'은 군인에게 요구된 맹세나 소송에서 담보로 맡겨 놓았다가 지는 경우에는 국가나 신들에게 몰수되는 금전을 가리켰다.

A. 초기 교회에서의 성례. 이것은 "성례"라는 말이 기독교 초기의 여러 세기들에서 꽤 광범위한 의미를 지니고 있었다는 사실을 설명해 준다. 이 단어는 신성하다는 개념이 부여될 수 있는 것이라면 어느 것에 대해서도 사용될 수 있었다. 테르툴리아누스는 창조주의 사역들, 성육신한 성자의 사역, 특히 그의 죽음에 이 단어를 사용한다. 십자가의 표시, 교리학습자들에게 주어진 소금, 사제들의 서품, 혼인, 축귀, 안식일을 지키는 것 — 이 모든 것들이 다 성례로 불렸다. 아울러, 이 단어는 주로 세례와 성찬에 사용되었다. 이 단어의 이러한 느슨한 용법은 아우구스티누스, 힐라리우스, 레오 1세, 대 그레고리우스 등의 저작들에서도 발견된다.

B. 스콜라 시대의 성례론. 전체적으로 보아서, 스콜라 신학자들은 눈에 보이지 않는 은혜의 가시적인 표징들(signs)이자 매개들(mediums)이라는 아우구스티누스의 성례 개념을 따랐다. 성례의 수(數)에 대해서는 일치된 견해가 없어서 다섯 가지로부터 삼십 가지(생 빅토르의 위그)까지 천차만별이었다. 페트루스 롬바르두스는 로마 가톨릭 교회의 저 유명한 칠성례(七聖禮)를 명명한 최초의 인물이었다. 그의 저서인 『신학명제집』(*Sententiae*)이 일반적인 신학 지침서가 되었기 때문에, 그의 사적인 견해는 이내 공동체의 견해(communis opinio)가 되었고, 피렌체 공의회는 1439년에 이 칠성례를 공식적으로 채택하였다: 세례, 견진례

(confirmation), 성찬, 고해성사, 신품, 혼인, 종부성사.

이렇게 성례의 수를 제한하자 자연스럽게 이 단어의 개념도 제한되었다. 성례론은 여전히 연구가 절실한 분야이다: 감각적(sensible) 요소와 영적 요소의 관계는 분명하게 정의되지 않았고, 성례들이 작용하는 방식에 대한 분명한 설명도 존재하지 않는다. 아우구스티누스는 종종 성례의 효력은 참여자(recipients)의 믿음에 달려 있다고 말함으로써 외적인 성례는 단지 하나님이 영혼 속에서 역사하는 것의 상징(image)이 되었다. 이러한 사상은 스콜라 시대에 널리 퍼져 있었던 견해들 중의 하나, 사실은 한동안 지배적인 영향력을 행사하였던 견해, 즉 하나님은 성례들을 시행할 때에 참여자들의 영혼 속에 그의 은혜를 직접 주겠다고 언약하였지만, 성례들은 은혜를 담고 있는 것이 아니라 단지 상징하고 있을 뿐이라는 견해 속에 분명하게 반영되어 있었다. 이러한 견해는 보나벤투라(Bonaventura)와 두란두스(Durandus)에게서 발견되고, 중세 시대에는 둔스 스코투스를 통해서 지배적인 견해가 되었다.

하지만, 이 견해와 더불어서 또 하나의 견해, 즉 은혜가 가시적인 성례 속에 진정으로 머문다는 견해도 존재하였다. 이것은 은혜가 가시적인 요소들 속에 영속적인 능력으로 상주한다는 것이 아니라 "성례 제정의 말씀들이 외적인 표징(sign) 속에서 영적 효능(virtus)을 일으키는데, 그 말씀들은 이 효능이 그 목적을 이룰 때까지 표징 속에 머문다"는 것을 의미한다. 생 빅토르의 위그와 토마스 아퀴나스는 이러한 견해를 주창하였고, 교회는 최종적으로 이 견해를 채택하였다.

성례들의 효력이 참여자나 집례자의 자격 여부에 따라 어떤 식으로든 좌우되는가라는 질문에 대해서 스콜라 신학은 성례들은 사효적(事效的)으로(ex opere operato), 즉 객관적으로 시행되었다는 그 사실로 인해서 효력을 지닌다는 견해 쪽으로 강하게 이끌렸다. 물론, 이것은 성례에 의한 은혜를 받는 것이 참여하는 자의 영적 헌신도나 집례하는 사제의 인물됨에 좌우되지 않는다는 것을 의미한다 — 물론, 성례에 참여하기 위하여 미리 영적으로 준비하면 반드시 보상을 받게 되기는 하겠지만. 성례들이 사효적으로 작용한다는 사실은 신약의 성례들이 구약의 것들보다 우월하다는 것을 보여주는 표시로 여겨졌다. 트렌트 공의회는 성례에 관하여 몇 가지 결정을 통과시켰는데, 그 중에서 가장 중요한 것들은 다음과 같다: (1) 성례는 구원에 필수적이다. 즉, 구원을 받고자 하는 자들은 성례들에 참여하거나 적어도 참여하고자 소원하여야 한다. 하지만, 모든 성례가 모든 사람에게 필수적이라고 할 수는 없다; (2) 성례는 그것이 상징하는 은혜를 담고 있고, 그 은혜를 사효적으로, 또는 시행된 행위를 통해서, 대죄(大罪)나 그 밖의 다른 장애로 그 성례의 효력을 가로막지 않는 자에게 수여한다; (3) 성례를 극히 성실하게 시행하고 교회가 의도하는 것을 행하고자 하는 집례자의 의도는 그 성례의 유효성에 필수적이다. 집례하는 사제는 교회가 의도하는 것을 행하고자 의도하여야 하지만, 다른 부분들에 있어서는 대죄가 있더라도 상관없다; (4) 세례, 견진, 신품의 성례들은 참여자의 영혼에 지울 수 없이 각인이 되기 때문에, 참여자는 반복해서 받을 수 없다; (5) 오직 사제들만이 성례를 시행하는 합법적인 집례자가 될 수 있다. 하지만, 견진례와 신품은 오직 주교에 의해서 시행될 수 있고, 세례는 피치 못할 사정이 있는 경우에는 평신도에 의해서도 시행될 수 있다.

세례와 성찬 외에도 다음과 같은 성례들이 인정된다: 견진례, 고해성사, 종부성사, 신품, 혼인. 이러한 성례들을 간략하기 설명한다면 다음과 같다: (1) 견진례는 이미 세례를 받은 자들이 그들의 신앙을 변함없이 고백하고 그 신앙에 따라 신실하게 살아갈 수 있도록 주교의 안수와 기름 부음, 기도를 통해서 성령의 일곱 가지 은혜를 받는 성례이다; (2) 고해성사는 세례 이후에 대죄를 범한 자들로 하여금 자신의 죄를 진심으로 뉘우치고 정직하게 고백하며 그들에게 부과되는 보속(補贖)을 기꺼이 수행하게 함으로써 죄 사함을 얻게 하는 성례이다; (3) 종부성사는 임종을 앞둔 자들이 사제의 거룩한 기름 부음과 기도를 통해서 하나님의 긍휼을 의탁하고 마귀의 마지막 공격과 유혹에 맞설 수 있는 특별한 은혜를 받는 성례이다; (4) 신품은 사제로서의 온전한 권세와 사제의 책무를 수행하는 데에 필요한 특별한 은혜를 전해 주는 성례이다; (5) 혼인은 한 남자와 한 여자가 거룩한 혼인을 통해서 결합되어 혼인 생활의 의무들을 죽을 때까지 수행하는 데에 필요한 은혜를 받는 성례이다.

여기서 다음과 같은 점들을 눈여겨 볼 필요가 있다: (1) 로마 가톨릭은 은혜는 주입된 은혜, 즉 사람을 초자연적인 질서로 끌어올려서 신적 본성에 참여하는 자로 만드는 거룩하게 하는 은혜로서 오로지 성례들 속에서만 전해지는 것으로 이해한다. 은혜는 밖으로부터 인간에게 임하는 초자연적인 은사로 여겨진다. 성경에서 일반적으로 세례와 연결시키고 있는 죄 사함은 로마 가톨릭의 체계 속에서는 상대적으로 중요치 않은 위치를 차지한다; (2) 성례와 말씀의 연관성은 사실상 무시된다. 말씀은 약간의 의미를 지니긴 하지만, 사랑, 즉 주입된 은혜(gratia infusa)에 의해서 조명되지 않는다면 구원을 이룰 수 없는 순전히 역사적인 믿음을 낳는다는 점에서 오직 예비적인 의미만을 지닐 뿐이다. 이 사랑은 오직 성례에 의해서 전해지기 때문에, 성례는 말씀과 더불어서 독자적인 의미를 획득하고, 실제로는 가치에 있어서 말씀을 능가한다. (3) 믿음은 성례에 참여하기 위한 절대적인 요구조건이 아니다. 거룩하게 하는 은혜는 성례 속에서 실질적인 요소로 현존하고 있다가 성례에 의해서 사효적으로(ex opere operato) 전해지기 때문에, 성례에 참여하는 자는 성례의 효능이 발생하는 길목에 뛰어넘을 수 없는 장애를 두지만 않으면 된다.

(2) 종교개혁자들과 그 이후의 성례론

A. 공통점들. 방금 살펴본 모든 사항들과 관련해서 종교개혁자들은 성례론을 성경에 따라 수정하였다. 루터, 칼빈, 츠빙글리는 로마 가톨릭을 반대함에 있어서 서로 일치하였다. 그들은 성례를 통해서 주어지는 은혜는 무엇보다도 먼저 하나님의 죄 사하시는(forgiving) 은혜이고, 그 은혜는 초자연적 은사(donum superadditum)를 빼앗긴 인간의 저급한 본성이 아니라 죄에 의한 죄책(guilt)에 미친다는 입장을 공유하였다. 또한, 그들은

성례는 말씀에 부가된 표징(signs)이자 인침(seals)이기 때문에 말씀이 나누어 줄 수 없는 은혜를 전해 줄 수 없고, 말씀을 떠나서는 아무런 가치가 없다는 믿음을 공유하였다. 끝으로, 그들은 성례 자체가 아니라 성례의 효력과 열매는 참여자의 믿음에 좌우되기 때문에 언제나 참여자가 구원의 (saving) 은혜를 먼저 지니고 있을 것을 전제한다는 데에 견해를 같이 하였다.

B. 루터의 성례론. 종교개혁자들은 이러한 세부적인 내용들에 대해서는 한 목소리를 냈지만, 중요한 부분들에서는 서로 견해가 다르다는 것이 곧 분명해졌다. 성례는 그들 사이에서 논쟁의 중심이 되었다. 로마 가톨릭의 교리에 대항하여, 루터는 처음에는 성례의 효력이 참여자의 믿음에 좌우된다는 사실을 강조하였고, 나중에는 성례는 말씀의 표징이자 인침이기 때문에 반드시 말씀과 긴밀하게 연결되어 있어야 한다는 점을 더 크게 부각시켰다. 성례는 특히 교회 전체가 아니라 개별 신자들을 향해 있다는 점에서 말씀과는 다르다. 재세례파와의 싸움의 결과로서 1524년 이후에는 그는 성례의 절대적인 필요성과 그 객관적 성격을 강조하였고, 성례의 효력은 참여자의 주관적인 상태가 아니라 오히려 하나님의 제정의 말씀에 달려 있다고 역설하였다(cf. Heppe, *Dogm*. Ill, p. 380). 또한, 재세례파와의 논쟁의 영향으로 인해서 그는 표징(sign)과 그것에 의해서 상징되는 것이 시간적, 물리적, 지역적으로 서로 연결되어 있다는 것을 강조하였다. 그의 견해에 의하면, 신적인 능력은 가시적인 말씀으로서의 성례 속에 현존하고, 성례는 그런 자격으로서 신적 은혜를 가져다 주는 수단이 된다.

C. 츠빙글리의 성례론. 성례는 오직 신자들에게만 시행된다는 점을 들어서, 츠빙글리는 성례를 무엇보다도 먼저 믿음의 표징들이자 증거들로 이해하고, 오직 부차적으로만 믿음에 의해서 자기 것으로 만든 축복들을 상기시켜 주고 우리의 믿음이 우리 자신이 아니라 예수 그리스도 안에 있는 하나님의 은혜를 향하게 함으로써 믿음을 견고하게 해주는 수단으로 이해한다. 그는 성례에 좀 더 깊은 의미를 부여하는 듯한 표현들을 사용하기

도 하지만, 그에게 있어서 성례는 신앙고백의 기념 예식이자 표지(標識)들이었다.

D. 칼빈의 성례론. 칼빈도 성례를 신앙고백의 행위로 여기지만, 오직 부차적으로만 그렇게 여긴다. 그에게 있어서 성례는 무엇보다도 먼저 하나님의 은혜의 부요함을 환기시켜 주는 하나님의 약속들에 대한 표징들이자 인침들이다. 그는 성례의 본질적인 요소를 약속의 말씀, 은혜의 언약, 그리스도와 그의 모든 축복들 속에서 찾는다. 그러나 그는 이러한 영적 축복들이 가시적인 요소(성물)들에 담겨 있다거나 내재해 있는 것으로 보지 않고, 그 축복들이 신적 은혜를 다소 독립적으로 나누어 주는 것으로 이해하였다. 그에게 있어서 하나님은 은혜의 유일한 원천이기 때문에, 성례는 단지 그 은혜를 전하기 위하여 사용되는 도구들일 뿐이다. 하나님은 신자들의 믿음에 자양분을 공급해주고 그 믿음을 견고히 세워주는 것을 통해서 오직 신자들에게만 이 은혜를 전해 준다. 불신자들은 외적인 표징에 참여할 수는 있지만, 그것이 상징하는 것에 참여하지는 못한다.

E. 츠빙글리파의 득세. 루터파와 개혁파 교회들 밖에서는 츠빙글리파의 성례론이 큰 인기를 누렸다. 재세례파는 성례가 인침(seals)이라는 것을 부정하고, 오직 표징(sign)과 상징(symbol)으로만 보았다. 성례는 신자들에게 전달되는 축복들을 가시적으로 보여주지만, 단지 신앙고백의 행위로만 그렇게 할 뿐이고, 은혜를 전해 주지는 않는다.

소키누스파는 성찬을 그리스도의 죽음에 대한 기념으로 보았고, 세례를 단지 유대교나 이교의 회심자들을 위한 원시적인 신앙고백 의식(儀式)으로서 그 어떤 영속적인 유효성도 없는 것으로 보았다. 아르미니우스파는 성례는 은혜의 축복들을 나타내 보여주고 인치는 것이라고 말하지만, 성례가 하나님의 약속을 인치는 것들이고 은혜를 전달해 준다고는 말하지 않는다. 성례는 하나님이 그의 은혜를 나타내 보여주고, 인간은 거룩한 삶을 영위하겠다고 서약하는 하나님과 인간 간의 언약의 표징들이다.

합리주의자들은 성례를 단지 미덕의 증진을 목표로 하는 신앙고백의 기념 예식(memorials)이자 표지(badges)로 축소시킨다. 슐라이어마허는 성례의 객관적 성격을 주장하면서 온갖 서로 다른 견해들을 좀 더 높은 차원에서 종합해 보고자 했지만 성공하지 못하였다. 19세기에 신루터파와 영국의 퓨지파(the Puseyites: 19세기 영국 옥스퍼드 운동 지도자. 옥스퍼드 대학교수로 가톨릭과 재연합을 원했다)에 속한 교도들이 로마 가톨릭의 성례 교리를 아주 강력하게 상기시켜 주는 성례론을 주창하였다.

2) 세례

(1) 종교개혁 이전에 있어서의 세례론의 발전

A. 초기 교회의 세례론. 세례는 교회에 들어오는 입교(入敎) 예식으로서 성례들 가운데서 가장 선행하는 것이었다. 우리는 사도 교부들 속에서도 세례가 죄 사함을 가져오고 중생의 새로운 삶을 전해 주는 수단이라는 사상을 발견한다. 그러므로 어떤 의미에서는 몇몇 초기 교부들이 세례에 의한 중생을 가르쳤다고도 말할 수 있다. 그렇지만, 그런 말을 하려면 다음과 같은 두 가지 단서가 붙어야 한다: (1) 그들은 세례는 성인들의 경우에 오직 그들의 내적 성향과 목적이 올바를 때에만 효력이 있다고 주장하였다 — 물론, 테르툴리아누스는 세례를 받기만 하면 무조건 죄가 사해진다고 생각했던 것으로 보이긴 하지만. (2) 그들은 세례를 영적 삶이나 중생의 삶을 시작하는 데에 절대적으로 필수적이라고 보지 않았으나, 세례를 새롭게 되는 과정을 완성시키는 요소로 보았다.

유아 세례는 오리게네스와 테르툴리아누스 시대에 널리 행해지고 있었음이 분명하다 — 정작 테르툴리아누스는 어린 아이들에게 세례에 의한 언약이라는 무거운 책임을 지우는 것이 부적절하다는 것을 이유로 해서 유아 세례에 반대하였지만. 당시의 일반적인 견해는 어떤 경우에도 세례를 두 번 받아서는 안 된다는 것이었다. 하지만, 이단들이 베푼 세례가 유효한가에 대해서는 일치된 견해가 없었다. 로마의 감독은 그런 세례도 유효한 것으로 볼 수 있다고 단언하였지만, 키프리아누스는 그 유효성을 부정하였다. 그러나 결국 전자가 득세를 해서, 삼위일체의 이름으로 세례를 받은 자에게 다시 세례를 주어서는 안 된다는 것이 확고한 원칙이 되었다. 세례의 방식은 논란거리가 되지 않았다. 침례가 행해지기는 했지만, 그것이 유일한 방식은 아니었고, 반드시 세례의 본질에 속하는 것으로 여겨진 것도 아니었다.

   B. 아우구스티누스의 세례론. 주후 2세기 이래로 세례에 대한 이해는 점차 변해서, 세례는 어느 정도 주술적으로 효력을 발휘한다는 사상이 점점 더 힘을 얻어 갔다. 아우구스티누스조차도 그러한 견해를 어느 정도 지지하였다 — 물론, 성인(成人)들의 경우에는 믿음과 회개가 세례의 필수적인 조건들이라고 여기긴 했지만. 하지만, 유아 세례의 경우에 그는 성례가 사효적으로(ex opere operato), 즉 행해졌다는 사실만으로 효력을 발휘한다고 보았던 것 같다. 그는 세례를 받지 않은 채로 죽은 아이들은 멸망을 받게 되고, 세례를 받은 아이들의 경우에는 대부(代父)에 의해서 대표되는 교회의 신앙이 그 아이의 신앙으로 여겨진다고 주장하였다. 또한, 그는 세례는 모든 경우에 아이에게 지울 수 없는 각인(character indelibilis)을 남기기 때문에 그 덕분에 정당하게 그리스도와 그의 교회에 속하게 된다고 주장하였다. 그는 세례의 효과를 당시의 관행적인 설명보다 좀 더 구체적으로 정의해서, 세례는 원죄로 인한 죄책(guilt)을 온전히 제거해 주지만 원죄로 인한 본성의 부패를 온전히 제거해 주지는 못한다고 분명하게 말하였다. 순교는 세례에 의한 씻음(washing)과 동일한 가치가 있는 것으로 여겨지긴 했지만, 일반적으로 세례는 절대적으로 필수적인 것으로 여겨졌다. 이러한 사실들에 비추어 볼 때, 당시에 유아 세례가 일반적으로 행해졌다고 추론하는 것은 옳다.

   C. 스콜라 신학자들의 세례론. 스콜라 신학자들은 처음에는 성인(成人)들의 경우에 세례는 믿음을 전제한다는 아우구스티누스의 견해에 동조하였지만, 점차 세례가 사효적으로(ex opere operato) 효력을 지닌다고 생각하

고서 세례 받는 자의 상태의 중요성을 최소화하기 시작하였다. 이렇게 해서, 세례는 중생과 입교(入敎)의 성례라는 로마 가톨릭의 세례 개념을 위한 길이 마련되었다. 세례는 그것이 상징하는 은혜를 담고 있고, 그 은혜의 길을 가로막는 장애를 지니지 않은 모든 자들에게 사효적으로 그 은혜를 수여한다. 이렇게 수여된 은혜는 다음과 같은 것들을 포함하고 있기 때문에 지극히 중요하다: (1) 세례 받는 자를 교회의 치리권 아래로 데려다 주는 지울 수 없는 각인(character indelibilis); (2) 원죄로 인한 죄책과 세례를 받을 때까지 범한 죄들로 인한 죄책으로부터의 구원; 죄로 인한 부패로부터의 구원(육욕 또는 정욕은 죄를 선동하는 인자로서 계속해서 남지만); 영원한 형벌과 (죄의 자연적인 결과들인 경우를 제외한) 온갖 현세적인 형벌들로부터의 구원; (3) 거룩하게 하는 은혜와 초자연적인 믿음, 소망, 사랑의 덕들의 주입을 통하여 영적으로 새롭게 함; (4) 성도들의 교제와, 신자들로 이루어진 눈에 보이는 교회 속으로 들어가 연합함.

세례가 지닌 이러한 중요성 때문에, 세례는 가능한 한 신속히 시행되고, 피치 못할 사정이 있는 경우에는 평신도나 심지어 불신자에 의해서라도 시행되는 것이 대단히 필수적인 것으로 여겨졌다.

(2) 종교개혁자들과 그 이후의 세례론

A. 루터파의 세례론. 로마 가톨릭의 성례론에 대한 종교개혁자들의 반대는 세례가 아니라 성찬이 그 중심에 있었다. 사실, 독일 종교개혁자들은 로마 가톨릭 교회의 세례와 관련된 많은 부분들을 채택하였고, 심지어 십자가 성호(聖號), 축귀 의식, 대부 제도 등과 같은 여러 예식들도 그대로 유지하였다. 루터는 하나님의 말씀은 그 본래적인 신적 능력으로 세례의 물을 은혜로운 생명수와 중생의 씻음으로 만든다고 가르쳤다. 그것은 평범한 물이 아니라, "하나님의 명령에 붙잡힌 물이고 하나님의 말씀과 연결되어 있는 물"(*Smaller Catechism* IV. i.)이다. 루터는 처음에는 세례가 주는 구원의 효과를 믿음과 결부시켰지만, 아이들이 믿음을 행사하기 힘들다는 사실을 고려해서 나중에는 하나님은 그의 선행적 은혜를 통해서

의식이 없는 아이 속에 믿음을 만들어낸다고 주장하였고, 최종적으로는 "우리는 유아가 지닌 믿음에 의거해서가 아니라 오로지 하나님의 명령에 의거해서 세례를 주는 것"이라고 말하면서 이와 관련된 문제들을 박사들에게 위임하였다.

하지만, 루터파 신학자들 중 다수는 유아가 지닌 믿음은 세례의 전제 조건으로서든지, 또는 세례의 시행이 즉각적으로 낳는 효과로서든지, 그 가르침을 그대로 유지하였다. 물론, 후자의 경우가 함축하고 있는 의미는 성례가 사효적으로(ex opere operate) 작용한다는 것이다. 세례는 중생을 가져다 주고, 죄책과 죄의 권능을 제거하지만, 죄로 인한 부패를 완전히 제거해 주지는 않는다. 죄의 뿌리 또는 썩은 밑둥(radix aut fomes peccati)은 여전히 남는다.

B. 재세례파의 세례론.   루터와 츠빙글리에 반대하여, 한 새로운 분파가 종교개혁 시대에 독일, 스위스, 네덜란드에서 일어나서, 유아 세례의 유효성을 부정하였다. 이러한 견해의 추종자들은 그 반대자들에 의해서 재세례파(Anabaptists)로 불렸는데, 이는 그들이 유아 때에 세례를 받은 자들은 그들의 진영에 들어오고자 한다면 다시 세례를 받아야 한다고 주장하였기 때문이었다. 하지만, 그들은 유아 세례를 진정한 세례로 여기지 않았기 때문에 그것을 재세례라고 생각하지 않았다. 그들의 견해에 의하면, 예수 그리스도에 대한 자발적인 신앙고백이 선행되지 않은 것은 진정한 세례가 아니었다. 아이들은 실제로 교회에서 아무런 지위도 갖지 못한다. 재세례파의 영적 계승자들은 스스로를 반(反)유아세례파(Anti-Paedo-Baptists)라 자처하기를 좋아하였다.

C. 개혁파의 세례론.   개혁파는 세례는 이미 믿는 자들을 위해 제정된 것이기 때문에 믿음을 낳는 것이 아니라 견고하게 한다는 전제 위에서 출발하였다. 그러나 이러한 전제 위에서 출발함으로써 그들은 두 가지 난관에 직면하였다. 그들은 로마 가톨릭 교회와 루터파에 맞서서, 특히 재세례파에 대항하여, 아이들이 세례 이전에 믿는 자들로 여겨질 수 있고, 그렇기

때문에 그들에게 세례가 주어져야 한다는 것을 증명하여야 했다. 아울러, 그들은 아이가 아직 능동적인 믿음을 행사할 수 있는 처지에 있지 않기 때문에 그 믿음을 견고하게 할 수도 없다는 것을 알면서도, 아이가 세례를 통해서 받은 영적 유익이 무엇인지를 확실하게 밝혀야 했다. 전체적으로 볼 때, 후자는 별 주목을 받지 못하였다. 일반적으로 세례는 부모에게 그들의 아이가 언약 속에 편입되어 있다는 확신을 주고, 아이에게는 자라면서 큰 위로의 원천이 되며, 비록 의식을 못하는 상태에 있을지라도 아이에게 언약의 모든 축복들을 누릴 수 있는 자격을 부여한다고 말해졌다.

세례를 받는 아이들을 어떻게 생각하여야 하는가라는 질문에 대한 대답들은 처음부터 다양하였다. 성경, 특히 언약에 관한 성경의 가르침에 의거해서 유아 세례의 정당성을 인정하는 데에는 대체로 견해가 일치하였다. 신자들의 자녀들은 언약의 자녀들이기 때문에 성례를 받을 자격이 있다. 하지만, 이 언약 관계가 지닌 함의(含意)들에 대해서는 견해가 서로 달랐다. 어떤 이들은 믿는 부모의 자녀들은, 반대의 사실이 가르침에서나 삶 속에서 나타날 때까지는 중생된 것이라는 전제를 이 언약 관계가 보증한다고 보았고, 어떤 이들은 믿는 부모의 자녀들이 흔히 영적인 삶의 그 어떤 증표도 보여줌이 없이 자라난다는 사실을 너무도 잘 알고 있었기 때문에 그러한 견해를 받아들이기를 주저하였다. 그들은 세례 이전의 중생은 얼마든지 가능하다는 것을 인정하였지만, 택함받은 아이들이 언제 중생되는지, 즉 세례 이전인지 세례를 받을 때인지, 세례를 받고 나서 오랜 후인지에 대해서는 대답을 하지 않은 채로 남겨두는 쪽을 택하였다. 왜냐하면, 그것은 경우마다 다 달라서 일반적인 원칙을 세울 수 없다고 생각되었기 때문이었다. 이러한 견해에 따라서, 은혜의 수단(또는, 방편)으로서의 세례의 영적 효과는 세례가 시행될 때로 제한되지 않았다. 어떤 이들은 심지어 세례를 단지 외적인 언약의 표징(sign)에 불과한 것으로 보기도 하였다. 소키누스파, 아르미니우스파, 재세례파의 영향 아래에서 일부 진영에서는 세례가 신적 은혜의 인침(seal)이라는 것을 부인하고, 세례를 인간

편에서의 단순한 신앙고백의 행위로 보는 것이 관례화되었다.

3) 성찬

(1) 종교개혁 이전의 성찬론의 발전

A. 초기 교회의 성찬론.　처음에 성찬은 보통의 식사(애찬)를 수반하였고, 사람들은 이를 위해서 필요한 음식을 가져왔다. 사람들이 애찬 때에 가져온 음식들은 봉헌물(oblation)과 희생제물(sacrifice)로 불리었고, 감독은 감사 기도(축사, 祝辭)를 통해서 이 봉헌물들을 축복하였다. 시간이 지나면서, 이러한 관습에서 나온 '프로스포라이'(봉헌물들), '뒤시아이'(희생제물들), '유카리스티아'(감사 기도) 같은 명칭들은 성찬 자체에 적용되었다. 이러한 현상은 그 자체로는 별로 해로운 것이 아니었지만, 성직 제도가 강화되고 감독이 사제가 되자 위험스러운 쪽으로 발전되었다. 감사 기도는 성찬에 사용된 성물들(elements)을 성별하는 의식(儀式)이 되었고, 성찬 자체는 사제(감독)에 의해서 드려지는 희생제사의 성격을 띠게 되었다. 이것은 성례에 의한 연합(union)을 설명하는 데에도 영향을 미쳤다. 오리게네스, 그리고 유세비우스, 바실리우스, 나지안주스의 그레고리우스 등에게서도 발견되는 성찬에 대한 상징적 또는 영적 이해는 그리스도의 몸과 피는 성찬의 떡 및 포도주와 모종의 방식으로 결합되어 있다는 교설(키릴루스, 니사의 그레고리우스, 크리소스토무스, 다마스쿠스의 요한)로 대체되었고, 이 교설은 다시 화체설(transubstantiation)로 옮겨갔다.

B. 아우구스티누스의 성찬론.　서방 교회에서는 성찬론의 발전이 좀 더뎠지만 동일한 결과로 이어졌다. 아우구스티누스는 성찬이 어떤 의미에서는 그리스도의 몸이라는 것을 인정하였고, 흔히 성경의 표현을 빌려서 떡과 포도주를 그리스도의 몸과 피라고 말하였다. 아울러, 그는 표징(sign)과 그것이 상징하는 것을 분명하게 구별하고서, 떡과 포도주의 본질은 변하지 않은 채로 남아 있다고 단언하였다. 그는 성찬의 기념적 측면을 강조

하였고, 악인들은 떡과 포도주를 받을지라도 그리스도의 몸에 참여하는 것은 아니라고 말하였다. 심지어, 그는 당시에 많은 사람들이 성찬을 미신적으로 숭앙하는 것에 대하여 이의를 제기하기까지 하였다. 사실, 아우구스티누스의 견해들로 인해서 성찬에 관한 실재론적(realistic) 이해는 오랫동안 그 발전이 저지되었다.

C. 스콜라 신학자들의 성찬론. 중세 시대에는 아우구스티누스가 가르친 성찬론은 로마 가톨릭 교회의 성찬론에 점차 자리를 내주었다. 주후 818년에 파스카시우스 라드베르투스(Paschasius Radbert)는 성례의 물질적 요소(성물)들은 신적인 능력에 의해서 마리아에게서 난 바로 그 몸으로 문자 그대로 변하고, 성별 후에 떡과 포도주라는 외적인 모습은 단지 감각들을 기만하는 베일(veil)에 불과하다는 교설을 공식적으로 주창하였다. 이 교설은 당시의 주요한 신학자들, 특히 라바누스 마우루스(Rabanus Maurus)와 라트람누스(Ratramnus)의 반대를 받았는데, 그들은 이 새로운 교설은 표징(sign)과 그것이 상징하는 것을 혼동하고 있고, 믿음을 조악한 물질주의(materialism)로 대체하고 있다고 지적하였다. 하지만, 이 새로운 교설은 게르베르투스(Gerbert, 1003년)의 지지를 받았고, 바로 그 직후에 격렬한 논쟁의 주제가 되었다.

주후 1050년경에 투르의 베렌가리우스(Berengar of Tours)는 그리스도의 몸은 본질이 아니라 능력으로 실제로 성찬에 임재하고, 성찬의 요소(성물)들은 변화하기는 하지만 본질이 변화하는 것은 아니며, 이 변화와 능력을 확보하기 위해서는 단지 성별만이 아니라 참여자 편에서의 믿음도 마찬가지로 필요하다고 주장하였다. 그의 견해는 란프랑쿠스(Lanfranc, 1089년)와 훔베르트(Humbert, 1059년)에 의해서 집요한 반대를 받았는데, 그들은 "그리스도의 몸 자체가 사제의 손에 쥐어져서 쪼개어지고 신자들의 이빨에 의해서 씹히는" 것이라는 아주 거친 표현을 사용하였다. 이 견해는 투르의 힐데베르트(Hildebert of Tours, 1133년)에 의해서 최종적으로 정의되어서 화체설(transubstantiation)로 지칭되었다. 화체설은

1215년에 제4차 라테란 공의회에서 공식적으로 채책되어 신앙의 한 조목(條目)이 되었다. 화체설은 변화가 지속되는 기간, 본질(substance)과 성물들 속에 남아 있는 물질적 속성들(accidents)의 관계, 두 성물 및 그 성물들의 모든 부분에 그리스도의 임재의 방식, 성별된 떡에 대한 경배 등과 같은 꽤 많은 문제들을 스콜라 신학자들에게 안겨 주었다.

D. 트렌트 공의회의 성찬론. 트렌트 공의회가 성찬 문제를 어떻게 다루었는지는 『교령과 교회법』(Decrees and Canons) 제13부에 기록되어 있다. 8개의 장(章)과 11개의 교회법에 담겨져 있는 내용의 골자는 다음과 같다: 예수 그리스도는 참으로, 실재로, 그리고 본질적으로(truly, really, and substantially) 이 거룩한 성례 속에 임재해 계신다. 그가 자연적인 존재 방식에 따라서 하나님의 우편에 앉아 계신다고 해서 그가 좀 더 높고 영적이고 초자연적인 존재 방식에 따라서 동시에 여러 곳에 임재해 계실 수 있는 가능성이 배제되는 것은 아니다. 우리는 그것이 어떻게 가능한지를 설명할 수는 없지만, 그가 동시에 여러 곳의 성례에 본질적으로 임재해 계실 수 있다는 것을 인식할 수 있다. 성별의 말씀을 통해서 떡과 포도주의 본질 전체가 그리스도의 몸과 피로 변한다. 그리스도가 전인적으로 두 성물(떡과 포도주) 아래와 두 성물의 각각의 조각 아래에 임재해 계시기 때문에 성별된 떡의 한 조각을 받는 자는 그리스도를 전인적으로 받는 것이다. 그리스도는 성찬이 시행되고 있을 때에만이 아니라 참여자가 성물들을 받기 이전에도 임재해 계신다. 왜냐하면, 주님은 제자들이 떡을 받기 이전에 이미 그 떡을 그의 몸이라고 불렀기 때문이다. 이렇게 그리스도가 성찬에 임재해 계시는 것을 생각할 때, 성별된 떡과 그리스도의 몸(Corpus Christi)의 잔치에 경배하는 마음으로 참여하는 것은 너무도 자연스러운 일이다. 성찬의 주된 효과들은 다음과 같다: "성화의 은혜, 특별한 실제적 은혜들, 소죄(小罪)의 사함, 대죄로부터의 보존, 영원한 구원에 대한 확실한 소망이 더해지는 것."

(2) 종교개혁자들과 그 이후의 성찬론

A. 루터의 성찬론. 종교개혁자들은 한결같이 성찬에 관한 희생제사설과 중세의 화체설을 거부하였다. 그러나 이 문제에 대해서 그들이 견해의 일치를 보인 것은 여기까지였다. 성찬에 대한 성경적 가르침을 적극적으로 제시할 때에는 그들의 길은 각자 달랐다. 루터는 처음에는 떡과 포도주가 죄 사함의 표징들이자 인침들이라고 가르쳤다가, 이내 성찬 제정의 말씀을 비유적으로 해석한 츠빙글리에 반대하는 또 다른 견해를 채택하였다. 그는 성찬 제정의 말씀을 문자 그대로 해석해야 한다고 역설하였고, 성찬 속에 그리스도가 실재의 몸으로 임재한다는 것을 강조하였다. 아울러, 그는 가톨릭 교회의 화체설을 거부하고, 오컴(Ockham)이 그의 『제단의 성례에 관하여』(De Sacramento Altaris)에서 길게 옹호한 공재설(consubstantiation)을 주장하였다. 루터는 그의 대요리문답에서 자신의 견해를 이렇게 표현한다: "그리스도의 말씀에 의하여, 바로 우리 주 예수 그리스도의 몸과 피가 임재하게 되고, 우리 그리스도인들에게 주어져서, 떡과 포도주 안에서 및 아래에서 (그리스도의 몸과 피) 먹고 마셔지게 된다." 그에 의하면, 불신자들이 성찬에 참여해서 그리스도의 몸을 받으면, 그것은 오직 그들에 대한 정죄를 가져올 뿐이다.

B. 츠빙글리의 성찬론. 츠빙글리는 특히 미사를 우상숭배로 규정하여 반대하였고, 성찬에 그리스도가 몸으로 임재한다는 견해를 절대적으로 거부하였다. 그는 제정의 말씀을 비유적으로 해석해서, "이것은 내 몸이다"라고 할 때에 "-이다"라는 단어는 창 41:26; 요 10:9; 15:1에서처럼 "상징하다"를 의미하는 것으로 보았다. 그는 떡과 포도주는 단순한 상징들(symbols)에 불과한 것으로 보았고, 성찬 자체도 기념 행위로 보았다. 그렇지만, 그는 그리스도의 영적 임재를 부정하지는 않았다. 그는 이렇게 말한다: "그리스도의 참된 몸은 믿음의 묵상에 임재하지만, 그의 자연적인 몸은 실재로(really) 및 현실로(actually) 성찬 속에 임재하거나 우리의 입으로 먹는 것은 아니다 … 우리는 끊임없이 하나님의 말씀에 반항하는 오류를 범한다고 단언한다." 그는 "성찬 속에는 기념(commemoration) 외

에는 아무것도 존재하지 않는다"고 말하면서도, 좀 더 깊은 의미를 보여 주는 듯한 표현들도 사용한다. 그의 입장은 썩 분명한 것은 아니다.

C. 칼빈의 성찬론. 칼빈은 중도적인 입장을 취하였다. 그는 성찬 속에 그리스도가 몸으로, 장소적으로, 본질적으로 임재해 있다는 것을 절대적으로 거부했다는 점에서는 츠빙글리와 견해를 같이 하였다. 그러나 그는 이 스위스 개혁자(츠빙글리)의 견해에 대하여 다음과 같이 특히 두 가지 반론을 제기하였다: (1) 츠빙글리는 성찬에서 하나님의 은혜로운 선물이라는 성격이 아니라 신자들의 행위라는 성격을 강조함으로써 성찬을 일방적으로 신앙고백의 행위로 이해한다는 것; (2) 츠빙글리는 그리스도의 몸을 먹는 것을 그의 이름을 믿고 그의 죽음을 의지하는 것의 표현에 지나지 않는다고 보는 것.

칼빈은 성찬 속에 그리스도가 몸으로 및 장소적으로 임재한다는 것을 부정하면서도, 루터와 마찬가지로 그리스도는 실재로 및 본질적으로, 그리고 전인적으로 임재하며, 신자들도 그리스도를 전인적으로 받는다고 말하였다. 그의 견해는 셸던(Sheldon)에 의해서 간결하고 정확하게 표현되었다: "칼빈의 견해를 간략히 소개하자면, 영광을 입은 그리스도의 몸이 영적 감화 또는 효능의 원천이라는 것, 이 감화는 성령의 매개에 의해서 성찬의 성물들을 믿음으로 받는 자에게 주어진다는 것, 그리스도의 몸은 성찬 속에 감화(efficacy)로 임재해 계시다는 것, 그리스도의 몸을 먹는 것은 믿음으로 말미암아 온전히 영적인 것이 되기 때문에 불신자는 성별된 떡을 입으로 씹는다고 하여도 그것과는 상관없이 그리스도의 몸에 참여하지 못한다는 것이다"(*History of Christian Doctrine*, II, p. 207). 이 견해는 개혁파의 신조들에 편입되어서, 개혁 신학의 공통적인 자산이 되었다. 영국 국교회의 39개조는 이 주제에 대하여 그리 명확하지 않다.

D. 후대의 성찬론들. 종교개혁 이후에 츠빙글리의 성찬 이해는 일부 진영들 속에서 지지를 얻었다. 성찬은 종종 순전히 외적인 언약의 성례로 여겨졌고, 이것에 반대하지 않은 자들은 누구나 츠빙글리적인 성찬 이해를

지니고 있다고 할 수 있었다. 이렇게 해서, 소키누스파, 아르미니우스파, 메노파의 견해들을 채택한 합리주의(Rationalism)로 나아가는 길이 열렸는데, 그들은 성찬은 단지 기념 행위, 신앙고백의 행위, 도덕적 향상의 수단이라고 보았다. 슐라이어마허의 영향 아래에서 은혜의 수단(또는, 방편)으로서의 성찬이 지닌 객관적 성격이 다시 강조되었다. 중도학파에 속한 신학자들(Vermittelungs-theologen) 중 다수는 그리스도는 성찬에 영적으로 임재하여 성찬을 통해서 그 자신과 그의 영적 축복들을 신자들에게 나누어 준다고 가르침으로써, 입으로 먹는 것(manducatio oralis), 즉 화체설과 루터의 공재설(共在說)을 거부하고 칼빈의 가르침에 근접하였다. 샤이벨(Scheibel), 루델바흐(Rudelbach), 필립피(Philippi) 등과 같은 사람들은 이전의 루터의 입장을 재천명하였다. 영국에서는 옥스퍼드 운동(the Oxford Movement)이 일어나서 로마 가톨릭의 입장으로 회귀하기도 하였다. 고교회파(the High Church)에 속한 다수의 교회들은 성찬에서 성별된 성물들은 비록 신비적이기는 하지만 실재(實在)로 그리스도의 몸과 피라고 가르친다.

심화학습을 위한 질문들

성례의 표지들(marks)은 어떤 것들인가? 성례들은 구원에 필수적인가? 로마 가톨릭은 그들의 성례들이 예수에 의해서 제정되었다는 입장을 옹호하는가? 그들은 그들의 여러 성례들에 대하여 어떠한 성경적 근거들을 드는가? 세례에 의한 중생에 관한 사상은 어떻게 생겨났는가? 재세례파의 세례관은 종교개혁자들의 세례관과 어떻게 달랐는가? 그들은 어떤 근거들 위에서 유아 세례를 부정하는가? 성찬과 관련한 희생제사설은 어떻게 생겨났는가? 로마 가톨릭은 왜 평신도에게 잔을 허락하지 않는가? 칼빈은 성찬 속에서의 그리스도의 임재를 어떻게 이해하였는가?

제 9 장
종말론

1. 중간 상태

　종말론은 결코 관심의 중심에 있지 않았고, 가장 발전되지 않은 교리들 중의 하나이기 때문에, 상세한 논의가 필요하지 않다. 종말론의 주된 요소들은 별로 변하지 않아 왔고, 그 요소들은 실질적으로 장래의 일들에 관한 교회의 교리 전체를 구성한다. 이따금 정통 교리에서 벗어난 견해들이 신학적인 논의들에서 꽤 중요한 위치를 차지하기도 하였지만, 그러한 견해들은 결코 교회의 신조들 속으로 편입되지 못하였다. 오르(Orr) 박사가 점치듯이, 우리는 지금 교리의 역사 속에서 종말론이 더 큰 관심을 받아서 좀 더 발전될 시점에 와 있는지도 모르겠다.

1) 중간 상태에 관한 사상의 발전
　사도 교부들은 아직 중간 상태(the intermediate state)에 관하여 깊이 숙고하지 않았다. 당시의 일반적인 견해는 경건한 자들은 죽고난 후에 즉시 그들을 위해 준비된 하늘의 영광을 물려받고, 악인들은 즉시 지옥의 형벌을 받는다는 것이었다. 교부들이 죽음과 부활 사이의 상태에 대하여 성찰하기 시작한 것은 그리스도가 즉시 재림하지 않으리라는 것이 분명해졌을 때였다. 그들 중의 한 사람이었던 유스티누스는 "경건한 자들의 영혼은 더 좋은 곳에서, 불의하고 악한 자들의 영혼은 더 나쁜 곳에서 심판의 때를 기다린다"고 말하였다. 그는 "경건한 자들이 죽으면 그 영혼이 천국으로 간다"고 말하는 자들을 이단으로 규정하였다.

이레나이우스, 테르툴리아누스, 힐라리우스, 암브로시우스, 키릴루스, 심지어 아우구스티누스 같은 후기 교부들의 일반적인 견해는 죽은 자들은 여러 영역으로 나누어져 있는 음부(hades)로 내려가서 심판의 날까지, 또는 그들이 충분히 정화(淨化)될 때까지(아우구스티누스) 거기에 머문다는 것이었다. 그리스도의 재림이 아주 먼 미래의 사건임이 분명해질수록, 음부는 단지 죽은 자들의 일시적이고 잠정적인 거처일 뿐이라는 사상을 유지하는 것이 점점 더 어려워졌다. 순교자들에 대해서 이내 예외가 적용되어서, 테르툴리아누스는 순교자들은 죽어서 즉시 영광 속으로 들어간다고 말하였다. 그리스도가 음부에 내려간 것은 구약의 성도들을 선조 림보(limbus patrum)에서 구원하는 결과를 가져온 것으로 해석되었다. 선행이 공로가 된다는 가르침이 부각되자, 부지런히 선행을 한 자들은 죽어서 즉시 천국으로 들어간다고 가르쳐졌다. 음부는 점차 의인들의 거처로서의 지위를 박탈당하였다. 결국, 음부에는 오직 악인들만이 남겨지게 되었고, 음부는 형벌의 장소로 여겨지기 시작하였으며, 종종 게헨나(gehenna)와 동일시되기도 하였다. 오리게네스는 그리스도가 이전 세대들의 모든 의인들을 음부에서 낙원으로 옮겨놓았고, 그 때 이러로 낙원은 모든 죽은 성도들이 가는 곳이 되었다고 명시적으로 가르쳤다.

많은 그리스도인들이 죽을 때에 충분히 거룩하지 못해서 영원한 지복(至福)의 영역으로 들어가지 못한다는 사상과 관련해서, 그런 신자들은 죽은 후에 정화(淨化)의 과정을 거친다는 확신이 점차 세력을 얻었다. 초기 교부들은 이미 정화시키는 불에 대하여 말하였는데, 어떤 이들은 그러한 정화가 낙원에서 일어난다고 말하였고, 어떤 이들은 그 정화를 최후의 큰 불(the final conflagration)과 연결시키기도 하였다. 그들은 언제나 문자 그대로의 불 또는 유형적인 불을 염두에 두었던 것은 아니고, 단지 영적인 시험이나 징계를 염두에 둔 경우가 많았다. 오리게네스는 게헨나를 포함한 음부(hades)와 세상의 종말에 있을 최후의 큰 불을 정화시키는 불로 이해하였다. 세 명의 카파도키아 교부들, 암브로시우스, 에프라임(Ephraem), 아우구스티누스 등과 같은 후기 헬라 및 라틴 교부들 중 몇몇은 중간 상태에서의 정화시키는 불에 관한 사상을 품고 있었다.

2) 연옥 사상의 발전

특별한 정화의 불에 관한 사상은 특히 서방 교회에서 발전하였다. 대(大) 그레고리우스는 이미 그것을 의심할 수 없는 신앙의 내용이라고 강조하였다. 그는 "몇몇 가벼운 잘못들을 처리하기 위해서 심판 이전에 정화의 불이 존재한다는 것을 믿어야 한다"고 말한다. 그래서 그는 통상적으로 "연옥의 창시자"로 불린다. 또한, 그는 자기보다 훨씬 앞선 사람들이 희미하게 받아들였던 사상, 즉 중보기도와 봉헌들(oblations)을 통해서 이 불에서 건짐을 받을 수 있다는 사상을 분명하고 자세하게 설명한 최초의 인물이었다. 중세의 스콜라 신학자들과 신비가들(Mystics)은 연옥(煉獄)을 아주 명시적으로 설명하였고, 그들 중 대다수는 연옥을 실제의 유형적인 불로 이해하였다. 헬라 교회는 서방 교회에서 통용되고 있던 이 조잡한 견해들을 결코 곱게 받아들이지 않았다.

연옥이 어디에 있는지도 논의되었는데, 일반적으로 지옥에 가장 가까운 음부의 한 구역으로 여겨졌다. 연옥에서 약간 떨어진 곳에는 유아 림보(limbus infontum), 즉 스콜라 신학자들에 의하면, 세례 받지 않은 상태로 죽은 아이들이 실제로 고통을 당하지는 않지만 영원히 천국에 들어가지 못하도록 갇혀 있는 곳이 있다. 지옥으로부터 훨씬 더 멀리 떨어진 곳에는 "낙원" 또는 "아브라함의 품"이라고 불리기도 하는 선조 림보(limbus patrum)가 있는데, 거기에는 구약의 훌륭한 사람들이 그리스도가 음부에 내려올 때까지 머물러 있었다고 한다. 연옥설은 1546년에 트렌트 공의회에서 공식적으로 천명되었다. 면죄부를 파는 악습이 교회에서 점점 더 생겨나게 된 것은 이 교리와 결부된 것이었다.

3) 연옥설에 대한 반대

연옥설은 중세 시대 말기에 위클리프(Wyclif)와 후스(Huss) 같은 종교 개혁의 선구자들에 의해서 반대를 받았다. 루터는 연옥설과 관련하여 교회에서 점점 심해지게 된 악습에 대하여 맹공을 펴부었고, 종교개혁자들은 하나 같이 연옥설 전체가 성경에 어긋나는 것이라고 보고 거부하였다. 슈말칼덴 신조(the Smalcald Articles)에서는 연옥을 "용의 꼬리에서 낳아진 우상숭배의 해충 알"이라고 말한다. 영국 국교회의 39개조에서는 "연옥에 관한 로마 가톨릭의 교리는 … 헛되이 만들어진 어리석은 것으로서 성경의 보증에 근거하지 않은 것"이라고 말한다.

2. 재림과 천년왕국

1) 초기 교회의 천년왕국설

초기 그리스도인들은 예수 그리스도의 재림을 기다리도록 가르침을 받았고, 그들 중의 일부는 신속한 재림을 기대하였다는 것은 신약을 보기만 해도 분명하게 드러난다. 초기 교부들 중 일부는 요한계시록 20:1-6을 문자 그대로 해석해서, 첫째 부활과 둘째 부활을 구별하고서, 그 사이에 천년왕국이 도래할 것을 믿었다. 그들 중 어떤 이들은 이러한 천년왕국에 대한 소망들을 깊이 숙고해서, 신자들이 장래에 누릴 것들을 대단히 물질주의적인 방식으로 그림처럼 묘사하기도 하였는데, 파피아스와 이레나이우스가 특히 그랬다. 바나바, 헤르마스, 유스티누스, 테르툴리아누스 같은 사람들은 이 교설을 가르치기는 했지만 지나친 내용들을 삼갔다. 천년왕국설은 케린투스(Cerinthus), 에비온파, 몬타누스파로부터도 지지를 얻었다. 그러나 전천년설의 주장처럼 천년왕국설이 첫 삼 세기 동안에 일반적으로 받아들여졌다고 말하는 것은 옳지 않다. 실상은 천년왕국설을 옹호하는 자들은 다소 제한되어 있었다. 로마의 클레멘스, 이그나티우스, 폴리카르푸스, 타티아누스, 아테나고라스, 테오필루스, 알렉산드리아의 클레멘스, 오리게네스, 디오니시우스를 비롯해서 중요한 교부들 속에서는 천년왕국설의 흔적을 찾아볼 수 없다.

초기 교회의 천년왕국설(Millenarianism)은 점차 수그러들었다. 예수 그리스도의 재림이 일어나지 않은 채 수 세기가 흘러가고, 박해들이 그치며, 기독교가 로마 제국에서 확실하게 입지를 굳혀서 심지어 국교(國敎)가 되기까지 하자, 예수 그리스도의 재림에 대한 열렬한 대망은 아주 자연스럽게 교회가 현실에 적응해 나가는 것으로 바뀌었다. 알렉산드리아 학파에 의해서 도입되고 특히 오리게네스에 의해서 견고히 확립된 알레고리적인 성경 해석도 천년왕국과 관련된 온갖 소망들에 찬물을 끼얹었다. 서방 교회에서는 교회를 하나님 나라와 동일시한 아우구스티누스의 강력한 영향력이 교회로 하여금 미래로부터 현재로 눈을 돌리게 하는 데에 큰 역할을 하였다. 그는 사람들에게 그리스도인들이 현재 속해 있는 하나님의 경륜 단계(dispensation) 속에서 천년왕국을 이루고자 애써야 한다고 가르쳤다.

2) 중세 시대의 천년왕국설

중세 시대에 천년왕국설은 점차 이단적인 것으로 여겨지게 되었다. 사실, 분파들 속에서 여기저기 산발적이고 간헐적으로 천년왕국에 대한 소망이 싹트기는 했지만, 그러한 것들은 큰 영향을 미치지 못하였다. 주후 10세기에는 세상의 종말이 가까웠다는 기대가 널리 퍼졌지만, 그러한 기대는 곧 적그리스도가 출현할 것이라는 사상과 결부되었고, 천년왕국에 대한 소망은 수반되지 않았다. 기독교 예술은 흔히 종말론을 주제로 삼았다. "진노의 날"(Dies Irae)이라는 찬송은 다가올 심판에 대한 두려움을 표현하였고, 화가들은 화판 위에 세상의 종말을 그렸으며, 단테(Dante)는 『신곡』(Divina Commedia)에서 지옥을 생생하게 묘사하였다.

3) 종교개혁 시대의 천년왕국설

종교개혁 시대에는 천년왕국설은 개신교회들에 의해서 거부되었지만, 좀 더 광신적인 재세례파들, 제5왕국파(the Fifth Monarchy Men) 같은 일부 분파들 속에서 부활하였다. 루터는 심판의 날 이전에 지상에 그리스도의 나라가 세워질 것이라는 "꿈"을 조소하며 거부하였다. 아우그스부르크 신앙고백에서는 "지금 죽은 자들의 부활 이전에 경건한 자들이 세상의 나라를 차지하게 될 것이고 악인들은 어디에서나 억압을 받게 될 것이라는 유대교의 견해를 퍼뜨리는"(제17조) 자들은 단죄한다. 그리고 제2차 스위스 신앙고백에서는 이렇게 말한다: "또한, 우리는 심판의 날 이전에 이 땅에 황금 시대가 있어서 경건한 자들이 세상의 나라들을 소유하고, 그들의 악한 원수들은 발 아래 짓밟힐 것이라는 유대교의 꿈을 단죄한다"(제11장).

4) 17세기의 천년왕국설: 후천년설

17세기에는 또 다른 형태의 천년왕국설이 출현하였다. 루터파와 개혁파에 속한 몇몇 신학자들은 그리스도가 이 땅에서 천년 동안 가시적인 통치를 행할 것이라는 사상은 거부하였지만 천년왕국에 대한 좀 더 영적인 이해를 주창하였다. 천년왕국에 관한 그들의 견해는 세상의 종말과 예수 그리스도의 재림 이전에 교회 안에서 그리스도의 영적 임재가 이례적으로 강하게 경험되어서 보편적인 종교적 각성이 일어나게 되는 기간이 있으리라는 것이다. 그 때에 예수 그리스도의 나라는 평화와 의의 나라로서 우뚝 서게 될 것이다. 이것은 전천년설과 구별되는 후천년설의 초기 형태였다.

5) 18-19세기의 천년왕국설

이 시기에 천년왕국설은 일부 진영들에서 다시 큰 호응을 얻어서, 벵겔(Bengel) 학파, 좀 더 최근에는 에를랑겐 학파(Erlangen)에 의해서 옹호되었고, 이 설을 지지하는 자들 가운데는 호프만(Hofmann), 델리취(Delitzsch), 아우베를렌(Auberlen), 로테(Rothe), 엘리엇(Elliott), 커밍(Cumming), 비커스테드(Bickersteth), 두 명의 보나(the Bonars), 알포드(Alford), 잔(Zahn) 등도 포함되어 있었다. 하지만, 이 전천년주의자들 사이에서도 종말의 사건들이 일어나는 순서와 천년왕국 기간 동안의 실제의 상황에 대해서는 그 견해가 천차만별이었다. 그리스도의 재림의 때를 확정하고자 하는 시도들이 반복적으로 있어 왔고 그 때가 임박했다고 아주 확신있게 선언되었지만, 현재까지 재림의 때에 관한 모든 추정들은 다 실패하였다. 오늘날 특히 네덜란드에는 그리스도의 재림 후에 그리스도가 이 땅에서 일정 기간 동안 가시적인 통치를 할 것이라는 믿음이 널리 퍼져 있지만, 신학적으로 본다면 그러한 믿음은 별로 신빙성이 없다. 자유주의 진영들에서는 새로운 형태의 후천년설이 출현하였는데, 그것은 그 나라가 "그리스도의 법이 시행되어서 평화와 공의, 현재의 영적인 세력들이 영광스럽게 활짝 피어날" 새로운 사회 질서라는 형태를 띠게 되리라는 것이다. 라우셴부시(Rauschenbusch)가 "우리에게는 천년왕국에 대한 소망의 회복이 필요하다"(*A Theology for the Social Gospel*, p. 224)고 말할 때에 그가 염두에 두고 있는 것은 바로 이것이다. 하지만, 현재까지 천년왕국설은 단 하나의 신조에서도 구체적으로 표현된 적이 없기 때문에 교회의 교리(dogma)로 여겨질 수 없다.

3. 부활

1) 교부 시대의 부활론

대부분의 초기 교부들은 몸의 부활, 즉 장래의 몸이 현재의 몸과 동일하리라는 것을 믿었다. 알렉산드리아의 클레멘스가 지닌 견해는 다소 불확실하지만, 오리게네스가 켈수스(Celsus)에 맞서서 교회의 가르침을 옹호하면서 현재와 동일한 몸이 다시 부활하게 될 것이라는 사상을 거부하였다는 것은 분명하다. 오리게네스는 부활의 몸은 아름답게 다듬어지고(refined) 영화(靈化)된(spiritualized) 몸일 것이라고 설명하였다. 몇몇 교부들은 그의 견해에 동조하였지만, 대다수는 부활의 몸은 모든 점에서 현세에서 지녔던 바로 그 몸과 동일할 것이라고 주장하였다. 아우구스티누스는 처음에는 오리게네스의 견해에 동조하였지만, 결국 다수설을 받아들였다 — 비록, 현세에 있어서의 체구와 키의 차이가 내세에서도 그대로 유지될 것이라고 생각하지는 않았지만. 사실, 그는 부활의 때에는 모든 사람이 다 자란 사람의 키를 갖게 될 것이라고 믿었다. 하지만, 히에로니무스(제롬: Jerome)는 머리카락이나 이빨 하나하나까지 동일할 것이라고 주장하였다.

전체적으로 볼 때, 동방 교회는 서방 교회보다 부활에 대한 좀 더 영적인 견해를 채택하는 경향을 보여주었다고 할 수 있다. 두 명의 그레고리우스, 크리소스토무스, 시네시우스(Synesius)는 대체로 오리게네스의 견해에 동의하였다. 다마스쿠스의 요한은 동일한 몸이 회복될 것이라고 단언하였지만, 씨앗과 식물의 유비(類比)가 보여주는 그런 유의 동일성을 말하는 것으로 만족하였다. 장래의 천년왕국을 믿은 자들은 천년왕국이 시작되면서 경건한 자들이 먼저 부활하고, 그 왕국이 끝날 때에 악인들이 부활하는 두 번의 부활을 얘기하였다.

2) 스콜라 신학자들의 부활론

스콜라 신학자들은 부활의 몸에 대해서 통상적인 방식으로 사고하였다. 그들의 사변들은 다소 몽상적인 것이어서 영속적인 가치가 거의 없었다. 토마스 아퀴나스는 이 주제에 대하여 특별한 정보를 가지고 있는 것처럼 말한다. 그는 그리스도가 재림할 때에 여전히 살아 있는 자들은 먼저 죽은 후에, 다른 죽은 자들과 함께 다시 부활하게 될 것이라고 우리에게 말해준다. 그 부활은 저녁 즈음에 일어날 것이다. 죽는 순간에 존재하였던 바로 그 실체가 부활하게 될 것이다. 모든 사람들은 한창때의 모습을 지니게 될 것이다. 몸은 만질 수 있는 유형적인 것이겠지만 곱고 빛이 날 것이며 성장은 하지 않을 것이다. 그 몸은 영혼의 의지에 순종해서 신속하고도 수월하게 움직일 것이다. 반면에, 악인들의 몸은 추하고 기형적일 것이고, 부패할 수는 없지만 많은 고통을 견뎌낼 수 있는 그런 몸일 것이다.

3) 종교개혁 이래의 부활론

종교개혁 시대의 신학자들은 부활의 몸이 현재의 몸과 동일할 것이라는 데에 전적으로 동의하였다. 또한, 이러한 가르침은 종교개혁에 참여한 교회들의 신조 표준들에 구체적으로 표현되었다. 물리학이 발달하면서 부활에 관한 교리 속에 내포된 몇몇 난점들이 강조되었고, 그 결과로 오늘날의 자유주의 신학에서는 부활을 아예 부정해 버리거나, 부활에 관한 성경의 묘사들을 인간의 모든 인격과 그 능력이 죽은 후에도 계속해서 존재한다는 사상을 비유적으로 나타낸 묘사로 치부해 버린다. 이러한 견해는 현재에도 많은 사람들에게 인기가 있다.

4. 최후의 심판과 최종적인 상벌

1) 교부들의 최후의 심판론

초기 교부들은 최후의 심판에 대해서 별로 말하지 않고, 단지 그 심판이 확실히 있으리라는 것만을 일반적으로 강조한다. 그들 중 대다수는 하늘에 있는 성도들은 그들이 이 땅에서 쌓은 미덕들에 비례해서 서로 다른 정도의 지복(至福)의 삶을 누리게 된다는 견해를 지니고 있다. 그들의 몇몇 저작들은 장래의 세상에서 누리게 될 즐겁고 기쁜 일들에 관한 감각적인 묘사들로 넘쳐난다. 하지만, 오리게네스의 저작들은 좀 더 영적인 이해를 보여준다. 악인들에 대한 형벌은 일반적으로 영원한 것으로 생각되었지만, 오리게네스는 예외였다. 자신의 유명한 강화(講話)들 속에서 오리게네스도 영벌(永罰)에 관하여 말하고 있다는 것은 사실이지만, 그의 저작인

『원리들에 대하여』(De Principiis)에서는 그러한 개념을 완전히 배제해 버리는 경향을 보여준다. 그렇지만 그는 장래의 형벌을 순전히 영적인 것으로 이해하지는 않는다. 그는 장래의 형벌이라고 하는 것은 사실 형벌이 아니라 징계라고 주장하며 악인들에게조차 소망의 길을 열어주고 있고, 결국에는 만물이 다 회복될 것이라는 믿음을 피력한다.

후기 교부들도 세상의 종말의 때에 최후의 심판이 있을 것이라는 확고한 믿음을 지니고 있었다. 그러나 그들은 종말론적인 다른 사건들에 대하여 말할 때와 마찬가지로 최후의 심판에 대해서도 그 어떤 명확한 정보를 전해주지 않고, 고도로 수사적(修辭的)인 방식으로 얘기한다. 아우구스티누스는 최후의 심판에 관한 성경의 묘사들이 비유적이고 수사적이라는 전제 위에서 논의를 진행한다. 그는 그리스도가 산 자와 죽은 자를 심판하기 위하여 오실 것이라는 믿음을 피력하지만, 성경은 이 심판이 얼마나 오래 지속될 것인지에 대해서는 명확히 말하지 않는다고 주장한다.

천국에서 누리게 될 지복(至福)의 삶이 어떤 것일지에 대해서는 일치된 견해가 없었다. 좀 더 온전히 발전된 지식, 성도들과의 교제, 몸의 속박으로부터의 해방, 참된 자유 — 이러한 것들이 교부들이 열거한 두드러진 요소들이다. 저주받은 자들이 받는 고통은 천국의 기쁨과는 정반대의 것으로 여겨졌다. 지복(bliss)과 형벌(torment)은 일반적으로 영원히 지속되는 것으로 여겨졌지만, 몇몇 교부들은 지복과 형벌에도 사람에 따라서 정도의 차이가 있을 것이라고 믿었다. 또한, 몇몇 교부들은 악인들에 대한 형벌은 주로 하나님으로부터의 분리(分離)와 그들 자신의 사악함에 대한 인식에 있을 것이라고 추측하였지만, 대부분의 교부들은 유형적이고 실제적인 불 속에서 고통당할 것이라는 사상을 고수하였다.

2) 스콜라 신학자들의 천국과 지옥론

스콜라 신학자들은 천국과 지옥의 위치에 대하여 각별한 관심을 보였다. 그들의 견해에 의하면, 천국은 셋으로 나뉘어져 있다고 한다: (a) 눈에 보이는 하늘들(the visible heavens, 궁창); (b) 성도들과 천사들이 거주하는 곳인 영적 하늘(the spiritual heaven); (c) 복된 자들이 하나님을 직접 뵙는 지적 하늘(the intellectual heaven).

또한, 그들은 음부도 여러 구역으로 나뉘어져 있다고 이해하였다: (a) 귀신들과 저주받은 자들의 거처인 본래의 지옥(hell); (b) 천국과 지옥의 중간 지대라고 할 수 있는 구역들. 이 중간 지대에는 세 구역이 있다: (i) 지옥과 제일 가까운 곳에 있는 연옥(purgatory); (ii) 세례받지 않고 죽은 아이들이 머무는 유아 림보(limbus infantum); (iii) 구약의 성도들의 거처인 선조 림보(limbus patrum).

3) 종교개혁 이후 시대의 심판론

종교개혁자들은 그리스도가 세상을 심판하기 위하여 다시 오실 것이라는 성경의 단순한 가르침을 천명하는 것으로 만족하였다. 그들은 세상의 종말의 때에 있을 일반적인 심판과 각 개인이 죽을 때에 일어나는 은밀하고 개인적인 심판을 구별하였다. 전자의 목적은 최종적으로 상벌을 행함으로써 하나님의 공의를 공개적으로 나타내는 것으로 이해되었다. 종교개혁자들은 천국의 영원한 지복(至福)과 지옥의 영원한 고통에 대한 공통적인 믿음을 지니고 있었다. 몇몇 재세례파들은 악인들의 회복을, 몇몇 소키누스파들은 악인들의 멸절을 가르쳤다. 일부 개신교 신학자들은 악인들에 대한 끝없는 형벌에 있어서 유형적인 불이 한 몫을 할 것이라는 견해를 주장하였고, 일부는 이 주제에 대하여 명확한 입장을 밝히지 않았으며, 일부는 성경이 지옥의 불에 관하여 말하는 모든 것을 비유적인 방식으로 해석하였다. 20세기의 중반 이래로 조건적 불멸설(the doctrine of conditional immortality)이 일부 진영에서 큰 인기를 얻어 오긴 했지만, 종교개혁이 가르친 장래의 상벌(賞罰)에 관한 교리는 오늘날까지 교회들의 공식적인 가르침으로 남아 있다. 오직 소수의 철저한 보편구원론자들(Universalists)만이 보편구원을 믿고, 절대적 의미에서의 만물의 회복을 믿는다.

심화학습을 위한 질문들

천년왕국설이 주후 2-3세기에 일반적으로 받아들여진 교회의 가르침이었다는 것은 사실인가? 초기 교회에서는 천년왕국설을 어떻게 설명하였는가? 당시에 모든 천년왕국설은 동일한 유형이었는가? 천년왕국에 관한 아우구스티누스의 견해는 무엇이었는가? 그의 견해를 지지하는 근거들로는 무엇을 들 수 있는가? 천년왕국설이 반복해서 다시 등장하는 이유는 무엇인가? 교회들의 역사상의 신조들은 천년왕국설에 대하여 우호적이었는가 비우호적이었는가? 종교개혁자들은 천년왕국에 대한 소망을 권장하였는가? 오늘날의 전천년설은 초기의 여러 서기에 존재하였던 천년왕국설과 동일한가? 스콜라 신학자들은 어떻게 성경으로부터 연옥 사상을 증명하고자 하였는가? 성경은 죽은 자들이 천국이나 지옥이 아니라 어떤 중간 지대에 머문다는 사상을 지지하는가? 누가 영혼이 잠잔다고 가르쳤고, 어떤 근거들을 들었는가? 조건적 불멸과 두 번째 시험(probation)에 관한 교설은 어떤 것인가? 어느 분파들이 악인들의 멸절을 믿는가? 만물회복설(the doctrine of universal restoration)은 상당한 지지를 얻고 있는가?

● **독자 여러분들께 알립니다!**

'**CH북스**'는 기존 '**크리스천다이제스트**'의 영문명 앞 2글자와
도서를 의미하는 '**북스**'를 결합한 출판사의 새로운 이름입니다.

기독교 교리사
1판 1쇄 발행 2008년 1월 25일
1판 중쇄 발행 2020년 2월 17일

발행인 박명곤
사업총괄 박지성
편집 신안나, 임여진, 이은빈
디자인 구경표, 한승주
마케팅 김민지, 유진선
재무 김영은
펴낸곳 CH북스
출판등록 제406-1999-000038호
전화 031-911-9864 **팩스** 031-944-9820
주소 경기도 파주시 회동길 37-20
홈페이지 www.hdjisung.com **이메일** main@hdjisung.com
페이스북 | 인스타그램 @chbooks1984 **네이버 밴드** @chbooks
제작처 영신사 월드페이퍼

ⓒ CH북스 2008

※ 이 책은 저작권법에 따라 보호받는 저작물이므로 무단 전재와 복제를 금합니다.
※ 잘못 만들어진 책은 구입하신 서점에서 교환해드립니다.
※ CH북스는 (주)현대지성의 기독교 출판 브랜드입니다.